仲裁研究

ARBITRATION STUDY

第五十二辑

广州仲裁委员会　主办

法律出版社
LAW PRESS·CHINA
北京

图书在版编目（CIP）数据

仲裁研究. 第五十二辑 / 广州仲裁委员会主办. --
北京：法律出版社，2024
ISBN 978－7－5197－8818－6

Ⅰ. ①仲… Ⅱ. ①广… Ⅲ. ①仲裁－文集 Ⅳ.
①D915.704－53

中国国家版本馆 CIP 数据核字（2024）第 036794 号

仲裁研究（第五十二辑）
ZHONGCAI YANJIU（DI－WUSHIER JI）

广州仲裁委员会 主办

责任编辑 林 蕊
装帧设计 汪奇峰

出版发行 法律出版社
编辑统筹 司法实务出版分社
责任校对 王语童 张翼羽
责任印制 胡晓雅
经　　销 新华书店

开本 880 毫米×1230 毫米 1/16
印张 10.75 **字数** 236 千
版本 2024 年 3 月第 1 版
印次 2024 年 3 月第 1 次印刷
印刷 三河市龙大印装有限公司

地址：北京市丰台区莲花池西里 7 号（100073）
网址：www.lawpress.com.cn
投稿邮箱：info@lawpress.com.cn
举报盗版邮箱：jbwq@lawpress.com.cn

销售电话：010－83938349
客服电话：010－83938350
咨询电话：010－63939796

书号：ISBN 978－7－5197－8818－6
定价：30.00 元
凡购买本社图书，如有印装错误，我社负责退换。电话：010－83938349

仲裁研究（第五十二辑）

编辑部地址：中国广州市沿江中路 298 号江湾商业中心中区 17 楼
邮　编：510100
电　话：（020）83282657
传　真：（020）83283773
网　址：https://www.gzac.org/
E-mail： zcyj@gzac.org

广州仲裁委员会简介

广州仲裁委员会(广州国际仲裁院,以下简称广仲)于1995年8月29日由广州市人民政府组建,是依照《中华人民共和国仲裁法》设立的全国首批七家城市仲裁机构之一,也是广州地区唯一的民商事仲裁机构。广仲在广州南沙设有南沙国际仲裁中心,在东莞、中山分别设有东莞分会、中山分会,成立了广州金融仲裁院、广州知识产权仲裁院、广州国际航运仲裁院、广州建设工程仲裁院,以及粤港澳大湾区国际商务与数字经济仲裁中心。

广仲全面贯彻落实党的二十大精神,深入贯彻习近平法治思想,以习近平总书记提出的注重培育一批国际一流的仲裁机构为目标,聚焦国际商事仲裁中国式现代化,依托仲裁国际化、数字化、智能化,一体推进广州仲裁实现高质量发展。近年来,广仲受理案件量稳居全国前列,涉外案件量连续两年居全国城市仲裁机构首位。案件受理量增幅提升,案件类型更加多样化,案件当事人覆盖包括欧美主要经济体在内的众多国家和地区,仲裁裁决在多个国家获得承认与执行。广仲秉持"首创"精神,以互联网仲裁为切入点,持续推进创新驱动和规则引领,提升涉外法治服务保障水平。

制定国际标准发出中国声音。广仲充分发挥互联网仲裁技术优势和经验积累优势,制定发布全球首个互联网仲裁推荐标准(以下简称"广州标准"),推动国际互联网仲裁规范化发展。"广州标准"先后获"一带一路"沿线国家或地区、欧美主要经济体等近50家境外仲裁机构和超150家国内仲裁机构的支持和认可,入选国务院全面深化服务贸易创新发展试点第二批17个"最佳实践案例",并获联合国国际贸易法委员会官网推介。

打造跨境平台服务商事主体。广仲打造全球首个亚太经合组织(APEC)成员经济体中小微企业跨境在线商事争议解决平台(以下简称APEC-ODR平台),被亚太经合组织列为首批三大合作方之一,为跨境商事纷争提供高效、易用、低成本的"一站式"在线解决服务。目前平台处理案件超600宗,案件受理量居合作方之首,标的额超65亿元,平均结案周期32天,比传统方式快近3倍,案涉当事人遍布APEC地区、欧盟及东盟等国家。APEC-ODR平台解决涉外纠纷案例入选司法部年度仲裁工作三大指导案例。"打造全球首个商事争议解决ODR平台"入选商务部30个"外贸新业态优秀实践案例",仲裁仅此一例。

搭建合作机制深化合作交流。广仲首创以"标准共享""庭室共享""仲裁员名册共享""平台窗口共享"为核心内容的"四个共享"仲裁协作机制,着力推进国内外商事仲裁规则贯通、仲裁资源共享互补,先后与境外众多仲裁调解机构就"四个共享"签订合作备忘录。广仲坚持"开放、合作、发展、创新"理念,携手金砖国家、"一带一路"沿线国家等头部仲裁机构签署《仲裁合作南沙共识》,共建国际仲裁发展高地。

参与规则竞争服务开放大局。广仲创设有效衔接域外仲裁规则的"3+N"仲裁庭审模式,即以中国特色社会主义法律体系内地庭审模式、普通法系香港庭审模式、大陆法系澳门庭审模式为基础,不断加入符合其他国家、地区仲裁法以及仲裁程序特点的"N"种庭审模式。"3+N"庭审模式充分满足了来自不同法域当事人的仲裁需求，开启了多元化庭审模式的先河，于 2022 年入选最高人民法院第二批“一站式”国际商事纠纷多元化解决机制。

探索行业前沿提供广州经验。广仲率先建设全球首家“元宇宙”仲裁院，启动全球首个虚拟仲裁庭室、虚拟仲裁秘书，5 天内裁决了全球首宗虚拟世界财产纠纷仲裁案，为妥善解决虚拟世界纠纷提供了宝贵的“广州经验”。

近年来，广仲国际化水平显著提升，仲裁规则输出成效明显，仲裁协作机制广受认可，位列“一带一路”国际仲裁机构公信力排行榜前三名。获得美国硅谷仲裁与调解中心、日本商事仲裁协会等国际知名仲裁机构签约认可，华南美国商会将广仲视为长期合作伙伴。多国驻广州总领事馆主动推荐将商事纠纷提交至广仲处理，获得泰国驻广州总领事、巴拿马驻广州总领事、巴基斯坦司法部前部长等域外友好人士高度评价。

地址：广州市沿江中路 298 号江湾新城 C 座 14 楼（案件受理部）、江湾商业中心裙楼 2 楼（开庭、办公）

电话：(020)83287919

网址：https://www.gzac.org/

跨境商事纠纷在线争议解决平台（ODR）：https://newodr.gzac.org/zh/#/

About Guangzhou Arbitration Commission

Guangzhou Arbitration Commission (Guangzhou Court of International Arbitration, hereinafter referred to as GZAC) was established by the People's Government of Guangzhou Municipality on August 29,1995. We are one of the first civil and commercial arbitration institutions in seven pilot cities after the promulgation of the *Arbitration Law of the People's Republic of China* and the only civil and commercial arbitration institution in Guangzhou. GZAC has established the Nansha International Arbitration Centre in Nansha and sub - commissions in Dongguan and Zhongshan. In addition, GZAC has also established other professional arbitration institutions, including Guangzhou Financial Arbitration Court, Guangzhou Intellectual Property Arbitration Court, Guangzhou International Maritime Arbitration Court, Guangzhou Construction Arbitration Court, and the International Arbitration Centre for Commerce and Digital Economy of the Guangdong - Hong Kong - Macao Greater Bay Area.

In recent years, GZAC has conscientiously implemented the guiding principles of the 20th CPC National Congress and Xi Jinping Thought on the Rule of Law. With the goal of cultivating world - class arbitration institutions as proposed by President Xi Jinping, GZAC focuses on the Chinese modernization of international commercial arbitration, relying on the internationalization, digitalization and the application of artificial intelligence to achieve high - quality development goals. In recent years, GZAC has the most caseload nationwide. The number of foreign - related arbitration cases has also ranked first among China's city arbitration institutions for two consecutive years. While our caseload increases, the types of cases have become more diverse as well. Parties came from countries covering major economies in Europe and the United States, and the arbitral awards have been recognized and enforced in many countries. By embracing the pioneering spirit, we have taken online arbitration as an entry point, unremittingly promoted innovation - driven and rule - leading development, and improved the guaranteeing function of the rule of law in foreign - related affairs.

Setting International Standards. Taking full use of the technical advantages and experience in online arbitration, GZAC has issued the first globally recommended standard for online arbitration (the "Guangzhou Standard"), which has promoted the standardization of international online arbitration. The "Guangzhou Standard" has received support and recognition from more than 150 domestic arbitration institutions and nearly 50 overseas arbitration institutions covering countries and regions along the "Belt and Road" as well as the European Union and North America. The "Guangzhou Standard" was honored as one of the "Best Practice Cases" in the State Council's Pilot Project on Deepening the Innovative Development of Trade in Services, and received a special recommendation on the UNCITRAL website.

Establishing A Cross – border Platform. GZAC has established the first cross – border online commercial dispute resolution platform (APEC – ODR platform) for small and medium – sized enterprises in APEC member economies, which was listed as one of the first three official APEC partners, providing an efficient, user – friendly, and cost – effective one – stop online dispute resolution service to handle cross – border commercial disputes. Currently, the platform has administered over 600 cases with a total amount in dispute of more than RMB 6.5 billion, achieving the highest caseload among the APEC partners. Most cases on the ODR platform are concluded within 32 days, nearly three times faster than traditional arbitration proceedings. Parties from the APEC region, the EU, and ASEAN countries have submitted their cases to the APEC – ODR platform. One foreign – related case was selected as one of the three leading arbitration cases by the Ministry of Justice. The "Establishment the World's First Commercial Dispute Resolution ODR Platform" was selected as one of the 30 "Excellent Practice Cases of New Foreign Trade Industry" by the Ministry of Commerce, which was the only case related to arbitration.

Developing Cooperation Mechanisms. By initiating the "Four Sharing" arbitration cooperation mechanism on arbitration standards, hearing facilities, arbitrators, and service windows, GZAC strives to promote the harmonization of domestic and international commercial arbitration rules and the sharing of arbitration resources. At present, GZAC has signed memorandums of understanding with many overseas arbitration and mediation institutions. GZAC also adheres to the concepts of "openness, cooperation, development, and innovation". and has initiated and signed *the Nansha Consensus on Arbitration Cooperation* with leading arbitration institutions in BRICS countries and countries along the "Belt and Road". GZAC is committed to building a highland for the development of international arbitration.

Competitive Arbitration Rules. Based on three major legal systems, namely the socialist rule of law system with Chinese characteristics (Chinese Mainland), the common law system (Hong Kong SAR), and the civil law system (Macao SAR), the GZAC has established the "3 + N" tribunal mode, which effectively aligns with foreign arbitration rules and incorporates other tribunal modes from different jurisdictions. The "3 + N" tribunal mode fully meets the arbitration needs of parties from different jurisdictions. In 2022, we were introduced to "one – stop" diversified international commercial dispute resolution mechanisms established by the Supreme People's Court.

Exploring the Forefront of Arbitration. GZAC established the world's first Meta City Arbitration Court and explored the creation of the world's first virtual tribunal room and arbitration secretary. The first metaverse arbitration case on virtual property disputes was concluded in five days, providing valuable "Guangzhou experience" for the proper resolution of virtual world disputes.

In recent years, the internationalization development level of GZAC has been greatly enhanced, the arbitration rules have been effectively exported, and the arbitration cooperation mechanism has been widely recognized. Accordingly, GZAC has been ranked among the top three international arbitration institutions along the "Belt and Road" regarding its credibility. GZAC has signed Memorandums of Understanding with internationally renowned arbitration institutions such as the

Silicon Valley Arbitration & Mediation Center and the Japan Commercial Arbitration Association. The American Chamber of Commerce in South China regarded GZAC as a long – term partner. GZAC has also been strongly recommended by the consulates of various countries in Guangzhou to resolve commercial disputes, receiving high praise from the Consul General of Thailand in Guangzhou, the Consul General of Panama in Guangzhou, and the former Minister of Justice of Pakistan.

Address: 14/F, Block C, Jiangwan New Town, No. 298 Yanjiang Middle Road (Case Registration Department); 2/F, Podium of Jiangwan Commercial Centre (Tribunal Rooms and Offices), Yuexiu District, Guangzhou, China

Tel: 020 – 83287919

Official Website: https://www.gzac.org/

APEC Online Dispute Resolution Platform (ODR): https://newodr.gzac.org/en/

目 录

CONTENTS

仲裁实务

股权让与担保若干实务问题浅析

陈金涛*

内容摘要 让与担保作为一种非典型担保方式,在我国的发展脉络遵循着"学界争论、立法稳健、司法探索"的路径,其法律构造不仅决定股权让与担保的表现形式,亦成为区别股权转让的认定要素:相关交易文本是否约定股权赎回条款;让与担保权人是否实际参与标的公司经营管理。在仲裁裁决和司法审判实践中,股权让与担保纠纷的争议焦点在于当事人意思表示是否真实、是否违反物权法定、是否违反流担保条款禁止规定。基于区分原则,股权让与担保的原因行为基本获得有效性认可,而处分行为的效力在物权缓和的趋势下亦具备一定的解释空间,有待进一步探索。

关键词 股权让与担保 股权转让 物权法定 流担保条款

一、让与担保的发展脉络[①]

自2008年最高人民法院(以下简称最高法)在"物权法担保物权国际研讨会"上首次提及"让与担保"一词后,该种非典型担保方式在商事交易领域日益受到关注。针对让与担保给仲裁裁决和司法审判实践带来的疑惑,江苏省高级人民法院和深圳市中级人民法院率先予以回应:2014年4月25日,江苏省高级人民法院发布《关于以物抵债若干法律适用问题的审理纪要》(以下简称《以物抵债审理纪要》),提出让与担保"因违反物权法定原则,不产生物权转移效力"[②];2014年8月28日,深圳市中级人民法院发布的《关于房屋买卖合同纠纷案件的裁判指引》(2014年修订)第32条[③]则对房屋买卖的让与担保问题作出规定:一是根据"实质重于形式"的精神肯定了担保合同的效力,二是基于房地产调控的政策背景否定了"后让与担保"下债权人主张出卖人(担保人)履行买卖合同并协助办理房屋权属转移登记的诉请,三是强调了让与担保中善意第三人的保

---

* 陈金涛,西南政法大学经济法学院法律硕士,现供职于深圳证券交易所投资者服务部。

① 详细梳理请见附表。

② 江苏省高级人民法院《关于以物抵债若干法律适用问题的审理纪要》第2条第3款规定:当事人在债务未届清偿期之前约定以房屋或土地等不动产进行抵债,并明确在债务清偿后可以回赎,债务人或第三人根据约定已办理了物权转移手续的,该行为符合让与担保的特征。因违反物权法定原则,不产生物权转移效力。债权人如根据抵债协议及物权转移凭证要求原物权人迁让的,人民法院应不予支持。

③ 深圳市中级人民法院《关于房屋买卖合同纠纷案件的裁判指引》(2014年修订)第32条规定:当事人订立房屋买卖合同,并约定出卖人以该房屋所有权作为对买受人其他债权的担保的,应当认定为担保合同。担保人在签约后已将房屋权属移转登记至债权人,担保人以被担保债权已完全受偿为由,请求债权人办理房屋权属回复登记的,人民法院可予支持,但房屋已被第三人善意取得的除外。担保人在签约后未将房屋权属移转登记至债权人,债权人请求担保人履行买卖合同并协助办理房屋权属转移登记的,人民法院不予支持。

护问题。

2019年11月8日,最高法印发《全国法院民商事审判工作会议纪要》(以下简称《九民纪要》),其第71条①确立了让与担保这一非典型担保的裁判规则,主要就让与担保及流担保约定的效力、让与担保后续清算作出规定;2020年7月20日,最高法与国家发展和改革委员会联合发布《关于为新时代加快完善社会主义市场经济体制提供司法服务和保障的意见》,其中第14条②明确提出,“结合民法典对禁止流押规则的调整和让与担保规则的司法实践,进一步研究细化让与担保的制度规则和裁判标准”,并强调应“尊重当事人基于意思自治作出的交易安排”,“最大限度发挥担保制度的融资功能作用”。

在让与担保异常活跃的趋势下,2021年1月1日生效的《民法典》却并未明确其地位,仅留下一句“担保合同包括抵押合同、质押合同和其他具有担保功能的合同”③,令人浮想联翩;然而,紧接着配套生效的《关于适用〈中华人民共和国民法典〉有关担保制度的解释》(以下简称《担保制度司法解释》)又有拨云见日之意,不仅认可清算型让与担保约定的效力,还承认了非清算型让与担保除流担保条款以外的约定的效力,为让与担保的“正名”提供了规范依据。此外,同日生效的最高人民法院《关于审理民间借贷案件适用法律若干问题的规定》(2020年第二次修正)第23条④坚持以实质重于形式的精神来认定“以订立买卖合同作为民间借贷合同的担保”,将该交易安排的法律性质定性为民间借贷关系,并就出借人和借款人关于买卖合同标的物的清算方式作出安排,明确了民间借贷此特定交易下让与担保的裁判规则。借此东风,广州市政府于2021年9月17日发布《广州市金融发展“十四五”规划》,顺势而为地提出“以全国实施动产和权利担保统一登记为契机,鼓励金融机构创新动产融资担保相关的融资产品,促进更多中小企业通过应收账款抵押、让与担保……形式进行多元化融资,盘活沉睡资产”⑤。至此,让与担保制度在我国已基本“站稳了脚跟”,且成为实践推动理论发展的佳例。

---

① 《全国法院民商事审判工作会议纪要》第71条规定:债务人或者第三人与债权人订立合同,约定将财产形式上转让至债权人名下,债务人到期清偿债务,债权人将该财产返还给债务人或第三人,债务人到期没有清偿债务,债权人可以对财产拍卖、变卖、折价偿还债权的,人民法院应当认定合同有效。合同如果约定债务人到期没有清偿债务,财产归债权人所有的,人民法院应当认定该部分约定无效,但不影响合同其他部分的效力。当事人根据上述合同约定,已经完成财产权利变动的公示方式转让至债权人名下,债务人到期没有清偿债务,债权人请求确认财产归其所有的,人民法院不予支持,但债权人请求参照法律关于担保物权的规定对财产拍卖、变卖、折价优先偿还其债权的,人民法院依法予以支持。债务人因到期没有清偿债务,请求对该财产拍卖、变卖、折价偿还所欠债权人合同项下债务的,人民法院亦应依法予以支持。

② 《关于为新时代加快完善社会主义市场经济体制提供司法服务和保障的意见》第14条规定:依法认定新型担保的法律效力。准确把握物权法定原则的新发展、民法典物权编扩大担保合同范围的新规定,依法认定融资租赁、保理、所有权保留等具有担保功能的非典型担保合同的效力。结合民法典对禁止流押规则的调整和让与担保的司法实践,进一步研究细化让与担保的制度规则和裁判标准,尊重当事人基于意思自治作出的交易安排。依据物权变动规则依法认定担保物权的物权效力,最大限度发挥担保制度的融资功能作用,促进商事交易健康发展。

③ 《民法典》第388条规定:设立担保物权,应当依照本法和其他法律的规定订立担保合同。担保合同包括抵押合同、质押合同和其他具有担保功能的合同。

④ 最高人民法院《关于审理民间借贷案件适用法律若干问题的规定》(2020年第二次修正)第23条规定:当事人以订立买卖合同作为民间借贷合同的担保,借款到期后借款人不能还款,出借人请求履行买卖合同的,人民法院应当按照民间借贷法律关系审理。当事人根据法庭审理情况变更诉讼请求的,人民法院应当准许。按照民间借贷法律关系审理作出的判决生效后,借款人不履行生效判决确定的金钱债务,出借人可以申请拍卖买卖合同标的物,以偿还债务。就拍卖所得的价款与应偿还借款本息之间的差额,借款人或者出借人有权主张返还或者补偿。

⑤ 《广州市人民政府办公厅关于印发〈广州市金融发展“十四五”规划〉的通知》第12章第2节第2点。

二、股权让与担保的构造及表现形式

通说认为，现代担保制度肇始于德国，系基于罗马法传统理论和日耳曼法信托行为理论，受判例、学说不断影响，逐步形成的。[①] 在我国，让与担保作为一种非典型担保方式，在商事交易中并不鲜见，其中尤以股权让与担保的适用最为瞩目。一般来说，股权让与担保通过转移股权所有权的外在形式来担保债权的实现，其构造为：债务人或第三人为担保债务人的债务而将其股权通过法定程序转移至债权人名下，当债务人不履行到期债务时，债权人有权就该股权折价价款优先受偿。[②] 由于股权让与担保的行为构造中包含了股权转让这一法律动作，故如何正确识别股权让与担保以区分于股权转让，需从以下两方面予以关注。

（一）股权转让协议是否约定股权赎回条款

设立股权让与担保的目的是担保债务的履行，债权人大多数情况下并非真正有意受让股权，因此，股权转让协议作为股权让与担保外在表现形式，一般会约定股权赎回条款。如太仓市森联投资管理有限公司与上海盛江交通车辆设备有限公司、江阴森茂汽车城开发有限公司股权转让纠纷案[③]，苏州中院即认为股权赎回条款是股权让与担保最重要的特征。结合《担保制度司法解释》第 68 条第 3 款的规定，即债务人与债权人约定将财产转移至债权人名下，一定期间后再由债务人以交易本金加上溢价款回购的情形。股权赎回条款通常有两种表述：一种是约定当债务人全额清偿到期债务时，其有权以无偿或低价回购标的股权，另一种则是约定债务人以等于或略微大于主债务数额的价款回购标的股权。在港丰集团有限公司与深圳市国融投资控股有限公司、长城融资担保有限公司等合同纠纷案[④]所认定的股权让与担保架构中，债权人（股权受让方）国融公司和债务人（股权转让方）港丰房地产公司约定的股权回购价款即为国融公司代港丰房地产公司向深圳发展银行实际支付的本息，加上以此基数按年利率 20% 计算的固定收益。由此可见，当事人签订的股权转让协议中是否约定股权赎回条款可作为识别股权让与担保的一个重要参考因素。

（二）让与担保权人是否实际参与标的公司的经营管理

基于交易安全的考虑，让与担保权人往往会要求担保人在股权转让协议签订后的合理时间内将股权变更登记至其名下，以保障商事外观主义下让与担保权人对担保物享有的绝对权。但在一般情形下，作为名义股东的让与担保权人并不参与标的公司的经营管理及决策，实际的股东权利仍由担保人行使。在田某川、河南省太行置业有限公司与公司有关的纠纷案[⑤]中，最高法认为，让与担保权人作为名义股东，无权对股权进行使用收益，不享有《公司法》规定的股东所享有的参与决策、选任管理者、分取红利等权利；在喻某、袁某生股权转让纠纷案[⑥]中，江西省高级人民法院通过论证上诉人喻某仅担任公司监事、未控制公司的经营管理、未掌握公司公章、对外协议均由袁某生签署等案件事实，并结合其他关联证据，说明当事人之间并无股权转让的真实意思，

---

① 参见王闯：《让与担保法律制度研究》，法律出版社 2000 年版，第 71～86 页。

② 参见蔡立东：《股权让与担保纠纷裁判逻辑的实证研究》，载《中国法学》2018 年第 6 期。

③ 案号：(2020) 苏 05 民终 913 号。

④ 案号：(2016) 最高法民申 1689 号。

⑤ 案号：(2019) 最高法民申 6422 号。

⑥ 案号：(2020) 赣民终 149 号。

最终认定案涉法律事实构成股权让与担保而非股权转让;陕西省高级人民法院在陈某慧与何某珠、何某,陕西铭尚恒达房地产开发有限公司民间借贷纠纷案①中亦持有相同观点,认为相关案涉协议名为股权转让,但与真实受让股权,享有股东权益与义务存在表里不一的问题。通过上述案例可知,虽然股权让与担保和股权转让都具有股权变更的外观,具有一定的相似性,但让与担保权人是否实际参与标的公司的经营管理亦为识别股权让与担保的另一个重要因素,同时,这也与《担保制度司法解释》第 69 条②关于作为名义股东的债权人不因"出资瑕疵责任"而需与其他股东向公司债权人承担连带责任的规定精神是衔接契合的。

三、股权让与担保的几个实务问题

(一)"外在"股权转让的债权效力问题

《民法典》第 146 条规定,"行为人与相对人以虚假的意思表示实施的民事法律行为无效。以虚假的意思表示隐藏的民事法律行为的效力,依照有关法律规定处理"。据此,此前有观点认为,股权转让作为股权让与担保的"外衣",系当事人之间的"虚假意思表示",故签订的股权转让协议应属无效。但笔者认为该观点值得商榷:首先,股权转让行为作为股权让与担保法律构造的一部分,实际上是后者的分解要素之一,在看待两者的关系时应以整体的眼光去把握,人为割裂地去区分两者有失客观;其次,退一步讲,即使股权转让并非当事人最终意欲发生的法律行为,但也不必然"虚假",称为"隐藏"或许更为合适;最后,武断地否定股权转让的债权效力与我国鼓励商事交易、尽量认可合同有效性的政策精神相悖,不利于交易的合理预期及市场经济的发展。在王某莲与鲁某 1、鲁某 2、云南腾峰投资有限责任公司确认合同效力纠纷案③中,云南某中级人民法院认为,案涉《股权转让协议》是为借款行为提供的担保措施之一,借款是主合同法律关系,而股权转让仅是从合同法律关系,并非独立存在的股权转让行为,故"《股权转让协议》与《借款协议书》存在逻辑上的关联,无法将两个法律关系割裂开来;作为借款担保措施的股权转让行为,虽然法律对此种让与担保措施没有明确的规定,但是基于双方当事人的一致合意,且并不违反法律规定",从而认定上诉人王某莲关于《股权转让协议》无效的主张不成立;最高法在黑龙江闽成投资集团有限公司、西林钢铁集团有限公司民间借贷纠纷案④中明确指出,"是否为'以虚假的意思表示实施的民事法律行为',应当结合当事人在主合同即借款合同和从合同即让与担保合同中作出的真实意思表示,统筹作出判断",并结合案件事实,将"显现的"转让股权和"隐藏的"担保均视为让与担保的有机组成部分,并认可二者均为当事人的真实意思表示,最终不予支持西港公司的诉请。此外,《担保制度司法解释》第 68 条第 1 款通过强调"清算型让与担保"约定的有效性,暗示最高法对股权让与担保基本认可的态度,结合该条第 3 款仅将"回购对象自始不存在"的情形作为法院认定让与担保构成虚假意思表示的规定,不难看出审判机关在司法实践经验提炼过程中的慎重推敲与衡平斡旋。

---

① 案号:(2020)陕民终 1055 号。

② 最高人民法院《关于适用〈中华人民共和国民法典〉有关担保制度的解释》第 69 条规定:股东以将其股权转移至债权人名下的方式为债务履行提供担保,公司或者公司的债权人以股东未履行或者未全面履行出资义务、抽逃出资等为由,请求作为名义股东的债权人与股东承担连带责任的,人民法院不予支持。

③ 案号:(2015)昆民五终字第 86 号。

④ 案号:(2019)最高法民终 133 号。

(二)物权法定原则下的定位问题

遵循大陆法系普遍认可的物权理论,《民法典》第116条(原《物权法》第5条)确立了物权法定原则,即物权的种类和内容均由法律规定。虽然物权法定可以在财产权形式激增和过分僵化之间实现一种平衡,[①]但在物权法定的框架下,让与担保的定位显得有些尴尬。如前所述,早期《以物抵债审理纪要》直接认为让与担保"因违反物权法定原则,不产生物权转移效力";最高法在让与担保制度发展的早期,在中国建设银行股份有限公司广州荔湾支行诉广东蓝粤能源发展有限公司等信用证开证纠纷案[②]中,亦认为基于让与担保的约定不能发生物权效力。随着非典型担保实践的发展,"一刀切"地否认股权让与担保的物权变动效力似乎不太妥当。在担保制度的规则设计上,以德国法为代表的形式主义强调严格的物权法定,以美国法为代表的功能主义将具有担保功能的交易安排统一称为"担保权益"[③],强调无须对担保无权作出类型上的区分,而应注重其实质目的。《民法典》第388条的规则设计即是上述两种主义的结合。[④]

有学者尝试以《民法典》第388条为切入点,试图将股权让与担保的系列交易安排视为"其他具有担保功能的合同",在满足物权公示的前提下,借用股权转让的外在表现形式,摆脱物权法定原则对担保物权类型的束缚。[⑤] 在前述田某川、河南省太行置业有限公司与公司有关的纠纷案[⑥]中,最高法就认为,"在已经完成股权变更登记的情况下,(股权让与担保)可以参照最相近的担保物权的规定,认定其物权效力"。也有学者认为,《民法典》第10条和第116条之间存在一定的解释空间,或许能成为让与担保的容身之地。根据《民法典》第10条的规定,"处理民事纠纷,应当依照法律;法律没有规定的,可以适用习惯,但是不得违背公序良俗",因此,若能将"习惯"视为法律渊源,让与担保即不构成对物权法定原则的违反。实际上,在让与担保制度发展早期,德国、日本的主流观点均认为"法律"不应包含"习惯",但随着非典型物权的近期实践,目前学界已开始注意和反思物权法定原则过度僵化给商事交易带来的弊端,与此相反的肯定说逐渐成为共识。[⑦] 杨立新教授主张应将物权缓和作为物权法基本原则之一[⑧];高圣平教授亦指出,非典型担保在长期发展过程中已较为固定化、类型化,同时其内容具有高度确定性,已基本在社会上形成法的确信,故应构成一种习惯法[⑨];最高法民二庭的王海峰法官进一步认为,虽然《民法典》未明确让与担保的物权地位,但权利已转移的让与担保与法定担保物权并无二致,且最高法作为最适宜判断习惯公信力的主体,其结合审判实际发布的司法解释可视为给让与担保提供了法源依据。[⑩] 但无论持有上述何种观点,在区分原则的框架下,物权变动的原因行为和结果行为(或称处分行为)各具有

---

① See Thomas W. Merrill, Henry E. Smith, *Optimal Standardization in the Law of Property: The Numerus Clausus Principle*, 110 The Yale Law Journal, p. 69 – 70. 转引自刘国栋:《〈民法典〉视域下股权让与担保的解释论路径》,载《北方法学》2021年第5期。

② 案号:(2015)民提字第126号。

③ 谢鸿飞:《民法典担保规则的再体系化——以〈民法典各分编(草案)二审稿〉为分析对象》,载《社会科学研究》2019年第6期。

④ 参见刘国栋:《〈民法典〉视域下股权让与担保的解释论路径》,载《北方法学》2021年第5期。

⑤ 参见张家勇:《体系视角下所有权担保的规范效果》,载《法学》2020年第8期。

⑥ 案号:(2019)最高法民申6422号。

⑦ 参见[日]我妻荣:《新订物权法》,[日]有泉亨补订、罗丽译,中国法制出版社2008年版,第607页。

⑧ 参见杨立新:《〈民法总则〉规定对修订分则物权编三个重大问题的影响》,载《西北大学学报(哲学社会科学版)》2007年第6期。

⑨ 参见高圣平:《大陆法系动产担保制度之法外演进对我国物权立法的启示》,载《政治与法律》2006年第5期。

⑩ 参见王海峰:《让与担保制度中的物权法定、关系构造与私发自治》,载《法律适用》2021年第10期。

其相对独立性，在债法层面上，股权转让协议的有效性已基本成为共识，故其在物权法定原则下的物权效力的发生与否并不影响股权让与担保意思表示的独立判断。

（三）股权让与担保的清算问题

提及股权让与担保的清算问题，基本绕不开关于禁止流担保约定的讨论。流担保约定，是指当事人关于债务人届时不能清偿债务，债权人即获得担保物所有权的约定，此前的《物权法》《担保法》即有禁止流质契约的规定。[①] 根据最高法民法典贯彻实施工作领导小组编写的《中华人民共和国民法典物权编理解与适用》的相关解读，各国之所以禁止流质契约，最主要是在于防止“债权人利用债务人一时的急迫窘迫而与其订立流质条款”，以免债务人遭受重大损失。[②] 但随着学术界和实务界对“流质契约开禁”的呼声越来越高，《民法典》第428条经充分考虑后作出了一定的让步，仅规定“质权人在债务履行期限届满前，与出质人约定债务人不履行到期债务时质押财产归债权人所有的，只能依法就质押财产优先受偿”，并未否认流质契约的效力。值得注意的是，《担保制度司法解释》第68条第2款规定，“债务人或者第三人与债权人约定将财产形式上转移至债权人名下，债务人不履行到期债务，财产归债权人所有的，人民法院应当认定该约定无效，但是不影响当事人有关提供担保的意思表示的效力”，直接否认了流担保约定的效力，颇有回到“起点”之意。

一般认为，根据是否对担保物进行清算估价，让与担保可分为清算型让与担保和非清算型让与担保（或称事前归属型让与担保）。[③] 非清算型让与担保即是约定了流担保条款的让与担保，其在我国当前的法律规定下难有立锥之地；而清算型让与担保又可分为归属清算型让与担保与处分清算型让与担保，前者指让与担保权人将标的物予以公正估价，如估价超过债权数额的，其应将超过部分返还担保人，标的物所有权由让与担保权人取得；后者指让与担保权人将标的物拍卖、变卖后予以清偿债务，如仍有余额则返还担保人。[④] 股权让与担保的清算问题，亦应予分类后进行讨论。对于归属清算型股权让与担保，在深圳市奕之帆贸易有限公司、侯某宾合同纠纷案[⑤]中，最高法认为，让与担保权利的实现应对当事人课以清算义务；在修水县巨通投资控股有限公司、福建省稀有稀土（集团）有限公司合同纠纷案[⑥]中，最高法则进一步认可了案涉《股权转让协议》关于标的股权清算的约定，即在巨通公司未能清偿债务时，稀土公司有权指定具备相应资质的资产评估公司对标的股权价值进行评估，并将评估价与稀土公司代偿债务额进行比较，双方本着多退少补的原则支付差额。对于处分清算型股权让与担保，最高法亦在前述港丰集团公司与国融公司、长城担保公司等合同纠纷案中提及其“不产生流质的法律后果”，并认定案涉股权让与担保“不违反我国物权法和担保法的相关规定”，最终支持长城担保公司等主体的诉请。结合前述《担保制度司法解释》及相关案例可知，若当事人约定为非清算型股权让与担保，仅其中的流担

---

① 原《物权法》第211条规定：质权人在债务履行期届满前，不得与出质人约定债务人不履行到期债务时质押财产归债权人所有；原《担保法》第66条规定：出质人和质权人和合同中不得约定在债务履行期届满质权人未受清偿时，质物的所有权转移为质权人所有。

② 参见最高院民法典贯彻实施工作领导小组：《中华人民共和国民法典物权编理解与适用》，人民法院出版社2020年版，第1182页。

③ 参见林承铎：《让与担保与物权法的协调性问题探析》，载《理论学刊》2013年第11期。

④ 参见刘贵祥：《民法典关于担保的几个重大问题》，载《法律适用》2021年第1期。

⑤ 案号：(2018)最高法民终751号。

⑥ 案号：(2018)最高法民终119号。

保约定无效，股权让与担保本身的意思表示不受影响；若约定为清算型股权让与担保（包括归属清算型和处分清算型），一般认为有效。需要注意的是，让与担保通常系在债务履行期届满之前签订协议并转移标的物所有权等权利，否则其就不成为一种担保方式，而只是一种债务履行方式（如以物抵债）。

综上可知，无论是法律规定还是司法实践，基本认同股权让与担保约定的有效性，而物权变动无效的观点在物权法定原则下亦有所松动。关于股权让与担保的清算，实践中根据是否对担保物进行清算估价，将让与担保分为清算型让与担保和非清算型让与担保，后者因违反有关流担保约定禁止的规定而无效，而对于前者，最高法传达出支持的态度。

四、结语

制度的落地和接受是一个曲折的过程，通过回顾让与担保的"前世今生"，我们得以窥见其在我国的境遇：从原先的审慎对待到如今的鼓励探索，其发展脉络足见实践先行对理论发展的反哺之效。在让与担保制度的发展中，尤以股权让与担保最为瞩目。无论是仲裁裁决还是司法审判实践，关于股权让与担保的识别要点有二：一是关注作为外观表现形式的股权转让协议是否约定股权赎回条款；二是观察作为名义股东的让与担保权人是否实际参与标的公司的经营管理。此外，"疑无路"下的"柳暗花明"得来不易，股权让与担保的理论研究和实务探讨主要聚焦于意思表示是否真实、是否违反物权法定、是否违反流担保条款禁止规定这三点。遵循着区分原则，股权让与担保内在的原因行为和处分行为相对独立，其债权效力在不违反法律、行政法规的效力性强制性规定的前提下一般作有效认定，其物权效力在物权缓和的趋势下亦具备一定的解释空间，有待后续进一步观察。

附表

让与担保相关文件梳理

序号	时间	主体/会议	文件	具体内容
1	2008 年 4 月 29 日	物权法担保物权国际研讨会	—	在传统的抵押权、质权、留置权等保全型担保物权之上，相继出现了最高额抵押、动产抵押、财团抵押、浮动担保、不动产质权、权利质权等诸多担保名目。此外，为了节约公示成本和避免实行手续的烦琐，诸如让与担保、所有权保留、保险担保、假登记担保等非典型担保，也在担保领域中异军突起
2	2014 年 4 月 25 日	江苏省高级人民法院	《关于以物抵债若干法律适用问题的审理纪要》	（三）当事人在债务未届清偿期之前约定以房屋或土地等不动产进行抵债，并明确在债务清偿后可以回赎，债务人或第三人根据约定已办理了物权转移手续的，该行为符合让与担保的特征。因违反物权法定原则，不产生物权转移效力。债权人如根据抵债协议及物权转移凭证要求原物权人迁让的，人民法院应不予支持

续表

序号	时间	主体/会议	文件	具体内容
3	2014年8月28日	深圳市中级人民法院	《关于房屋买卖合同纠纷案件的裁判指引》	三十二、当事人订立房屋买卖合同,并约定出卖人以该房屋所有权作为对买受人其他债权的担保的,应当认定为担保合同。 担保人在签约后已将房屋权属移转登记至债权人,担保人以被担保债权已完全受偿为由,请求债权人办理房屋权属回复登记的,人民法院可予支持,但房屋已被第三人善意取得的除外。 担保人在签约后未将房屋权属移转登记至债权人,债权人请求担保人履行买卖合同并协助办理房屋权属转移登记的,人民法院不予支持
4	2019年11月8日	最高人民法院	《全国法院民商事审判工作会议纪要》	71.【让与担保】债务人或者第三人与债权人订立合同,约定将财产形式上转让至债权人名下,债务人到期清偿债务,债权人将该财产返还给债务人或第三人,债务人到期没有清偿债务,债权人可以对财产拍卖、变卖、折价偿还债权的,人民法院应当认定合同有效。合同如果约定债务人到期没有清偿债务,财产归债权人所有的,人民法院应当认定该部分约定无效,但不影响合同其他部分的效力。 当事人根据上述合同约定,已经完成财产权利变动的公示方式转让至债权人名下,债务人到期没有清偿债务,债权人请求确认财产归其所有的,人民法院不予支持,但债权人请求参照法律关于担保物权的规定对财产拍卖、变卖、折价优先偿还其债权的,人民法院依法予以支持。债务人因到期没有清偿债务,请求对该财产拍卖、变卖、折价偿还所欠债权人合同项下债务的,人民法院亦应依法予以支持
5	2020年7月20日	最高人民法院、国家发展和改革委员会	《关于为新时代加快完善社会主义市场经济体制提供司法服务和保障的意见》	14.……结合民法典对禁止流押规则的调整和让与担保的司法实践,进一步研究细化让与担保的制度规则和裁判标准,尊重当事人基于意思自治作出的交易安排。依据物权变动规则依法认定担保物权的物权效力,最大限度发挥担保制度的融资功能作用,促进商事交易健康发展。
6	2021年1月1日	全国人民代表大会	《民法典》	第三百八十八条　设立担保物权,应当依照本法和其他法律的规定订立担保合同。担保合同包括抵押合同、质押合同和其他具有担保功能的合同

续表

序号	时间	主体/会议	文件	具体内容
7	2021年1月1日	最高人民法院	《关于适用〈中华人民共和国民法典〉有关担保制度的解释》	第六十八条　债务人或者第三人与债权人约定将财产形式上转移至债权人名下，债务人不履行到期债务，债权人有权对财产折价或者以拍卖、变卖该财产所得价款偿还债务的，人民法院应当认定该约定有效。当事人已经完成财产权利变动的公示，债务人不履行到期债务，债权人请求参照民法典关于担保物权的有关规定就该财产优先受偿的，人民法院应予支持。 债务人或者第三人与债权人约定将财产形式上转移至债权人名下，债务人不履行到期债务，财产归债权人所有的，人民法院应当认定该约定无效，但是不影响当事人有关提供担保的意思表示的效力。当事人已经完成财产权利变动的公示，债务人不履行到期债务，债权人请求对该财产享有所有权的，人民法院不予支持；债权人请求参照民法典关于担保物权的规定对财产折价或者以拍卖、变卖该财产所得的价款优先受偿的，人民法院应予支持；债务人履行债务后请求返还财产，或者请求对财产折价或者以拍卖、变卖所得的价款清偿债务的，人民法院应予支持。 债务人与债权人约定将财产转移至债权人名下，在一定期间后再由债务人或者其指定的第三人以交易本金加上溢价款回购，债务人到期不履行回购义务，财产归债权人所有的，人民法院应当参照第二款规定处理。回购对象自始不存在的，人民法院应当依照民法典第一百四十六条第二款的规定，按照其实际构成的法律关系处理
8	2021年1月1日	最高人民法院	《关于审理民间借贷案件适用法律若干问题的规定》	第二十三条　当事人以订立买卖合同作为民间借贷合同的担保，借款到期后借款人不能还款，出借人请求履行买卖合同的，人民法院应当按照民间借贷法律关系审理。当事人根据法庭审理情况变更诉讼请求的，人民法院应当准许。 按照民间借贷法律关系审理作出的判决生效后，借款人不履行生效判决确定的金钱债务，出借人可以申请拍卖买卖合同标的物，以偿还债务。就拍卖所得的价款与应偿还借款本息之间的差额，借款人或者出借人有权主张返还或者补偿
9	2021年9月17日	广州市人民政府	《广州市金融发展"十四五"规划》	二、以全国实施动产和权利担保统一登记为契机，鼓励金融机构创新动产融资担保相关的融资产品，促进更多中小企业通过应收账款抵押、让与担保、融资租赁、合同融资等形式进行多元化融资，盘活沉睡资产

Analysis on Some Practical Problems of the Assignment of Equity Guarantee

Chen Jintao

Abstract: As a kind of atypical guarantee, the development of assignment guarantee in China follows the path of "academic debate, steady legislation and judicial exploration". Its legal structure not only determines the manifestation of assignment guarantee but also becomes an identifying element to distinguish different assignments of equity: whether the relevant transaction text stipulates the equity redemption clause; whether the guarantor actually participates in the operation and management of the target company. In practice, the dispute over the assignment of equity guarantee focuses on if the person involed truly expressed their intention; whether such assignment violates the numerus clausus principle or the restrition on flow guarantee clause. Based on the principle of distinction, the cause behavior of assignment of equity guarantee is basically recognized as valid, while the effect of disposal behavior has certain explanatory space under the relaxation trend of the real right, waiting for further exploration.

Key Words: assignment of equity guarantee; equity transfer; numerus clausus principle; flow guarantee clause

直播带货常见纠纷实证研究

刘振茹　周佳佳*

内容摘要　直播带货销售模式，是指由厂家或销售方通过网络渠道和平台进行实时直播，在直播中向收看直播的观众介绍、推销所出售商品，并且有可能在直播间中直接提供购买链接、优惠券等的销售过程。随着直播电商迅猛发展，直播带货纠纷案件数量呈现井喷式增长。直播带货这一类交易模式的参与主体较多，因此也存在多种纠纷类型。其中因为直播服务机构未能按约履行合同，带货效果达不到预期，商家要求其退款及赔偿损失的诉求最为常见，而直播服务机构违约责任的承担取决于多种因素的综合考量。本文结合法律规定及司法实践，通过对典型案例的分析，旨在为规范直播带货电商的发展提出合规的建议。

关键词　直播带货销售　合同纠纷　违约责任

2021年抖音、快手平台直播电商交易规模接近万亿元。① 根据《"十四五"电子商务发展规划》，预计2025年全国网上零售额将达到17万亿元，电子商务从业人员规模将超过6000万人，电商新业态、新模式创造了大量新职业、新岗位，纠纷类型也呈现出新的特点。笔者通过对"裁判文书网"和"威科先行"中"直播""带货""纠纷"三个关键词的梳理，截至2022年4月30日，共查到案例1040件。2020年是直播元年，案件数量自2020年起增加，2021年呈现井喷式增长态势，预计未来仍将保持增长趋势（见图1）。

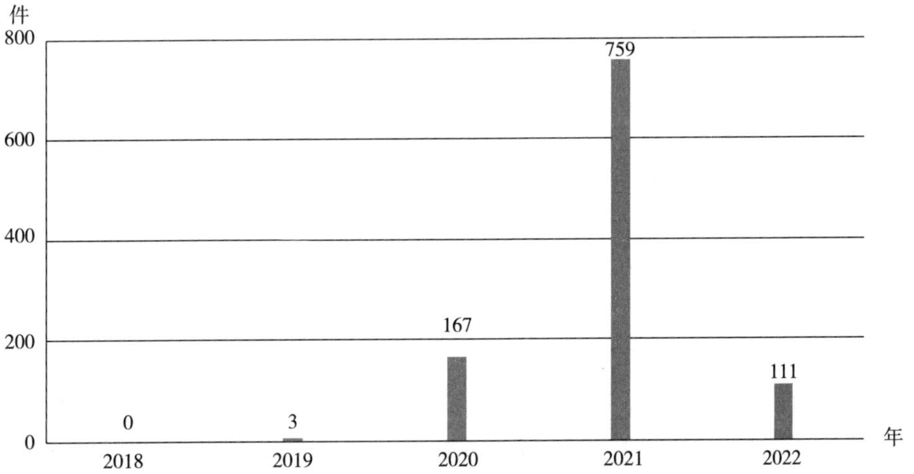

图1　直播带货纠纷案件数量

---

* 刘振茹，北京大成（广州）律师事务所律师。周佳佳，北京大成（广州）律师事务所律师。

① 《2021直播电商年度数据报告》，载知乎2022年2月22日，https://zhuanlan.zhihu.com/p/470616126？utm_id=0。

直播带货纠纷类型主要集中为合同纠纷、劳动争议与知识产权纠纷，占比约为96%，合同纠纷占比超过八成，合同纠纷中案由数量前五分别为服务合同纠纷、买卖合同纠纷、借款合同纠纷、委托合同纠纷和合伙合同纠纷（见表1）。本文从合同纠纷方向分析直播带货类合同纠纷的特殊性及风险防范。

表1　合同纠纷案由数量

序号	案由	数量/件	比例/%
1	服务合同纠纷	295	59
2	买卖合同纠纷	62	12
3	借款合同纠纷	42	8
4	委托合同纠纷	34	7
5	合伙合同纠纷	21	4
6	广告合同纠纷	13	3
7	劳务合同纠纷	10	2
8	承揽合同纠纷	7	1
9	演出合同纠纷	5	1
10	其他纠纷	13	3

值得一提的是，服务合同纠纷与委托合同纠纷，同属合同纠纷项下三级案由，为并列关系，但在直播带货领域两种合同的内涵基本一致，仅是基于合同签署双方对合同名称的称谓不同而被法院归纳为了不同案由。

一、直播带货法律主体及模式

根据《网络直播营销管理办法（试行）》第2条的规定，网络直播营销是指通过互联网站、应用程序、小程序等，以视频直播、音频直播、图文直播或多种直播相结合等形式向社会公众营销商品或服务的活动；直播营销平台，是指在网络直播营销中提供直播服务的各类平台，包括互联网直播服务平台、互联网音视频服务平台、电子商务平台等。直播间运营者，是指在直播营销平台上注册账号或者通过自建网站等其他网络服务，开设直播间从事网络直播营销活动的个人、法人和其他组织。直播营销人员，是指在网络直播营销中直接向社会公众开展营销的个人。

网络直播带货的参与主体一般包括五方，分别是直播营销平台（如抖音、淘宝、快手）、直播营销人员服务机构、主播、商家、消费者。直播营销人员服务机构主要是MCN，英文全称是“Multi－Channel Network”，本身指的是一种多频道网络的产品形态，通过将各种内容联合起来，在制作、交互推广、合作管理、规范运营和资本等方面的有力支持下，保障内容的持续输出，从而最终实现商业的稳定变现。MCN机构日常业务范围涵盖了网红筛选和孵化、内容开发、平台技术性支持、用户管理、平台资源对接、活动运营、商业化变现和合作、IP的开发等各个方面。直播带货模式如图2所示。

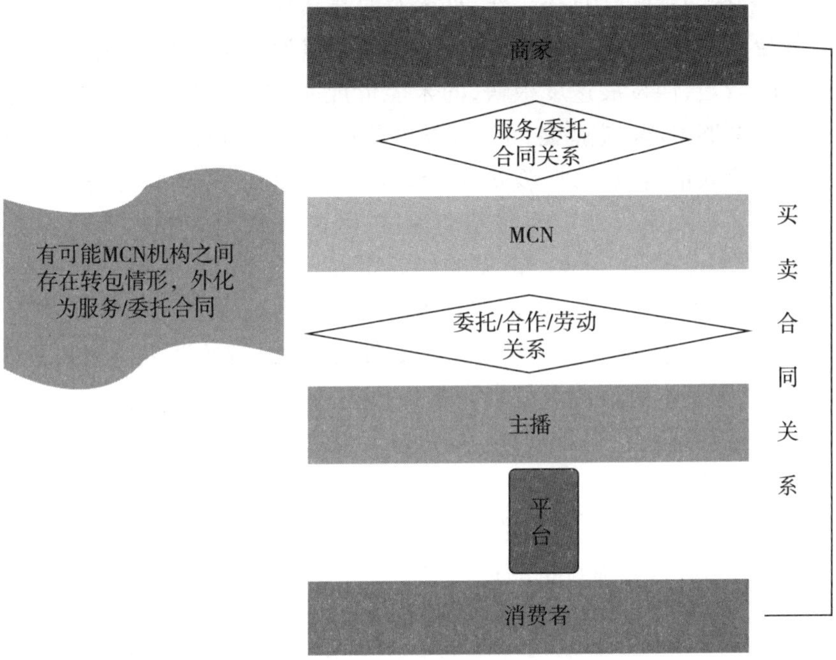

图2 直播带货模式

由于参与方众多,各方主体间有多种商业模式,我们从销售的起始端与终端来着手,若商家自行招聘主播销售产品,那么商家与消费者之间形成买卖合同关系;若商家与 MCN 机构合作由主播带货,那么商家与 MCN 机构形成服务或委托合同关系。部分具有商家资源的 MCN 机构,会以其自己的名义,与拥有头部主播、KOL、达人资源等主播资源的 MCN 机构签约,表现形式与商家直接与 MCN 机构签约一致,只是主体更加多元、法律关系更为复杂,此处暂且不谈转包的情形。MCN 机构与主播间可能属于委托关系、经纪关系或劳动关系,对于直播间的搭建、账号的运营及权属由双方进行约定。直播平台主要义务是尽到合理注意义务,如事前审核、提示,以及事后及时处置。本文探讨的重点是商家委托主播(或者主播运营机构 MCN),借助其直播、流量、粉丝等推广商品,从而提高商品销量。该模式为 MCN 机构与商家洽谈合作,双方签订直播合作合同,由 MCN 机构安排主播为商家进行推广,约定 ROI(投资回报率 = 销售额/坑位费)、GMV(实际销售金额)、坑位费等具体条款,MCN 机构通常负责直播间搭建、涉及营销方案等一体化服务,商家支付费用后 MCN 安排主播在直播平台进行直播,消费者通过观看直播购买产品,商家安排送货及售后服务。

二、关于常见合同纠纷案件的分析

通过前文所述的交易模式可知,对于主播以及商家来说,MCN 机构在其中起着至关重要的对接作用,对接出现纰漏则极易导致纠纷的产生。通过检索关键词“直播”“带货”,并筛选近五年来案由为“服务合同”或“委托合同”的案件,我们发现 MCN 机构与商家之间的纠纷较常规的合同纠纷相比,有着一定的特性。“商家未按约支付服务费”的情形极为少见,而大部分的纠纷均源自 MCN 机构未能按约履行合同。纠纷的产生常见于以下几点原因:直播带货销售的效果差,未能达到商家的要求;MCN 机构未能安排合同所指定的主播完成直播带货;MCN 机构或主播存在恶意刷单行为;商家未按约定配合直播工作,如未及时寄送样品等。

直播带货服务合同纠纷之所以会产生这一特性,是因为商家预付费用的行业惯例。直播带货这一模式兴起时间较短,但发展速度极快,尚未能形成非常规范的行业自律及监管。在直播带货初期,许多商家与MCN机构、主播之间就服务事项达成共识后甚至未形成书面文件,更多的是靠主播、MCN机构的个人信誉或口碑;发展至今,各主体之间已经具有签订合同的意识,但是在合同条件的谈判与博弈中商家仍处于相对被动地位,因此在绝大多数的合同中所约定的交易模式均为“商家先行支付服务费”。所以,常见的纠纷都是围绕MCN机构未能完全履约的情况发生,商家的诉求也往往集中在以下几点:请求判令解除服务合同;判令MCN机构返还全部或部分服务费;判令MCN机构支付违约金、赔偿损失。此外,该类纠纷的证据主要表现为电子证据,双方合作的洽谈、履行过程基本是通过微信来沟通的,证据的调查取证有其鲜明的特色。

以下我们试着通过几则典型的案例,从法院的事实认定以及裁判结果来了解司法实践对此类争议焦点是如何处理的。

(一)实际销售量未达成可否要求退款取决于合同约定

商家通过MCN机构进行直播带货的最终目的在于销售商品,通过支付坑位费等比获得预期的销售额,因此GMV(商品交易总额)是双方服务合同中的核心条款。在销售量未尽如人意时,商家自然会提出退款的主张。在服务合同中对此较为常见的约定有两种:一种是仅约定坑位费的标准以及直播场次、时长,但不承诺销售量;另一种则是在坑位费的基础上约定ROI(投资回报率=销售额/坑位费)、GMV,即MCN机构对于实际销售量进行一定的承诺,并约定无法达成目标时的处理方式,一般为按比例退款或限期内补播直至达成目标。在早期直播带货时,头部主播、MCN机构往往代表的就是大流量、性价比高的营销,因此多数合同中仅约定坑位费,但在交付了高昂坑位费之后,“刷单后退货”和“翻车”的情况比比皆是,在目前的服务合同中,更多的是后者,即约定保底销售量。

对于前述两种不同的合同约定,在销售量不理想商家要求退款时,法院的观点也完全不同。如(2021)粤01民终16709号案件中,双方因未就销售额进行约定,商家以销售额不足为由要求返还服务费的诉求即被法院驳回。在该案中,一审法院认为双方在合同中约定被告榜样科技公司为原告提供6场专场直播推广,曾某某主播出场服务费人民币80 000元,对直播的效果、销售额、观看人数等均未作具体约定,故原告主张撤销《品牌直播专场服务合同》,被告返还合同款项的诉请理据不足,法院不予支持。在进入二审程序后,二审法院同样认为双方在前期沟通过程及合同中均未对销售额、客户增加数量等直播效果进行具体明确的约定,而依经营常理,商品投放推广后实际销量影响因素众多,在案证据亦不足以认定榜样科技公司、惠多多公司有故意隐瞒货物实际销量导致风险的情形,据此维持了原审判决。

反之,在双方已经明确销售额的情况下,如果MCN机构未能通过直播达成既定目的,那么商家关于退款的主张通常能够得到法院的支持。在(2020)粤0114民初13946号案件中,法院认定如下:在黄某某已向快抖公司实际支付涉案《嘎子活动品牌方协议》约定的服务费80万元,快抖公司应依约履行合同义务。根据《嘎子活动品牌方协议》的约定,快抖公司未达到收益的部分应在2020年6月20日前完成,如未完成则在3个工作日内退还。现无证据证明快抖公司已完成上述约定,扣除已退还部分金额,故黄某某诉请快抖公司退还剩余款项,符合双方约定,法院对此予以支持。

（二）MCN 机构擅自更换主播

商家之所以选择直播带货的方式，通常是看中带货主播本身的人气流量、带货能力，因此双方往往会事先确定主播，但在实际直播时，因为主播的档期、价格甚至疫情等各种因素，“货不对板”的情况时常发生。以（2022）粤 01 民终 4885 号案为例，双方在合同中明确约定合作主播昵称、抖音账号等信息，商家按约向 MCN 机构支付定金 5 万元（合同中明确约定为定金）。后因为主播档期、选品等问题，MCN 机构通知商家无法安排此前约定的主播直播，为了不影响直播的正常进行，更换其他主播开播。商家接到此通知后即要求 MCN 机构双倍返还定金。在双方沟通过程中，MCN 机构认为双方为保销量合作，所以对于公司和商家来说，完成保底销售额度是大方向，对此次调整主播是特殊情况，商家应当予以接受。但经过两审裁判，商家的诉求均得到法院的支持，两级法院认为直播带货这一行为具备人身属性，MCN 机构更换主播与商家订立合同的基础和目的相悖，其行为已构成违约，应就其未依约履行合同义务的行为承担相应违约责任。由此可知，如果双方在服务合同中已经指定主播，如无其他特殊约定或双方另行达成合意的情况下，MCN 擅自更换主播，即便是达到合同约定的销售额，其行为仍构成违约，面临着承担违约责任的风险。

（三）依据最高人民法院《关于审理买卖合同纠纷案件适用法律问题的解释》第 18 条的规定，MCN 机构违约责任的承担取决于多种因素的考量

在有保底销量约定的情况下，基于利益的考量，一般 MCN 机构会尽力提高直播销量，从而实现自己的利益最大化。所以最终销量不理想，在法律上、道德上不应该过分苛责，但如果 MCN 机构在履行合同中，明显未履行基本合同义务，商家则有权按照合同约定选择补播或者主张按比例退还服务费用。例如，在（2021）粤 01 民终 19281 号案件中，法院认定因合同约定直播场次为 16 场，但实际直播成功场次为 3 场，音某传媒公司严重违约，且截至合同履行期满实际销售额与合同约定的保底数额相差巨大，继续履行补播的补偿方式显然不能达到合同目的，支持了摩某公司要求被告公司按照未能直播的场次比例退款的诉求。

在部分案件中，MCN 机构收取服务费后完全没有履行任何合同义务，未进行任何直播带货服务，且拒绝返还费用，主观恶意极为明显，那么在这种情况下商家除了可以主张费用返还外，还可以要求其承担违约责任、赔偿损失。对于逾期退款违约金的标准以及损失的赔偿的原则上，合同约定的标准、合同履行情况、守约方的实际损失、违约方的过错程度等因素均是法院考量的关键。

我们通过检索案例发现，法院对于合同有约定合理标准的违约金一般会予以支持，若违约金约定标准过高，则通常会进行调低，而对于未约定违约金标准的，则通常会以商家已支付的金额以及时间为基础，判令违约方按银行间同业拆借中心公布的贷款市场报价利率支付逾期退款违约金，法律依据是最高人民法院《关于审理买卖合同纠纷案件适用法律问题的解释》第 18 条第 4 款。如（2021）浙 0108 民初 3773 号案中，法院认定商家已按合同约定付款，被告 MCN 机构应履行合同约定义务。现被告未按约履行义务，已构成违约，应承担违约责任，故原告依据合同约定要求被告退还服务费并按照合同所约定的标准（合同总金额 5%）支付违约金，合理合法，予以支持。同样是在有明确约定违约金标准的情况下，（2021）豫 0191 民初 1960 号案件的法院裁判则有所不同，在该案中法院认定被告 MCN 机构未能履行提供直播服务的义务，已构成违约，应当向原告承担一定的违约责任。结合本案合作协议的履行情况、当事人的过错程度及原告的实际损失基础,酌定被告应当向原告商家支付违约金 30 000 元(300000 元 ×10%)。对原告主张违约金的过高部分,因协议约定的违约金标准明显过高,法院不予支持。在没有约定违约金标准的(2021)鲁 0191 民初 4201 号案中,法院则认定 MCN 机构向商家乐库公司返还已付款 265 000 元及逾期退款违约金(以 265 000 元为基数,自立案之日起至实际履行之日止,按照全国银行间同业拆借中心公布的贷款市场报价利率计算)。

(四)直播带货的“层层转包”现象,带来不确定性的风险

笔者在自身经办案件以及检索案例时发现,在直播带货模式中时常发生“层层转包”的怪相,支付服务费的商家与最终执行直播的主播/MCN 机构之间并非直接签订合同,中间的 MCN 机构的身份类似中介,通过向其他 MCN 机构输送自身的商家资源以换取其主播资源,分得其中一杯羹。更有甚者,有些 MCN 机构在获得主播授权前,即已经开始招商或转包服务,对于各方来说均增大了交易的不确定性。对于商家而言,维权对象变得更加不清晰;对于主播而言,需要完成的工作及安排变得更加不可控;对于 MCN 机构而言,也面临着先行垫付责任的风险。

(2021)粤 0111 民初 18655 号案正是典型的转包情况,商家委托 MCN 机构 A 进行直播带货,后 MCN 机构 A 将该业务转介给 B 机构,但最终销量未能达到保底目标,商家将 A 机构告上法庭,将 B 机构列为第三人。在诉讼过程中,A 机构辩称原告是由 B 机构和其他第三人开发的客户,涉案合同也是 B 机构借用其公章与原告签订的,并且最终也是由 B 机构和其他第三人收取了全部的服务费,其与 B 机构也已经达成了转委托的协议,故当由 B 机构来履行退款的义务。该司工作人员并没有参与案涉合同的任何事项、不清楚该合同的履行情况。但最后法院认定,原告与被告 A 机构签订的《网红带货签约协议》是双方当事人真实意思的表示,双方均应恪守履行。《网红带货签约协议》中载明当事人为原告与 A 机构,原告实际上也将服务费支付给被告 A 机构,落款处被告方代表为第三人 B 机构,后续原告与第三人沟通服务费退款事宜符合常理,故原告据此认定与原告合作的相对方为被告 A 机构合情合理。至于被告所述的本案带货协议实际履行主体为第三人 B 机构,从被告提交的证据来看,被告将原告委托事项转委托给第三人并未得到原告的授权,也未得到原告的追认,故原告依据合同的相对性要求被告按照《网红带货签约协议》返还服务费的诉请,合法合理,法院予以支持。由此可见,法院在认定合同履行主体、责任承担主体时,是将“合同签订方”、“收款方”、“合同履行过程接洽方”及“转委托是否成立”等多种因素综合考虑。在该案中,A 机构仅收取低额的“转手费”,却要面临对商家全款赔付的责任;当然,A 机构在赔付后仍可通过法律途径要求 B 机构返还费用、赔偿损失,但对其而言确是徒增诉累以及可能无法执行的风险。

笔者注意到,人民法院在处理相关争议时,基本秉持包容、审慎的司法态度,以鼓励新业态、维护新兴消费市场健康发展为出发点和价值基准点,结合个案场景,厘清行为类别。

三、直播带货合同纠纷的解决思路

MCN 机构是纠纷发生的“风暴眼”,笔者以其角度试论解决思路。

(一)树立合规意识,规范合同签订及履行情况

MCN 机构应当树立合规意识,办理“营业性演出许可证”等,做到资质合规,在与直播平台、商家、主播以及不同 MCN 机构之间达成合作时应订立合同,合同对双方的权利义务明确约定,对合同的变更、终止、违约责任等条款亦要约定。如与商家间订立的合同应对 ROI、GMV、坑位费、主播进行约定，对主播没有达到销售额或因故无法直播时能否补播、更换主播等进行明确，结合前文的案例，法院认定明确为特定主播则具有人身属性，比如头部主播与腰部、尾部主播的坑位费悬殊、带货能力也差距巨大，不可随意更换；如果可以更换主播，也应更换为粉丝数相当或者更多的主播。对直播营销内容、商品和服务的真实性、合法性，以及知识产权条款要求商家承担保证责任，约定一旦出现假货或知识产权侵权，应由商家承担违约责任及赔偿责任。

MCN 机构与主播间签订协议，应当着重关注主播的授权以及直播间的运营、账号的归属以及税费的负担。在授权方面，明确主播的授权范围、授权时间、是否享有转委托权，一旦预计将超出委托范围，应当及时与主播协商，取得认可或追认。针对直播间的运营、账号的归属、主播服务期限、税费负担及违约责任等也有待讨论。

基于直播带货合同基本是在互联网上完成签约及履行的特色，MCN 机构一定要妥善保存微信、电子邮件、直播数据等证据，遇到纠纷时及时固定及提取微信聊天记录等证据，利用时间戳、云公证、云存证等取证方式，进行录屏、公证。

(二)加强行业监管

只是依靠主体的自律还远远不够，还需要加强行业的分级分类监管。应当进行分级分类监管，包括夯实平台责任，推行平台认证机制。MCN 机构相关行业协会应该尽快建立、完善。主播应加强税收政策学习，关注涉税风险。

相信在各方的努力之下，用市场化、法治化等方法，多措并举，定能保障直播带货新业态的繁荣、健康、可持续发展。

The Legal Research on Common Livestreaming E – Commerce Disputes

Liu Zhenru, Zhou Jiajia

Abstract: Livestreaming marketing refers to the sales process in which the manufacturer or seller conducts live broadcasts through network channels and platforms, introduces and sells their products to the audience, and may directly provide purchase links and coupons in live broadcast rooms. With the rapid development of livestreaming marketing, there has been a blowout growth in relevant disputes. There are plenty of participants in this kind of transaction mode, so there are a variety of dispute types. The most common dispute types include that the livestreaming service agencies fail in performing their contracts, the livestraming effect is under expectations, and merchants demand refunds or compensations. The liability for breach of contract of the livestreaming service agencies depends on a comprehensive consideration of various factors. Through the analysis of typical cases, this article combines legal provisions and judicial practice to put forward legal suggestions for the standardized development of livestreaming marketing.

Key Words: livestreaming marketing; contract disputes; liability for breach of contract

“将他人注册商标作为字号使用”的反不正当竞争规制

——兼评最高人民法院《关于适用〈中华人民共和国反不正当竞争法〉若干问题的解释》

王　森[*]

内容摘要　“将他人注册商标作为字号使用”是实务中的疑难问题,对该行为是否构成不正当竞争,学术界实务界莫衷一是。本文围绕反不正当竞争规制的正当性,以《商标法》第58条与《反不正当竞争法》第6条第4项衔接为切入点,认为“擅自将他人有一定影响的注册商标、未注册的驰名商标作为企业名称中的字号”,足以产生误认的应定性为混淆行为。但是,将他人注册商标作为字号使用而又尚未达到上述“足以”程度的,不是混淆行为,属于攀附注册商标商誉的情况。建议最高人民法院将《关于适用〈中华人民共和国反不正当竞争法〉若干问题的解释》第13条第2项修改为“擅自将他人有一定影响的注册商标、未注册的驰名商标作为企业名称中的字号”,日后司法解释增加“善意使用”的适用条件、适用范围,扩大“附加适当区别标识”规制措施。

关键词　注册商标　字号　不正当竞争　混淆　规制

一、“将他人注册商标作为字号使用”的反不正当竞争规制面临的挑战

“将他人注册商标作为字号使用”是我国商业活动中常见的行为,实务中围绕此行为讼争不断,暂无定论。对于该类行为引起的不正当竞争案件,基于同样的事实,不同法院对是否构成不正当竞争存在截然不同的判定,相关认定标准存在很大的弹性空间。

例如,“鲁锦”商标及不正当竞争案中,一审认定“被告鄄城鲁锦公司傍名牌及误导公众的主观故意明显,违反了诚实信用原则,构成不正当竞争”①。二审撤销了一审判决,依法改判,认定:“在1999年鲁锦公司将‘鲁锦’注册为商标之前,已是山东民间手工棉纺织品的通用名称,‘鲁锦’织造技艺为非物质文化遗产。”因此,鄄城鲁锦公司企业名称中含有“鲁锦”注册商标字样不构成商标侵权,也非不正当竞争。② 一审、二审法院就通用名称存在截然不同的认定,进而影响是否构成不正当竞争的判定。

又如,兰州长城润滑油有限责任公司、中国石化润滑油有限公司侵害商标权纠纷及不正当竞

---

* 王森,澳门科技大学在读博士生。

① 案号:(2009)济民五初字第6号。

② 案号:(2009)鲁民三终字第34号。

争案中，一审认定："基于历史因素和现实的使用情况，为维护公平竞争，应依法保护长城公司作为在先权利人继续使用'长城'作为企业字号的合法权益。故长城公司使用'长城'作为企业字号不侵犯中石化公司的注册商标专用权，亦不构成不正当竞争。"[①]而二审撤销了一审判决，认为长城公司具有攀附"长城"商标商誉的主观意图，并且认为现有证据不能证明长城公司与兰州长城化工厂之间具备法律上的承继关系，认定构成不正当竞争行为。[②] 再审撤销二审判决，维持一审判决，认为"基于经营上的延续性，长城公司继续沿用已经取得一定声誉和知名度的企业字号'长城'，具有正当性和历史性，不具有恶意攀附中石化公司'长城'商标声誉及误导公众的主观恶意"，最终认定不构成不正当竞争。[③] 一审、再审法院与二审法院就使用字号的正当性及历史性有完全不同的判断，对于是否有攀附商标商誉的主观恶意也有完全相反的看法。

各地法院对于"将他人注册商标作为字号使用"是否构成不正当竞争行为的认定为何会有如此差异？根本原因在于，"随着市场关系日趋复杂和市场竞争更加激烈，近年来反不正当竞争问题受到空前关注和高度重视，反不正当竞争法的适用尤其是竞争行为正当性的判断不断遭遇新挑战"[④]。显然，对《反不正当竞争法》的理解和适用是核心问题，正如全国人民代表大会常务委员会执法检查组在检查《反不正当竞争法》的实施时所发现，由于缺少配套细则，不同部门不同地区对法律规定的有些概念和原则理解上存在差异，执行中又标准不一。"商业标识混淆等不正当竞争行为，存在认定标准不清的问题，迫切需要制定配套法规制度等予以明确。""大数据分析表明，在立法执法方面反映最集中的突出问题是'条款概念释义不清带来实际执法困难'。"后果正如法律评估报告指出的一样，随着新情况新问题的不断出现，法院依据《反不正当竞争法》第 2 条关于不正当竞争行为原则性规定裁判新类型不正当竞争行为的情形增多，裁判标准不一的现象时有发生。[⑤] 本文认为，首先需要研究对将他人注册商标作为字号使用的行为进行反不正当竞争规制的正当性，进而论及反不正当竞争规制的本质、目的和理念。

二、对"将他人注册商标作为字号使用"进行反不正当竞争规制的正当性

不正当竞争行为认定与单纯的权益保护存在差异，以权益保护的裁判思路审理不正当竞争案件，很容易造成裁判结果的偏差。相比一般侵权行为的判定，不正当行为认定需要衡量更多因素，这对法官职业素质也提出更多的挑战，不仅需要法律的专业知识，对市场竞争理念的理解、把握也尤为重要。因为"不正当竞争法是行为法，而知识产权法是财产权法"。[⑥] 与具体权益保护式的一般侵权行为判定模式不同，"竞争法更注重判断行为本身的正当性，且根据竞争原则判断竞争行为的正当性，权益是否受保护充其量只是考量因素之一，而不是判断的基准"[⑦]。正如学者指出的，不正当竞争行为的判断标准具有很强的相对性。竞争行为具有固有的损害性，因此，需要

---

① 案号：(2020)最高法民再 124 号。

② 案号：(2009)鲁民三终字第 34 号。

③ 案号：(2009)鲁民三终字第 34 号。

④ 孔祥俊：《论反不正当竞争的基本范式》，载《法学家》2018 年第 1 期。

⑤ 全国人大财政经济委员会主任委员徐绍史：《全国人民代表大会常务委员会执法检查组关于检查〈中华人民共和国反不正当竞争法〉实施情况的报告——2020 年 12 月 23 日在第十三届全国人民代表大会常务委员会第二十四次会议上》，载中国人大网，www.npc.gov.cn/npc/fbzdjzfzfjc009/202101/a5453f12a6884a07913690413b4e74c6.shtml。

⑥ 韦之：《论不正当竞争法与知识产权法的关系》，载《北京大学学报(哲学社会科学版)》1999 年第 6 期。

⑦ 孔祥俊：《论反不正当竞争的基本范式》，载《法学家》2018 年第 1 期。

通过多角度的利益衡量、判断竞争行为的正当性,时刻要把握好比较利益和比例原则。[①]

认定不正当竞争行为时,也要注意泛道德化问题。《反不正当竞争法》第2条第1款规定了经营者在生产经营活动中的原则,司法实践中,有些法官会将“诚实信用”和“商业道德”作为论证是否构成不正当竞争行为的理由。[②] 但是如果只是以“诚实信用”和“商业道德”作为裁判理由,缺乏客观的标准及详尽的论证过程,容易导致法官实际是在做道德评判,而非法律评价。当法官名义上以“诚实信用”和“商业道德”断案,实则市场还没有就此形成固定看法时,不同的法官很可能从相同的概念出发得出截然相反的结论。[③] 道德解读在《反不正当竞争法》一般条款中的重要地位毋庸置疑,但是,与道德评价不同的是,竞争有其内在规律,适用一般条款时更应注重文本的含义,以及行为对竞争秩序的客观影响,尤其应避免将道德感作为判定竞争行为正当性的终极标准。[④]

泛道德化问题也会影响反不正当竞争规制的目标实现。反不正当竞争规制的目的在于“保障自由竞争”,因此需要警惕对不正当竞争认定的父爱主义干预倾向。“公共领域为原则、知识产权为例外”的知识产权基本理念,决定了“反不正当竞争法的扩展保护应该以不保护为原则,而以保护为例外”[⑤]。有学者指出,对于不正当竞争行为干预的本质目标是实现更普遍的自由,限定自由的正当性在于保护竞争秩序。[⑥] 也就是说,充分发挥市场“这只看不见的手”的作用,反不正当竞争规制应保持足够的谦抑性。实现以市场为主导解决竞争冲突,为技术创新与市场主体行为自由预留足够的空间;反不正当竞争规制作为对市场调节作用的补充与辅助,这是由不正当竞争法自身的制度逻辑决定的。[⑦]

三、《商标法》第五十八条与《反不正当竞争法》的衔接

《商标法》(2019年修正)第58条规定:“将他人注册商标、未注册的驰名商标作为企业名称中的字号使用,误导公众,构成不正当竞争行为的,依照《中华人民共和国反不正当竞争法》处理。”关于《商标法》第58条与《反不正当竞争法》的衔接,学者有不同理解。有学者认为《反不正当竞争法》第6条第1项中的“等”应当包括“注册商标”,但要求注册商标应当“有一定影响”,会缩小《商标法》保护的范围。理论上也可以适用第6条第4项,但这一项实际上是兜底条款,将他人注册商标作为企业名称字号已经是实践中极为常见的一种侵权行为,依靠兜底条款保护不合适。[⑧] 也有学者认为《反不正当竞争法》第6条“其他混淆行为”的规定与《商标法》第58条的衔接并没有明确,注册商标与其他商业标识交织混淆情形下的规范适用并不清晰,应将其解释为两种情形:“将商标作为非商标性商业标识使用的行为”和“使用他人商标之外的识别标志引起误认

---

① 参见韦之:《论不正当竞争法与知识产权法的关系》,载《北京大学学报(哲学社会科学版)》1999年第6期。

② 案号:(2020)鲁民终2963号、(2020)鲁民终2265号、(2020)鲁民终1820号、(2021)皖民终124号。

③ 参见蒋舸:《关于竞争行为正当性评判泛道德化之反思》,载《现代法学》2013年第6期。

④ 案号:(2020)鲁民终2963号、(2020)鲁民终2265号、(2020)鲁民终1820号、(2021)皖民终124号。

⑤ 王太平:《知识产权的基本理念与反不正当竞争扩展保护之限度——兼评“金庸诉江南”案》,载《知识产权》2018年第10期。

⑥ 参见张占江:《论反不正当竞争法的谦抑性》,载《法学》2019年第3期。

⑦ 参见王太平:《知识产权的基本理念与反不正当竞争扩展保护之限度——兼评“金庸诉江南”案》,载《知识产权》2018年第10期。

⑧ 转引自宁立志:《〈反不正当竞争法〉修订的得与失》,载《法商研究》2018年第4期。

的行为”。[①] 还有学者提出，经过教义学和比较法研究，《反不正当竞争法》第6条第4项是禁止混淆条款，应当作为《商标法》第58条的具体指向，其中未注册驰名商标与注册商标，应分别归入《反不正当竞争法》第6条第1项和第4项。[②]

本文认为，从《反不正当竞争法》的审议过程看，将《商标法》第58条指向《反不正当竞争法》第6条第4项的其他混淆行为，更符合当时立法的本意。

2017年2月26日发布的《反不正当竞争法（修订草案）征求意见》第6条第4项规定：“经营者不得采用下列不正当手段从事市场交易：……（四）将他人注册商标、未注册的驰名商标作为企业名称中的字号使用，误导公众。”《〈反不正当竞争法（修订草案）〉说明》提到“理顺本法与相关法律制度的关系，保持法律规定的协调一致”，“与商标法第五十八条的规定相衔接，增加规定将他人注册商标、未注册的驰名商标作为企业名称中的字号使用，误导公众的，也属于不正当竞争行为（第六条）”[③]。由此可见，立法者本意是“将他人注册商标、未注册的驰名商标作为企业名称中的字号使用，误导公众”单列为一种混淆行为。

而在全国人大原法律委员会、财政经济委员会、全国人大常委会法制工作委员会座谈会《对反不正当竞争法修订草案的意见》第4条第3点提到“草案第六条第四项的规定……有的部门和单位提出，将他人注册商标、未注册的驰名商标作为字号使用，也可能构成商标侵权（按照相关司法解释的规定，将商标作为企业的字号‘突出使用’，容易使相关公众产生误认的，属于商标侵权）。对上述情况，是按照商标侵权处理，还是按照不正当竞争处理，建议再作研究。有的代表提出，该项规定中的‘误导公众’在执行中不好界定，建议修改为‘导致混淆或者足以导致混淆’；有的单位建议修改为‘容易误导公众’；有的公司建议修改为‘引入误认为是他人商品’。有的单位提出，将与注册商标、未注册的驰名商标相近似的标识作为企业字号使用，误导公众的，也属于不正当竞争行为，应予以禁止”[④]。2017年9月5日公布的《反不正当竞争法（修订草案）（二次审议稿）》第6条第4项修改为：“经营者不得从事下列混淆行为，导致引人误认为是他人商品或者与他人存在特定联系：（四）将他人商标作为企业名称中的字号使用。”二次审议稿已经将“未注册的驰名商标作为企业名称中的字号使用”从混淆行为中删除，并且将“误导公众”变更为“引人误认为是他人商品或者与他人存在特定联系”。

接下来，对《部分专家对反不正当竞争法修订草案二次审议稿的意见》第2条第3点“有的专家提出，将他人在先使用且有一定影响的商标作为企业名称中的字号使用，实际上是侵犯商标专用权，可不必适用反不正当竞争法，建议删除第四项”。而全国人民代表大会宪法和法律委员会《关于〈中华人民共和国反不正当竞争法（修订草案三次审议稿）〉修改意见的报告》第1条提道：“修订草案三次审议稿第六条对擅自使用他人有一定影响的商业标识混淆商品来源的不正当竞争行为作了禁止性规定。”有的常委提出，“实践中还存在其他形式的混淆行为，建议增加兜底条款，以防止挂一漏万。宪法和法律委员会经研究……增加一项‘其他足以引人误认为是他人商品

---

① 李士林：《商业标识的反不正当竞争法规整——兼评〈反不正当竞争法〉第6条》，载《法律科学（西北政法大学学报）》2019年第6期。

② 参见刘维：《论混淆使用注册商标的反不正当竞争规制》，载《知识产权》2020年第7期。

③ 张茅：《关于〈中华人民共和国反不正当竞争法（修订草案）〉的说明》，载中国人大网，www.npc.gov.cn/zgrdw/npc/xinwen/2017-11/07/content_2031329.htm。

④ 王瑞贺主编：《中华人民共和国反不正当竞争法释义》，法律出版社2017年版，第163、164页。

或者与他人存在特定联系的混淆行为’作为第4项”[①]。2017年修订的《反不正当竞争法》删除了“将他人商标作为企业名称中的字号使用”,第4项规定为“其他足以引人误认为是他人商品或者与他人存在特定联系的混淆行为”。

与其牵强地将“将他人注册商标、未注册的驰名商标作为企业名称中的字号使用,误导公众”归入第6条第1项,不如将其列入第6条第4项,既不影响对其作混淆行为的认定,也可以将《反不正当竞争法》审议时就与《商标法》第58条该衔接问题的争论留给司法摸索、总结。

2021年8月18日发布的最高人民法院《关于适用〈中华人民共和国反不正当竞争法〉若干问题的解释(征求意见稿)》第13条第2项规定,“经营者实施下列混淆行为之一,足以引人误认为是他人商品或者与他人存在特定联系的,人民法院可以依照反不正当竞争法第六条第四项予以认定:将他人注册商标、未注册的驰名商标作为企业名称中的字号,未突出使用的”。该征求意见稿对2017年修订的《反不正当竞争法》审议时争论的该种情况是构成商标侵权抑或不正当竞争行为的问题予以区分,只有“未突出使用”的才被纳入不正当竞争调整的范畴,并且,对“误导公众”在执行中不好界定的问题予以回应,变更为“足以引人误认为是他人商品或者与他人存在特定联系的”。

2022年3月17日发布的最高人民法院《关于适用〈中华人民共和国反不正当竞争法〉若干问题的解释》第13条第2项规定对征求意见稿的表述进一步做了修改,变更为“经营者实施下列混淆行为之一,足以引人误认为是他人商品或者与他人存在特定联系的,人民法院可以依照反不正当竞争法第六条第四项予以认定:……(二)将他人注册商标、未注册的驰名商标作为企业名称中的字号使用,误导公众”。该司法解释一锤定音,将《商标法》第58条与《反不正当竞争法》第6条第4项衔接。本文认为,这是符合立法原意的,该司法解释13条第2项的规定与2017年2月26日发文的《反不正当竞争法(修订草案)征求意见》第6条第4项规定的内容一致。而且,这也符合我国目前司法实践。笔者用“引用商标法(2019修正)第五十八条”作为检索条件,检索到民事案例2307件,这些案件中适用2019年修正的《反不正当竞争法》第6条的主要情况为:适用第6条的982件,第6条第2项的517件,第6条第4项的492件,第6条第1项的113件。[②] 鉴于第6条第2项是对企业名称、社会组织名称、姓名的混淆行为,因此明显不适用于“将注册商标作为字号使用”的情况,因此,适用第6条第4项更符合司法实践中的现实情况。

而遗憾的是,与2017年2月26日发文的《反不正当竞争法(修订草案)征求意见》第6条第4项规定相比,最高人民法院《关于适用〈中华人民共和国反不正当竞争法〉若干问题的解释》第13条第2项,除了将该项内容纳入2019年修正的《反不正当竞争法》兜底条款外,其他均未修改,也就是说2017年修订《反不正当竞争法》审议时争论的内容五年后仍存在。

四、认定“将他人注册商标作为字号使用”为混淆行为的考量因素

司法实践中总结出的经验,对于认定“将他人注册商标作为字号使用”为混淆行为具有一定的指导意义。“就此类行为构成不正当竞争行为的具体判断而言,应当综合考虑其主观上的状态

① 载中国人大网,www. npc. gov. cn/npc/c30834/201711/5e5962eb004c4d0f9c2bc8fab5e09816. shtml。

② 载ALPHA数据库,https://alphalawyer. cn/#/app/tool/result/%7B%5B%5D,%7D/visual? queryId = 0779a52eba6811e9bd8a7cd30ae48328。

(是否有'搭便车'的恶意)、客观上的市场混淆可能性以及其他相关因素。这种判断和认定方式更适合此类权利冲突的公平处理,也更能够做到恰如其分和留有余地。"[①]有学者提出"在体系上,混淆使用注册商标行为与前三项规定的行为应当同等对待,对第4项构成要件的解释也应当作相同理解"。笔者赞同此观点,判断"将他人注册商标作为字号使用"是否构成不正当竞争行为,应通过"因使用产生一定影响"、"擅自使用"及"造成市场混淆误认"要素的组合。[②] 而市场混淆,要从结果上判定,包括商品来源的混淆,或者特定联系的混淆。[③]

结合2019年修正的《反不正当竞争法》,笔者认为还应当综合考虑以下因素。

(一)注册商标"有一定影响"

对于有学者提出的"要求注册商标应当'有一定影响',会缩小了《商标法》保护的范围"的观点[④],笔者不赞同。是否加入"有一定影响"均不会对《商标法》保护范围有影响,因为这并不属于《商标法》的调整范围,只关乎《反不正当竞争法》的调整范围。《商标法》已经给商标权充分的保护,并没有要求"有一定影响"的限定。而反不正当竞争法的目的在于规制不正当竞争行为,保护竞争自由,而非保护商标权本身。商标专用权与企业名称权属于不同的权利系列,二者各自有独特的取得方式和权利边界。除非他人将注册商标恶意作为企业名称使用,导致混淆,否则商标专用权不能当然地延展到企业名称权的边界之内,因为企业名称具有自身权利屏障。[⑤]

而且,全国人民代表大会宪法和法律委员会《关于〈中华人民共和国反不正当竞争法(修订草案)〉审议结果的报告》第3点提道:"修订草案二次审议稿第六条对经营者擅自使用他人商品特有的名称、包装、装潢等混淆商品来源的不正当竞争行为作了禁止性规定。有的常委委员提出,仿冒他人商业标识构成混淆商品来源的不正当竞争行为,一般以被仿冒的标识在相关领域中有一定影响、为相关公众所知悉为前提,建议对此予以明确……宪法和法律委员会经研究,建议对这一条做以下修改:一是在相关标识前增加'有一定影响'的限定。"[⑥]由此可见,"有一定影响"是对于第6条项下所有相关标识的,应当适用于每一项的内容。

关于"'有一定影响的'标识"的认定,最高人民法院《关于适用〈中华人民共和国反不正当竞争法〉若干问题的解释》第4条第1款给出了定义,指"具有一定的市场知名度并具有区别商品来源的显著特征的标识",第二款进一步以列举的方式提出认定"标识是否具有一定的市场知名度"应综合考虑的因素。而关于"一定影响的下限"判断,关键是把握住本次修法打击"傍名牌"的立法宗旨。[⑦] 如果"注册商标"的影响力没有高于"字号"的影响力,则谈不上"傍名牌"。因此"一定影响力"是一个相对的概念,影响力越大,则被相关主体"明知或者应知"的可能性越大,相关主体将该注册商标作为字号使用,如果没有合理的解释,则存在主观混淆恶意的可能性越大。

(二)"足以引人误认"的理解

关于第6条第4项"足以引人误认"的理解,本文认为这里是强调误认的可能性要到达"足

---

① 孔祥俊:《商标与不正当竞争法:原理和判例》,法律出版社2009年版,第562、563页。
② 参见刘维:《论混淆使用注册商标的反不正当竞争规制》,载《知识产权》2020年第7期。
③ 参见王瑞贺主编:《中华人民共和国反不正当竞争法释义》,法律出版社2018年版,第17页。
④ 转引自宁立志:《〈反不正当竞争法〉修订的得与失》,载《法商研究》2018年第4期。
⑤ 参见孔祥俊:《商标与不正当竞争法:原理和判例》,法律出版社2009年版,第562页。
⑥ 载中国人大网,www. npc. gov. cn/npc/c30834/201711/9beb03a511ba4141bdbee8d209b2a7ff. shtml。
⑦ 参见肖顺武:《混淆行为法律规制中"一定影响"的认定》,载《法学评论》2018年第5期。

以"的程度，即推定误认需要达到的标准。从反不正当竞争规制的角度而言，这里更强调对于消费者合法权益的保护，因为市场竞争损害的必然存在，若仅有误认可能，尚未达到"足以"的程度，虽然可能会损害注册商标权人的利益，但是，不宜纳入混淆行为，而是属于攀附他人注册商标商誉的行为，对此是认定为不正当竞争行为，还是属于市场应当容忍的正当竞争行为？

例如，甲在先的注册商标，经过长期的使用，达到全国驰名的程度。乙将该商标中的文字用作商号，经营了一家杂货店。从消费者的角度而言，因为甲、乙双方在商业领域影响力的明显差异，不会混淆甲、乙双方存在联系，但是，乙方将甲方的注册商标作为字号使用，是基于甲方注册商标的知名度，有明显攀附甲方注册商标商誉的主观故意。那么乙方是否构成不正当竞争？是承认市场竞争中损害的必然性，留给市场竞争去解决，还是秉承"诚实信用"的严格标准，适用《反不正当竞争法》第 2 条认定为不正当竞争？对"市场自由与干预的关系"持有不同的价值取向，将会得出不同的结论。

现行《反不正当竞争法》对"将他人注册商标作为字号使用"规制，主要以混淆为基础，不混淆的攀附他人商誉的行为如何保护？立法者持谨慎的态度。《反不正当竞争法》第 2 条的一般条款在此类案件中仍有适用空间，由法官通过个案正义的方式去实现，也需要通过学术的归纳、总结、披露逐渐廓清不正当竞争的轮廓。①

（三）擅自使用及其抗辩事由

擅自使用应指没有经过权利人的同意，没有其他事实或法律上的依据而使用。那么，除权利人同意外，哪些可以成为事实或法律上的正当性使用依据？

最高人民法院印发《关于当前经济形势下知识产权审判服务大局若干问题的意见》的通知第 10 条提出，"对于因历史原因造成的注册商标与企业名称的权利冲突，当事人不具有恶意的，应当视案件具体情况，在考虑历史因素和使用现状的基础上，公平合理地解决冲突，不宜简单地认定构成商标侵权或者不正当竞争"。不难发现，"历史原因"和"善意使用"可以成为擅自使用的抗辩事由。

此外，注册商标的显著性也应当纳入不正当竞争行为认定的考量因素。例如，陈某、合肥大别山餐饮管理集团有限公司侵害商标权纠纷再审案，因为"大别山"注册商标显著性较弱，并未形成充分的知名度和美誉度。进而法院判定不具有攀附注册商标商誉的主观恶意，认定不构成不正当竞争。②

还有，如果字号使用人可以提供使用他人注册商标的合理解释，主观上不具有混淆的恶意，司法中通过要求在后权利人通过合理避让的方式解决混淆问题、保护在先权利，而无须认定为不正当竞争行为。例如，兰州长城润滑油有限责任公司、中国石化润滑油有限公司侵害商标权纠纷及不正当竞争案中，再审法院要求在后权利人通过规范使用企业名称合理避让，以避免混淆。③

最高人民法院《关于适用〈中华人民共和国反不正当竞争法〉若干问题的解释》第 6 条在总结司法实践经验的基础上，以列举的方式归纳出因客观描述、说明商品而正当使用的标识，作为正当性使用的法律依据，对于混淆行为的判断，具有现实意义。

---

① 参见周樨平：《商业标识保护中"搭便车"理论的运用——从关键词不正当竞争案件切入》，载《法学》2017 年第 5 期。

② 案号：（2020）最高法民申 371 号。

③ 案号：（2009）鲁民三终字第 34 号。

五、“将他人注册商标作为字号使用”的反不正当竞争规制措施及其发展

《反不正当竞争法》理解与适用上的问题引起了司法方面的高度重视，最高人民法院《关于适用〈中华人民共和国反不正当竞争法〉若干问题的解释》中有13条规定[①]直接涉及《反不正当竞争法》第6条规定的“混淆行为”，内容包括对“有一定影响的”标识的认定，对“有一定影响的”标识的正当性使用的认定，“引人误认为是他人商品或者与他人存在特定联系”的认定等，可以看到最高法在“条款概念释义”方面所做出的努力。第13条第2项有利于法律适用标准的统一性，第25条有利于及时纠正实践中的不正当竞争行为。但是，该司法解释仍有值得商榷的地方，对反不正当竞争规制措施的发展，我们仍抱有更多的期待。

（一）建议统一混淆行为的认定标准

建议最高人民法院《关于适用〈中华人民共和国反不正当竞争法〉若干问题的解释》第13条第2项修改为“擅自将他人有一定影响的注册商标、未注册的驰名商标作为企业名称中的字号”。

从体系上看，根据《反不正当竞争法》第6条第1～3项，最高人民法院《关于适用〈中华人民共和国反不正当竞争法〉若干问题的解释》第13条第1项的规定，对标识均要求“有一定影响”，既然注册商标也属于标识的一种，却与其他标识的混淆认定标准不一致，这会导致混淆行为体系内部认定的模糊不清。有学者曾提出对此问题的质疑，虽然不加入“有一定影响”，保护范围更宽泛，但这是否符合立法本意？[②] 而且，这还涉及对行为人主观过错的判定问题，如果不是明知或者应知注册商标具有“一定影响”，则很难认定为这种行为是一种不正当行为，存在注册商标权人与企业名称权人“英雄所见略同”的情况。[③] 此外，经过权利人同意或者有正当理由使用，明显不应当纳入反不正当竞争的规制范围，从表述的准确性来说，也应当加入“擅自”。

值得注意的是，此前的征求意见没有“误导公众的”表述，而最后的实施稿却加入了该内容，除了此前在2017年修订《反不正当竞争法》时提出的“‘误导公众’在执行中不好界定”的问题，还有重复表述、容易引起歧义的问题。因为最高人民法院《关于适用〈中华人民共和国反不正当竞争法〉若干问题的解释》第13条已经规定了“经营者实施下列混淆行为之一，足以引人误认为是他人商品或者与他人存在特定联系的，人民法院可以依照反不正当竞争法第六条第四项予以认定”，这里又加入“误导公众的”，是否意味着“足以引人误认为是他人商品或者与他人存在特定联系的”和“误导公众”有不同意思，还是只为了加强表述？若只是为了加强表述，建议删除“误导公众的”表述。

（二）建议增加正当性使用的抗辩事由

最高人民法院《关于适用〈中华人民共和国反不正当竞争法〉若干问题的解释（征求意见稿）》第15条规定了“善意使用”的内容，而最后的实施稿完全删除了此项内容。本文认为“善意使用”应当是针对《反不正当竞争法》混淆行为的抗辩事由，对于司法实践具有一定的指导意义，若行为人“善意使用”，当然不应当纳入反不正当竞争的规制范围，而征求意见稿仅针对《反不正当竞争法》第6条第1项、第2项规定了“善意使用”，范围过窄，建议善意使用应当适用于《反不

---

① 参见最高人民法院《关于适用〈中华人民共和国反不正当竞争法〉若干问题的解释》第4条、第5条、第6条、第7条、第8条、第9条、第10条、第11条、第12条、第13条、第14条、第15条、第25条。

② 参见江帆主编：《竞争法》，法律出版社2019年版，第97页。

③ 参见肖顺武：《混淆行为法律规制中“一定影响”的认定》，载《法学评论》2018年第5期。

正当竞争法》第 6 条，这涉及"善意使用"的定义，与混淆行为主观要件的判断密切相关，建议综合考虑《反不正当竞争法》第 6 条第 1 ~ 4 项的规定，总结归纳司法实践中的经验，重新厘定"善意使用"的适用条件和适用范围，在日后的司法解释中增加该规定。

（三）建议增加"附加适当区别标识"的规制措施

附加区别性标识的规制措施已经有在先案例适用①，最高人民法院《关于适用〈中华人民共和国反不正当竞争法〉若干问题的解释（征求意见稿）》第 15 条第 3 款规定了"附加适当区别标识"的规制措施，有利于该措施的推广适用，而实施稿删除了该内容。本文认为，征求意见稿第 15 条第 1 款、第 2 款仅针对《反不正当竞争法》第 6 条第 1 项、第 2 项，那么，第 3 款"附加适当区别标识"的措施也局限于《反不正当竞争法》第 6 条第 1 项、第 2 项，适用范围太窄，建议扩大适用至《反不正当竞争法》第 6 条，凡是有正当性使用事由，通过"附加适当区别标识"可以避免混淆情形的，均可以适用，这样既可以保护市场秩序，也可以避免扩大不正当竞争行为的适用范围，妨害自由竞争。

六、结论

"将他人注册商标作为字号使用"的反不正当竞争规制，目的是保护自由竞争。由此，需要认清不正当竞争行为认定与单纯的权益保护存在差异，以权益保护的裁判思路审理不正当竞争案件，很容易造成裁判结果的偏差；防止认定不正当竞争行为时的泛道德化问题；警惕对不正当竞争认定的"父爱主义"干预倾向。关于《商标法》第 58 条的衔接，适用《反不正当竞争法》第 6 条第 4 项更符合立法的本意及司法实践的现实。认定"将他人注册商标作为字号使用"为混淆行为，需考虑注册商标有"一定影响"、"足以引人误认"、"擅自使用"及其抗辩事由。关于攀附他人商誉的情况，对于市场"无形之手"与"有形之手"关系持有不同理念，将导致不同的判定结果，《反不正当竞争法》第 2 条仍有适用空间。囿于法律的功能局限和人们的有限理性，对于不正当竞争行为扩大适用而导致对自由竞争及市场秩序的破坏力，司法中对此持有谨慎、谦抑的态度是有益的。建议通过司法解释的方式，统一混淆行为的认定标准；总结归纳司法实践中的经验，厘定"善意使用"的适用条件和适用范围，以增强实践中就"正当性使用"的共识；凡是有正当性使用事由，通过"附加适当区别标识"可以避免混淆情形的，建议不要扩大不正当竞争行为的适用范围，避免妨害自由竞争。

Regulation of Anti－Unfair Competition in "Using Other's Registered Trademarks as One's Own Trade Names"
—Comments on Interpretation by the Supreme People's Court of Several Issues Concerning the Application of the Anti－Unfair Competition Law of the People's Republic of China

Wang Miao

Abstract: "Using other's trademarks as one's own tradenames" is a difficult problem in practice, and whether it constitutes unfair competition is highly controversial in both academics and

① 案号：(2009)鲁民三终字第 34 号。

practice. This article, using the connection between Article 58 of the Trademark Law and Article 6.4 of the Anti – Unfair Competition Law as the breakthrough point, focuses on the justification of regulating anti – unfair competition, sets out the opinion that "without authorization using other's registered trademarks, unregistered famous trademarks which are of certain influence as tradenames in one's own company names", to the extent of causing misidentification to the public, shall be defined as confusion. However, using other's registered trademarks as one's own trade names not to the extent of causing misidentification to the public, is not an act of confusion, but an act of affiliating oneself to the goodwill of the registered trademarks. It is advisable that Article 13.2 of the Interpretation by the Supreme People's Court of Several Issues Concerning the Application of the Anti – Unfair Competition Law of the People's Republic of China be amended to "without authorization using other's registered trademarks, unregistered famous trademarks which are of certain influence as tradenames in one's own company names", and future interpretations be added the conditions and applicable scope of "bona – fide usage", so as to enlarge the regulating measures of "attaching proper logos for distinction".

Key Words: registered trademarks; trade Names; unfair competition; confusion; regulation

理论研究

商事仲裁释明权适用研究

——基于117份申请撤销仲裁裁决裁定书的实证研究

吴玉丹*

内容摘要　"一裁终局"的准司法功能制约了司法审查的界限,仲裁成本最小化的目标为商事仲裁释明适用提供了发展空间。司法实践表明,仲裁活动当事人与法院均对商事仲裁释明权予以认可。然而,商事仲裁释明权的适用存在性质理解混乱、适用范围模糊、瑕疵释明的救济渠道闭塞问题。立法供给的不足与地方仲裁委的差异化发展难以为商事仲裁释明权提供刚性规范指引。从兼顾仲裁经济实效和保障当事人合法权益出发,以明确商事仲裁释明权的性质、界定商事仲裁释明权的适用范围为基础,具体适用程序规则构建为依托,为标准化的商事仲裁权的适用提供参考。

关键词　商事仲裁　仲裁释明　释明

2020年12月,最高人民法院首次发布的《中国仲裁司法审查年度报告(2019年度)》显示,2019年全国法院审结撤裁类案件11 029件,其中仅637件被撤销或部分撤销,撤裁率低到5.8%,同比2018年降低10.8%。[①] 低撤裁率的背后是最高人民法院支持仲裁的坚定立场之体现,但是,也正如报告中提到的,仲裁司法审查案件数量呈现增长趋势,这也意味着,在一定程度上,只对程序违法事由进行司法审查的司法供给显然难以满足当事人对维护自身合法实体权利的诉求。在实体合法权利的需求和低撤裁率要求的司法供给规则的供需失衡的情况下,仲裁程序中的释明权的适用无疑成为解决供需矛盾的最佳选择。

学者们对于仲裁释明的研究较少,仅有的研究集中于商事仲裁释明权行使的应然性以及相关理论探讨,缺少实证研究。[②] 而释明权在地方仲裁委的适用逐渐增多[③],但是其差异化的发展趋势,为商事仲裁释明权在司法实践中的适用带来了较多争议。

---

* 吴玉丹,中南财经政法大学诉讼法学专业2020级硕士研究生,民事诉讼法方向。

① 参见《〈中国仲裁司法审查年度报告(2019年度)〉新闻发布会》,载中国法院网2020年12月23日,https://www.chinacourt.org/chat/chat/2020/12/id/52706.shtml。

② 参见刘凯湘:《论释明权在仲裁程序中的理解与运用》,载《北京仲裁》2008年第4期;姚虹、苏涵:《仲裁程序中的释明权探析》,载《山西省政法管理干部学院学报》2016年第4期;张发坤:《浅析仲裁审理中释明权的具体运用》,载《商事仲裁》2014年第1期;曾艳、郭志勇:《论仲裁庭释明权的行使——基于驳回当事人撤销仲裁裁决申请之裁定的分析》,载《仲裁研究》2020年第2期。

③ 笔者于2022年4月10日在威科先行上以案由为"撤销仲裁裁决",关键词为"释明"进行搜索,初步得到1531份裁判文书。

基于此,本文以117篇当事人申请撤销仲裁裁决申请裁定书为基础,探究司法实践中当事人和法院对待仲裁释明的态度,类型化仲裁当事人对仲裁释明的态度和法院认定标准中折射出的仲裁释明权问题,以期为标准化和制度化的仲裁释明权的适用提供完善建议。

一、问题提出:商事仲裁释明之现状与困境

司法案例是行走的法律。在威科先行上,选择案由为"撤销仲裁裁决",关键词为"释明",得到1531份裁定书,进一步分别以"未释明"和"没有释明"在结果中进行检索可以得到140份裁判文书,排除其中的劳动争议仲裁案例和执行裁定书,得到有效案例117份,截止检索日期为2022年4月10日。

(一)仲裁释明权适用的司法现状

1. 样本分析

从裁判文书中当事人的措辞出发,对当事人主张仲裁庭"未释明"或"没有释明"的对象进行统计,每种对象的具体内容与数量如下:(1)仲裁协议存在与否的释明有1份;(2)仲裁请求变更的释明有48份,主要情形为当事人主张仲裁庭未释明令其变更仲裁请求、未释明违约金金额的调整;(3)法律关系的释明有28份,主要包括当事人之间或当事人与第三人之间实体法律关系认定、变更及其法律后果的释明;(4)仲裁活动主体身份的释明有2份,包括仲裁参与人身份和仲裁员身份的释明;(5)证据与证明有关的释明有33份,包括对于鉴定申请的释明、举证责任的释明、证据认定的释明;(6)仲裁程序异议的释明有1份,主要是对恢复仲裁程序异议权的释明;(7)准据法适用的释明有1份;(8)仲裁裁决做出依据的释明有3份,包括仲裁书中理由的释明、仲裁判项的标准及依据的释明。部分裁判文书中当事人认为仲裁庭"未释明"或"没有释明"的内容有多项,本文选取其中比较有代表性的理由。

2. 司法样态

(1)商事仲裁释明权适用之广泛性

所筛选的117份裁判文书涉及22个省市、3个自治区,50家仲裁委员会,且涉及53家中级人民法院,包括1家金融法院和1家海事法院,这表明仲裁释明权在司法实践中适用的地域广泛性。当事人主张的仲裁庭"未释明"或"没有释明"的内容具有明显的阶段化特征,涵盖了仲裁程序的"立案—庭审—裁判"全过程(见表1)。

表1　当事人主张仲裁庭"未释明"或"没有释明"的内容分布

阶段	当事人主张的释明内容	数量/份	占比/%
立案	仲裁协议	1	0.9
庭审	仲裁请求	48	41.0
	法律关系	28	23.9
	主体身份	2	1.7
	证据与证明	33	28.2
	程序异议	1	0.9
	准据法适用	1	0.9

续表

阶段	当事人主张的释明内容	数量/份	占比/%
裁判	裁决依据	3	2.6
共计		117	100.0

注:当事人主张的释明内容的分类归纳以裁判文书中当事人的措辞表达进行划分,每一种内容包含了当事人主张的不同情形,有 3 份[案号:(2019)吉 01 民特 12 号、(2012)浙绍仲撤字第 22 号、(2021)鲁 01 民特 217 号]裁判文书中当事人主张未释明的内容有多个,此处选取最具有代表性的情形进行统计。

综合表 1 可以进一步看出,当事人主张仲裁庭"未释明"或"没有释明"的内容呈现出实体与程序交织的特点,既有涉案争议的法律关系不同认定的释明、准据法适用的释明,又有仲裁协议存在与否、仲裁请求的变更、仲裁活动主体身份的释明,证据资料的认证、鉴定的释明与举证责任的释明、程序异议的释明等。这实际上表明,在商事仲裁中,仲裁当事人认为几乎商事仲裁活动的各个环节都存在仲裁庭需要释明的情形,尤其是在法律关系、仲裁请求、证据与证明方面,并且认为,只要仲裁庭在任何一个环节未进行释明,该行为就应当被认定为构成申请撤销仲裁裁决的法定事由。此外,案件申请人既包括原仲裁案件被申请人,也不乏原仲裁案件申请人。由此可见,商事仲裁活动中,释明权适用的恰当性成为仲裁活动当事人积极维权的切入点。

(2)仲裁释明权之适用具备合法性

司法实践中,当事人主张仲裁庭"未释明"或"没有释明"的内容构成《仲裁法》第 58 条规定的撤销仲裁裁决的理由多样。除了 2 份裁判文书中,当事人并未对其主张的内容说明属于何种法定理由之外①,当事人认为构成没有仲裁协议的有 1 份;裁决的事项不属于仲裁协议的范围或仲裁委员会无权仲裁的有 28 份;仲裁的程序违反法定程序的有 78 份;裁决所根据的证据是伪造的有 1 份;对方当事人隐瞒了足以影响公正裁决的证据的有 5 份;仲裁员枉法裁决的有 2 份。而就裁判结果来看,裁定结果为驳回当事人申请的文书有 111 份,撤销仲裁裁决的文书有 6 份,②其中仅有 2 份文书的撤销理由为仲裁庭"未释明"或"没有释明"。③ 从法院对当事人主张的仲裁庭"未释明"或"没有释明"的内容是否构成法定撤裁理由的支持率来看,法院实际十分支持仲裁庭自由裁量释明权的适用(见表 2)。

表 2　当事人申请撤销仲裁裁决的法定事由分布

单位:份

法定撤销仲裁裁决的事由	当事人主张仲裁庭"未释明"内容构成法定撤裁理由的对应数量	法院采纳当事人提出仲裁庭"未释明"内容构成法定撤裁理由的数量
没有仲裁协议的	1	0
裁决的事项不属于仲裁协议的范围或仲裁委员会无权仲裁[1]	28	1

① 案号:(2019)吉 04 民特 1 号。

② 案号:(2018)内 01 民特 8 号、(2016)浙 07 民特 30 号、(2019)皖 16 民特 5 号、(2019)鲁 13 民特 180 号、(2019)粤 01 民特 572 号、(2016)青 01 民特 9 号。

③ 案号:(2019)粤 01 民特 572 号、(2016)青 01 民特 9 号。

续表

法定撤销仲裁裁决的事由	当事人主张仲裁庭“未释明”内容构成法定撤裁理由的对应数量	法院采纳当事人提出仲裁庭“未释明”内容构成法定撤裁理由的数量
仲裁庭的组成以及仲裁的程序违反法定程序	78	1
裁决所根据的证据是伪造的	1	0
对方当事人隐瞒了足以影响公正裁决的证据的	5	0
仲裁员在仲裁该案时有索贿受贿,徇私舞弊,枉法裁决行为的	2	0
违背公共利益	0	0
总计	115	2

[1]最高人民法院《关于人民法院办理仲裁裁决执行案件若干问题的规定》第 13 条规定,裁决内容超出当事人仲裁请求的范围,属于裁决的事项不属于仲裁协议的范围或者仲裁机构无权仲裁的情形。故本文将当事人主张的超裁事由一并归入此类法定理由中。

从裁判说理来看,司法审查中大部分法官都很重视当事人主张的仲裁庭“未释明”或“没有释明”的内容,并针对该内容进行了或详或略的分析。审查法院的说理基本围绕三个方面展开:是否存在证据证明、案件事实、法律规定。针对无证据证明仲裁庭有违法释明行为的情况,审查法院一般不予审查,直接驳回。从案件事实出发的说理以仲裁裁决书为主要参考依据;法律规定出发的说理以现行法律、涉案仲裁规则或当事人约定为据。这三个方面的说理或独立存在,或结合存在。例如,在北京某投资管理有限公司与韩某申请撤销仲裁裁决民事裁定书中,法官除了说明当事人诉请释明的内容属于实体问题之外,还强调涉案的中国国际经济贸易仲裁委员会的仲裁规则中没有规定释明权行使的程序,以此不予认可当事人的诉讼请求。①

由此可见,法院实际上已经肯定了仲裁庭在商事仲裁活动中积极行使释明权,且在审查时会结合具体的仲裁委规则审慎考量。综上可知,商事仲裁活动中,释明权的适用具备当事人与法院的认可基础。

(二)仲裁释明权适用的司法困境

商事仲裁释明权在司法实践中的适用已然具有广泛性与合法性,也成为仲裁活动当事人维护自身实体和程序合法权益的重要武器。而综合当事人主张与法院的裁判说理可以进一步看出,商事仲裁释明权在司法实践中的适用实则依然存在一些问题,具体表现为以下三个方面。

1. 商事仲裁释明权性质理解混乱

仲裁庭释明权性质的恰当理解是合理利用其以维护自身合法权益的依据的前提。司法审查活动中表现出的商事仲裁释明权性质定位呈现明显的“权利—义务”对立局面。

(1)义务说

就仲裁活动中当事人的态度来看,其主张仲裁庭“未释明”或“没有释明”内容的阶段性和法

① 案号:(2020)京04民特510号。

定理由的多样性已经表现出对于释明权明确而单一的性质认定,即基本都认为释明权是仲裁庭的义务,而不是权利。司法审查中支持此类观点的法院也不在少数。在广州市中级人民法院审理的冯某某、王某某申请撤销仲裁裁决特别程序民事裁定书中,法院经审理认为广州仲裁委在没有向当事人释明的情况下,径行裁决的赔偿损失数额明显超出请求数额,进而撤销该项仲裁裁决,①暗含了释明权为仲裁庭应尽义务的认可。泉州市中级人民法院在某一申请撤销仲裁裁决案的文书中指出,是否需要申请工程质量和整改造价鉴定是申请人根据自身需要明确是否举证的事项,泉州仲裁委作为中立的第三方,没有释明的法定义务,②直接表露出法院将仲裁庭释明权定位为义务的态度。也有法院认为,仲裁庭仲裁时未向当事人释明,待公司清算后,可就本案主张另行起诉的权利,程序上存在瑕疵,③将仲裁请求变更的释明认定为仲裁庭的义务。

(2)权利说

如表2所示,“违反法定程序”和“裁决的事项不属于仲裁协议的范围或仲裁委员会无权仲裁”以绝对优势成为当事人申请撤销仲裁裁决的核心理由。就“违反法定程序”的理由来看,大多数法院认为当事人主张的仲裁庭“未释明”或“没有释明”的内容属于仲裁庭实体审查范围,非法定司法审查范畴。在江西某建设集团有限公司与某重型工程股份有限公司申请撤销仲裁裁决特别程序民事裁定书中,法院经审理认为,案涉工程量和工程款的确定属于案件实体审理问题,不属于人民法院审查撤销仲裁裁决纠纷的范围,故申请人主张仲裁程序违法不能成立。④ 同样地,抚州市中级人民法院在某一申请撤销仲裁裁决民事裁定书中指出,《抚州仲裁委员会仲裁规则》第50条规定,释明系可以告知,并非应当告知。故申请人称仲裁庭未释明违反法定程序的主张,不予支持。⑤ 这是在认可仲裁委员会的规则可以作为仲裁庭行使释明权的规定,也进一步体现出,释明不具有强制性,应为仲裁委的权利范畴。

由此可见,不同法院对于仲裁庭行使的释明权到底是权利还是义务存在矛盾。正因为对商事仲裁释明权性质的理解不一,才导致司法实践中当事人就商事仲裁“未释明”或“没有释明”的内容构成不同法定撤销仲裁裁决事由的差异和法院审查标准存在差异。

2. 商事仲裁释明适用范围模糊

商事仲裁释明权的适用范围向来是学者们争议的焦点。无论商事仲裁中释明权的性质如何,其都必须要有明确的适用范围,以达到其目的。结合表1和表2可见,仲裁当事人实际上对仲裁释明的适用范围带有一定的盲目性。面对撤销仲裁裁决申请人的盲目性,除了当事人无证据证明仲裁庭存在“未释明”或“没有释明”的行为之外,绝大部分法院针对当事人主张仲裁庭“未释明”或“没有释明”的各个阶段的内容都进行了裁判说理。而司法审查的裁判说理在支持仲裁的立场之中表现出对商事仲裁释明权适用范围的不确定。在西宁市中级人民法院审理的青海捷

---

① 案号:(2019)粤01民特572号。
② 案号:(2021)闽05民特208号。
③ 案号:(2016)青01民特9号。
④ 案号:(2021)赣05民特2号。
⑤ 案号:(2021)赣10民特2号。

翔矿业投资有限公司与青海省第五地质矿产勘查院矿产权投资纠纷一案撤销仲裁民事裁定书中，法院经审理认为仲裁庭仲裁时未向当事人释明待清算后，可就本案主张另行起诉的权利，程序上存在瑕疵，属于《仲裁法》规定的仲裁程序违法的情形，该仲裁裁决应予撤销。① 而在上海市第二中级人民法院审理的案件中，法院明确指出，当事人请求仲裁庭在裁决作出以后，对于裁决事项进行答疑和释明，并非仲裁程序中的必要环节，仲裁庭有权利选择释明与否。② 这两个案例充分表现出法院对于仲裁庭释明权内容的范围究竟应为程序还是实体的矛盾。强制要求释明与仲裁庭自行决定释明权的行使之间的冲突直接反映出的实则为商事仲裁释明权适用范围的模糊。

3. 商事仲裁释明瑕疵之救济渠道闭塞

无论释明权的性质和适用范围如何，仲裁庭行使释明权已是实然存在的事实。并且多数学者普遍认同释明权的基本含义与民事诉讼等同。③ 这是充分尊重释明权本义，以及民事诉讼和商事仲裁活动具有同质性的选择。同时也必须指出，商事仲裁释明权与民事诉讼法官释明权的最大区别在于释明权的正当性来源包含了当事人之间达成的契约。仲裁协议的达成意味着仲裁当事人同意将争议交付仲裁庭，包含释明权的仲裁规则的适用也为当事人之间的契约选择。这一选择意味着仲裁当事人双方都同意仲裁庭通过行使释明权促使双方在平等条件下做出对抗。而契约达成的前提包含对仲裁庭正当行使释明权的期待。这也就意味着，仲裁庭释明行为存在瑕疵时即为契约履行存在瑕疵，自然需要予以补救。

就司法实践来看，仲裁活动当事人对仲裁庭"未释明"或"没有释明"的内容存在异议时，其选择的救济方式均为提起申请撤销仲裁裁决或不予执行仲裁裁决。而在商事仲裁释明权的性质和适用范围尚未明确肯定的情况下，撤销仲裁裁决或不予执行仲裁裁决的救济方式见效甚微。这一点可以从"违反法定程序"和"裁决的事项不属于仲裁协议的范围或仲裁委员会无权仲裁"被审查法院的接纳率看出。而就司法审查来看，仲裁庭的释明难免存在瑕疵。例如，在兰州某房地产开发有限公司和北京某建设工程有限公司申请撤销仲裁裁决民事裁定书中，就申请人主张的兰州仲裁委未向其送达举证通知书进而不予接受鉴定申请违法，兰州市中级人民法院审查认为，仲裁庭在开庭前及庭审中给当事人送达的参加仲裁诉讼通知书中虽然没有释明逾期提供证据的法律后果，但明确了举证期限，当事人未能在举证期限届满前申请鉴定视为对权利的放弃，兰州仲裁委因此不予采纳其鉴定申请并不违反法定程序。④ 从裁判说理中可看出，涉案仲裁委存在未向当事人送达举证通知书的行为，而审查法院则以仲裁委给当事人送达的参加仲裁诉讼通知书的内容推定仲裁委已经向当事人释明的理由牵强，该推定并无法律支撑，且送达文书能否替代释明的过程是存在质疑的。同样，在清远市中级人民法院审理的案件中，就申请人提出的仲裁庭未给15天的质证期，仲裁程序违法，法院从仲裁庭组织的质证和双方当事人是否就证据发表意见认定

① 案号：(2016)青01民特9号。
② 案号：(2021)沪02民特357号。
③ 参见刘凯湘：《论释明权在仲裁程序中的理解与运用》，载《北京仲裁》2008年第4期。
④ 案号：(2018)甘01民特22号。

仲裁庭已经充分保障申请人的质证权和答辩权。同时,法院也认为即使仲裁庭未释明申请人可在 15 天内提交质证和答辩意见,客观上也没有对申请人质证权和答辩权产生不利影响。[①]就仲裁活动中的释明瑕疵,法院的审查立场以支持仲裁庭活动为主导,虽然基本都会从法律规定或案件事实层面进行说理,但也存在部分法院直接以属于"仲裁庭实体审查范围"为由直接驳回当事人的申请,实则凸显仲裁庭行使释明权出现瑕疵时,仲裁活动当事人救济渠道闭塞。

二、症结所在:商事仲裁释明权之困境成因

(一)立法供给不足

《仲裁法》是指导商事仲裁活动的直接法律依据,其第 74 条规定将仲裁时效与诉讼时效统一排除在释明内容之外,间接构成我国商事仲裁释明权的合法性来源。[②] 而《仲裁法》其他内容并未提及释明相关内容,关于仲裁释明的内容散见于其他法律、司法解释之中。例如,最高人民法院《关于王国林申请撤销中国国际经济贸易仲裁委员会华南分会(2012)中国贸仲深裁字第 3 号仲裁裁决一案的请示的复函》(以下简称《复函》)实际确定了仲裁庭应当在合同无效时向当事人释明是否变更仲裁请求。[③] 我国《民法典》第 585 条实际上明确了仲裁机构可依当事人申请,对违约金过高或过低的调整进行释明。[④] 尽管《复函》和《民法典》对商事仲裁释明权的适用有所规定,但是《复函》的效力等级低,而《民法典》仅就违约金的释明进行规定,内容单一,尚未体系化。

由此可知,《仲裁法》中有关释明权的适用规定目前尚处于空白,而其他有关商事仲裁释明的内容分布在《民法典》以及部分司法解释之中,效力级别不定,规定内容单一,整体内容散乱。

(二)地方实践标准不一

在纠纷日益多样化的背景下,地方仲裁委对商事仲裁释明的适用均有探索。截至 2022 年 5 月 10 日,据不完全检索,已有 29 家仲裁委、33 份仲裁规则均明确规定了仲裁庭行使释明权的相关内容。其中,宜昌仲裁委员会在《宜昌仲裁委员会专家咨询委员会议事规则》中专门规定赋予专家咨询委员会进行释明的权利,但是并未对具体的仲裁庭行使释明权的内容进行规定,剩余 28 家仲裁委、32 份仲裁规则中均明确规定了释明权相关内容。而仲裁委之间对于释明的规定明显存在差异,呈现出开放与保守并存的局面(见表 3)。

---

① 案号:(2019)粤 18 民特 14 号。

② 《仲裁法》第 74 条规定适用的诉讼时效与民事诉讼保持一致。根据《关于审理民事案件适用诉讼时效制度若干问题的规定》(2020 年修正)第 2 条规定可知,《仲裁法》未规定的诉讼时效,与民事诉讼的规定一致,当事人未提出时效抗辩时,仲裁机构不应进行释明。

③ 案号:(2013)民四他字第 8 号。

④ 《民法典》第 585 条第 2 款规定:约定的违约金低于造成的损失的,人民法院或者仲裁机构可以根据当事人的请求予以增加;约定的违约金过分高于造成的损失的,人民法院或者仲裁机构可以根据当事人的请求予以适当减少。

表 3 28 家仲裁委员会关于释明的内容规定

规定类型	涉及内容	具体规定	仲裁委名称
保守型规定	受案范围的释明	仲裁申请不符合受理条件	广州仲裁委员会[1]、宁波仲裁委员会[2]、衢州仲裁委员会[3]、泸州仲裁委员会[4]、南平仲裁委员会[5]
	仲裁请求的释明	当事人主张的法律关系的性质或者民商事行为的效力与仲裁庭根据案件事实作出的认定不一致	包头仲裁委员会[6]、烟台仲裁委员会[7]、天津仲裁委员会[8]、杭州仲裁委规则[9]、合肥仲裁委员会[10]、武汉仲裁委员会[11]、海南国际仲裁院(海南仲裁委员会)[12]、成都仲裁委员会[13]、兰州仲裁委员会[14]、衡水仲裁委员会[15]、常州仲裁委员会[16]、镇江仲裁委员会[17]、荆门仲裁委员会[18]、十堰仲裁委员会[19]、绵阳仲裁委员会[20]
	证据有关的释明	待证事实需要进行鉴定	天津仲裁委员会[21]、温州仲裁委员会[22]、淄博仲裁委员会[23]、十堰仲裁委员会[24]、池州仲裁委员会[25]
	裁决结果的释明	涉及刑事案件无法作出裁决结果	杭州仲裁委员会[26]
		裁决结果的释明	湛江仲裁委员会(湛江国际仲裁院)[27]
开放型规定	阐释法律规定、告知仲裁风险及仲裁相关的事项,但不得违反辩论原则、处分原则		温州仲裁委员会
	根据需要归纳争议焦点、安排庭审环节、举行庭前会议、举行庭前质证、发出问题清单、在适用的法律许可范围内行使释明权		郑州仲裁委员会[28]
	仲裁庭认为必要时,可以发布程序指令、发出问题清单、举行庭前会议、议定审理范围、要求当事人进行庭前证据交换、要求当事人披露相关文件、要求当事人共同拟定争议焦点问题、在适用法律许可的范围内行使释明权		深圳国际仲裁院[29]
	仲裁庭有权根据审理需要采取制作案件审理日程表、发出问题单、举行庭前会议、制作审理范围书、释明告知等各项审理措施。		德阳仲裁委员会[30]
	仲裁庭经评议认为应当向当事人释明的事项,应当释明		呼和浩特仲裁委员会[31]

注:部分仲裁委有多个仲裁规则,故在表格中就会出现多次。

[1]参见《广州仲裁委员会仲裁规则(2021 年版)》。
[2]参见《宁波仲裁委员会互联网在线仲裁规则》。
[3]参见《衢州仲裁委员会网络仲裁规则(2019 版)》。
[4]参见《泸州仲裁委员会仲裁规则》。
[5]参见《南平仲裁委员会网络仲裁规则(2020)》。
[6]参见《包头仲裁委员会仲裁规则(2017)》。
[7]参见《烟台仲裁委员会仲裁规则(2016)》。
[8]参见《天津仲裁委员会仲裁暂行规则(2014 版)》。
[9]参见《杭州仲裁委员会仲裁规则(2020 版)》《杭州仲裁委员会金融仲裁规则》。

[10]参见《合肥仲裁委员会仲裁规则》。
[11]参见《武汉仲裁委员会(武汉国际仲裁中心)仲裁规则》。
[12]参见《海南国际仲裁院(海南仲裁委员会)仲裁规则》。
[13]参见《成都仲裁委员会仲裁规则》。
[14]参见《兰州仲裁委员会仲裁规则》。
[15]参见《衡水仲裁委员会仲裁规则(2016 版)》。
[16]参见《常州仲裁委员会仲裁规则(2017 版)》。
[17]参见《镇江仲裁委员会仲裁规则》。
[18]参见《荆州仲裁委员会仲裁规则(2017)》。
[19]参见《十堰仲裁委员会仲裁规则(2018 版)》。
[20]参见《绵阳仲裁委员会仲裁规则》。
[21]参见《天津仲裁委员会仲裁证据规定(2014 版)》。
[22]参见《温州仲裁委员会委托鉴定管理办法》。
[23]参见《淄博仲裁委员会仲裁规则》。
[24]参见《十堰仲裁委员会证据规定(2018 版)》。
[25]参见《池州仲裁委员会仲裁规则(2020)》。
[26]参见《杭州仲裁委员会仲裁规则(2020 版)》。
[27]参见《湛江仲裁委员会、湛江国际仲裁院仲裁规则(2020)》。
[28]参见《郑州仲裁委员会网络仲裁规则(2019)》。
[29]参见《深圳国际仲裁院仲裁规则(2022 版)》。
[30]参见《德阳仲裁委员会仲裁规则(修正案)(2017)》。
[31]参见《呼和浩特仲裁委员会仲裁规则》。

从表 3 可见,在有关释明的仲裁规则中,释明的适用范围既有保守局限于不符合仲裁申请受理条件之中,也有开放于仲裁相关的所有事项的。此外,在这 32 份仲裁规则中,有 6 份仲裁规则中对于仲裁庭进行释明皆用了“应当”一词,①剩余仲裁规则中皆用了“可以”明确仲裁庭的权利。由此可见,在已对仲裁庭行使释明权进行探索规定的地方仲裁委中,释明权性质的理解和适用范围均存在不同程度的差异,关于仲裁释明的规定实则表现出开放与保守并举的态度。同时,全国现有的 260 多家仲裁委中,仅有不到 30 家仲裁机构规定释明权相关内容,表现出地方仲裁委发展的差异化。

综上可知,《仲裁法》对释明权具体程序规定的缺失,仲裁释明相关的法律与司法解释规定内容单一和散乱,仲裁机构对释明相关规定的差异,皆体现出商事仲裁释明的相关规范刚性指引不足。这直接导致仲裁庭行使释明权在实践中问题频出。

三、价值辨析:商事仲裁释明权之可行思辨

(一)释明权之本质使然

“释明”概念的确定来自日本,翻译自德国的“Aufklärung”一词。② 其与《德国民事诉讼法典》中的职权探知主义密切相关,是弥补辩论主义的方式。③ 在我国民事诉讼法中,释明通常被视为法院和当事人双方之间的互动行为。④ 正如我国学者所提到的,释明权适用旨在促进当事人于法

① 参见《天津仲裁委员会仲裁证据规定(2014 版)》、《成都仲裁委员会仲裁规则》、《十堰仲裁委员会证据规定(2018 版)》、《绵阳仲裁委员会仲裁规则》、《呼和浩特仲裁委员会仲裁规则》及《池州仲裁委员会仲裁规则(2020)》。

② 参见张卫平:《民事诉讼“释明”概念的展开》,载《中外法学》2006 年第 2 期。

③ 参见[德]汉斯-约阿希姆·穆泽拉克:《德国民事诉讼法基础教程》,周翠译,中国政法大学出版社 2005 年版,第 105 页。

④ 参见王亚新:《诉讼程序中的实体形成》,载《当代法学》2014 年第 6 期。

官之间的意思沟通与联络,从而促进法官相对正确而公正地审理案件。[①] 而民事诉讼实质与仲裁都存在“对抗—判定”的过程,本质上具有相似性。并且,仲裁程序的灵活以及对当事人意思自治的尊重恰恰反映了仲裁程序中仲裁庭和当事人之间的互动性更高。现有部分仲裁规则和申请撤销仲裁裁决的司法实务中表露出释明权在商事仲裁中的普适性,已经成为当事人维护自身合法权益的重要武器,反映了商事仲裁实践对释明权行使的关切需要与契合。

(二)仲裁释明经济之证成

效益原则是法律赖以建立的基础,也是法律唯一的出发点和归宿。[②] 从公共经济学的角度来看,在商事仲裁中,商事仲裁活动以及仲裁司法审查活动由于具有消费或使用上的非竞争性和受益上的非排他性,因此其具有公共属性。而随着社会经济生活内容的日益复杂和精密,各种层出不穷的问题的出现,以及人们法律观念的提高,商事仲裁活动以及仲裁司法审查活动需求在逐渐增大。仲裁司法审查活动中所提供的法律供给只限制在对商事仲裁庭审中的程序性事由,无法满足当事人对商事仲裁庭审中的实体事由的法律需求,因此,在仲裁司法审查活动中,存在供需失衡。在波斯纳提出的法律的经济分析进路中,他强调主体行为是在特定法律环境下对成本—收益预期分析后的结果,而预期诉讼收益直接影响主体行为动力。[③] 因此,一旦公众认为申请对仲裁裁决进行司法审查活动的成本远大于收益,那么其维权意愿往往会随之降低。

仲裁活动涉及的是仲裁庭和当事人之间就法定范围内解决民事纠纷的活动,明确规定商事仲裁释明权,构建释明权的法律体系,有益于仲裁的实体公正和个人合法权利的保护,减少撤销仲裁裁决的申请,会减少申请仲裁司法审查带来的不必要的司法资源的浪费,给法院带来正外部性作用。

从成本收益的角度来看,规定商事仲裁释明权是国家在提供法律供给,这一供给所耗费的成本包括立法成本、司法成本以及执法成本,但是其能够促进仲裁活动中仲裁庭和当事人之间的互动,推进仲裁活动程序,有益于仲裁的实体公正和个人合法权利的保护,减少撤销仲裁裁决的申请,因此其带来的收益则包括仲裁裁决的实体公正、国家司法威信力、仲裁活动的社会影响力、申请仲裁司法审查带来的不必要的司法资源的浪费。从长远来看,规定商事仲裁释明权的收益是大于成本的。

因此,在商事仲裁中规定释明权带来的仲裁经济效益是值得肯定的。

四、进路探究:商事仲裁释明权之适用建议

经济效益是仲裁程序的必然追求,当事人意思自治的实现和程序公正也需要并向而行。商事仲裁的准司法性决定了在商事仲裁的审理过程中,仍然存在双方当事人之间的对抗以及仲裁庭的判定,即“对抗—判定”的结构。仲裁审理程序进行中,当事人辩论权和处分权的行使是应有之义。囿于仲裁当事人的素质文化差异,当事人的辩论权和处分权在庭审中难免有不恰当,此种情况下,当事人的权利需要受到保护。司法实践中的问题折射出来的商事仲裁释明权的难题亟待解决,这一难题的解决路径应从商事仲裁释明权的基本属性、适用范围和程序规则三大方向进

① 参见刘凯湘:《论释明权在仲裁程序中的理解与运用》,载《北京仲裁》2008 年第 4 期。

② 参见冯玉军:《法律的成本效益分析》,兰州大学出版社 2000 年版,第 147 页。

③ 参见[美]理查德·A. 波斯纳:《法律的经济分析》,蒋兆康译,中国大百科全书出版社 1997 年版,“中文版译者序言”、第 20 页。

行构建。

(一)明确商事仲裁释明权性质

释明作为当事人和法院之间联系与互动的“行为群”,[①]意味着其性质必然具有多重属性。大陆法系民事诉讼法学界对于法官释明权的性质向来存在争议,[②]尽管大多数民事诉讼法学者认可“权利义务说”,[③]但是绝大多数学者并未关注到商事仲裁中释明权的适用,也缺少对其性质的探讨。少数对此有研究的学者基本认同“权利义务说”。例如,张发坤学者从2001年《关于民事诉讼证据的若干规定》的条文文义解读出商事仲裁活动中释明权的性质所在。[④] 姚虹、苏涵学者则从裁判者作为司法主体的天然地位出发解释其为国家公权力,并以有权力必有监督引申出释明应有的义务性质。[⑤] 司法实务中的观点对立局面折射出对商事仲裁释明权性质定位的迫切需求。

无论是权利说还是义务说,实则都是绝对地扩大或限制仲裁庭的权利。如前所述,商事仲裁中的释明权与民事诉讼中的释明权的最大差异在于正当性来源中的契约性。仲裁庭释明权行使的正当性来自双方当事人的契约,因此,释明权的行使必然要满足当事人订立契约时包含的合理期待。因此,商事仲裁中,释明权既具有权利的属性,也具有义务属性。结合释明的本义和功能,从解决纠纷为最大化的目标出发,仲裁作为灵活自治的解纷方式之一,仲裁庭与仲裁当事人之间的互动协商是其根本。中立的仲裁庭是仲裁审理过程中的“对抗—判定”结构和仲裁的准司法性实质决定了仲裁双方当事人需要在保障当事人意思自治的基础上,仍然坚持平等的武器对抗的状态。而当事人辩论主义总会有不足,可能会发生对仲裁请求及相关内容遗漏、增加或错误、不当,因此需要针对辩论主义的不足进行补充。因此,释明权的性质定位为兼具权利和义务更能体现商事仲裁活动与民事诉讼的差异,有利于保障仲裁庭和当事人之间的互动协商,防止当事人在庭审中提出的仲裁请求及相关内容的不妥当,保障庭审中双方当事人的平等对抗,并能进一步扩大仲裁程序容量,保障仲裁活动的效益和公正。

(二)界定商事仲裁释明权适用范围

权利的行使需要界限,义务的履行也不应当是无序的。兼具权利和义务性质的商事仲裁释明权的适用范围需要予以明晰。有学者将仲裁释明的范围分为三类,分别是对诉讼或仲裁请求的释明、对有关证据的释明和对法律适用的释明。[⑥] 有学者认为仲裁释明的范围限于四个方面,分别是促使当事人明确其请求、主张的释明,提醒当事人补充不完整主张或陈述的释明,举证指导的释明,法官或仲裁员观点的释明。[⑦] 还有学者将仲裁释明的范围限制于当事人的仲裁请求不明确、不妥当时的释明,当事人的事实主张不明确、不充分、不一致时的释明,证据资料不充分时的释明,举证责任分配的释明,并否认法律适用的释明。[⑧] 也有学者未明确划分仲裁释明的边界,

① 参见张卫平:《民事诉讼“释明”概念的展开》,载《中外法学》2006年第2期。
② 参见刘凯湘:《论释明权在仲裁程序中的理解与运用》,载《北京仲裁》2008年第4期。
③ 参见张发坤:《浅析仲裁审理中释明权的具体运用》,载《商事仲裁》2014年第1期。
④ 参见张发坤:《浅析仲裁审理中释明权的具体运用》,载《商事仲裁》2014年第1期。
⑤ 参见姚虹、苏涵:《仲裁程序中的释明权探析》,载《山西省政法管理干部学院学报》2016年第4期。
⑥ 参见张发坤:《浅析仲裁审理中释明权的具体运用》,载《商事仲裁》2014年第1期。
⑦ 参见刘凯湘:《论释明权在仲裁程序中的理解与运用》,载《北京仲裁》2008年第4期。
⑧ 参见姚虹、苏涵:《仲裁程序中的释明权探析》,载《山西省政法管理干部学院学报》2016年第4期。

而是列出了当事人提出的仲裁庭释明不当情形和法院认可仲裁释明的具体情形。① 显然，这些学者都看到了仲裁释明范围的重要性，且都认为仲裁释明的范围需要有边界，基本上将纯粹的程序运行排除在商事仲裁释明之外。但同时也可以看出，学者们对于仲裁请求、证据的释明、法律观点的释明存在模糊的界定。仲裁庭对于具体仲裁请求的释明，包括对基础法律关系的性质或效力的认定，而这种认定也可以看作法律观点的释明。在此情况下，仲裁请求的释明实则包含了仲裁员法律观点的释明。另外，仲裁庭关于证据中是否需要鉴定的释明，也包含了基本的举证责任观点的释明。由此看来，法律观点的释明实则贯穿仲裁庭活动的全过程，不应作为一个单独的分类。由此可见，学者们的分类内容并不周延。

在兼具权利与义务性质和当事人意思自治的能动下，商事仲裁释明权的适用范围必然不应模糊而僵硬。在现有法律、法规及司法解释体系之下，基于保障仲裁程序当事人之间的合法权益，排除当事人盲目提出的不合理的释明请求，如仲裁庭未对裁决理由进行释明，借鉴现有仲裁规则的经验，当下商事仲裁裁决的释明适用范围应以庭审中当事人的处分权和辩论权内容为基准，强制性释明和灵活性释明规定相结合，在体系化构建仲裁释明权适用范围时，应采取列举与排除的形式。

1. 仲裁请求的释明

仲裁请求和法律关系可以说是当事人主张内容的一体两面，一旦法律关系发生变更，仲裁请求自然也需要随之变更。超过当事人仲裁请求作出仲裁裁决构成法定撤销仲裁裁决的事由之一，因此，当事人的仲裁请求必然需要仲裁庭依职权进行释明。因此，对于仲裁庭应当依职权予以释明的仲裁请求的内容实质上既要包括当事人基础法律关系，又要包括当事人的具体仲裁请求。当事人基础法律关系的释明在排除实体法律关系中应由当事人确定的内容之外，应当只包括法律关系的效力、性质和具体争议数额三类内容，具体的仲裁请求的释明应包括是否提出、补充、变更、撤回四种情形。对仲裁请求进行释明的条件是当事人主张的法律关系或民事行为的效力与仲裁庭根据案件事实做出的认定查明不一致时。

例外的是，仲裁请求中违约金和损失赔偿数额的释明应特别注意。违约金作为仲裁委的释明范围一直具有合法性。从原《合同法》第 114 条到《民法典》第 585 条，仲裁机构对违约金释明的规定并未变更。同时，2021 年施行的最高人民法院《关于审理买卖合同纠纷案件适用法律问题的解释》第 21 条进一步明确法院在不支持被告人免责抗辩时，需要主动向当事人释明。且一审法院认为免责抗辩成立且未予释明，二审法院认为应当判决支付违约金的，可以直接释明并改判。② 从文义解释的角度来看，法官或仲裁委就违约金的释明要根据当事人的申请进行。但是从一审和二审中法官释明的主动性来看，法官主动释明有利于保障个案正义。违约金的调整是当事人抗辩权的内容之一，直接关系当事人的诉求能否实现，且有法律依据。因此，在商事仲裁中，针对违约金调整的释明，在权利与义务兼具的性质定位下，需要兼具依职权和依申请两种形式。依职权对违约金的调整进行释明的情形为仲裁当事人以合同是否具有效力、违约等为由进行免

① 参见曾艳、郭志勇：《论仲裁庭释明权的行使——基于驳回当事人撤销仲裁裁决申请之裁定的分析》，载《仲裁研究》2020 年第 2 期。

② 最高人民法院《关于审理买卖合同纠纷案件适用法律问题的解释》第 21 条规定：买卖合同当事人一方以对方违约为由主张支付违约金，对方以合同不成立、合同未生效、合同无效或者不构成违约等为由进行免责抗辩而未主张调整过高的违约金的，人民法院应当就法院若不支持免责抗辩，当事人是否需要主张调整违约金进行释明。

责抗辩,仲裁庭不支持免责抗辩理由的;依申请对违约金的调整进行释明的情形则为当事人约定的违约金过低或过高。

司法实践中存在因仲裁委裁决的损失赔偿金额超出当事人申请而被撤销仲裁裁决的情形。[①] 2022年新修改的最高人民法院《关于适用〈中华人民共和国民事诉讼法〉的解释》第198条明确要求法官需要向当事人释明,对于起诉时诉讼标的的价值难以确定时,主张的数额过高或过低的风险。[②] 可见,当事人提出的损失赔偿数额以争议法律关系的定性为前提,直接关系仲裁活动当事人参与仲裁的费用负担和举证压力。要求过高的损失赔偿数额会增加仲裁活动当事人参与仲裁的费用负担和举证压力;而要求过低的损失赔偿数额会减轻仲裁活动被申请人的费用负担与举证压力,同时令仲裁活动申请人丧失对合理赔偿数额的诉权。因此,倘若对损失赔偿金额不予以职权干预,不能保障仲裁活动当事人的平等地位。故此,仲裁庭应当依职权对损失赔偿金过高或过低进行释明。

2. 有关证据的释明

结合司法实践和当事人实体权利保障可知,在仲裁活动中,有关证据的释明中以鉴定的释明为绝大多数。当事人之间对于鉴定的争议集中存在于是否需要申请鉴定或补充鉴定。鉴定作为重要的证据,可以直接指向案件的法律事实的评判,对仲裁裁决的实体结果具有重要意义。2019年修正的最高人民法院《关于民事诉讼证据的若干规定》第30条第1款确定了人民法院可依职权向当事人释明鉴定申请。该条规定,人民法院在审理案件过程中认为待证事实需要通过鉴定意见证明的,应当向当事人释明,并指定提出鉴定申请的期间。我国《仲裁法》对此并未做规定,但是鉴定申请获得的鉴定意见是法定证据之一,关系到当事人实体权利的实现,对仲裁裁决的公正具有决定作用。因此,商事仲裁中,是否申请鉴定的释明应为仲裁庭的义务范围之内。但是,仲裁庭只对待证事实有意义的鉴定依职权予以释明。对待证事实无意义的鉴定相关的释明仲裁庭可以自由裁量是否释明。

3. 证明责任分配的释明

仲裁庭审中,法律关系的性质与类型以及法律行为的效力的审理是仲裁员审理的关键所在,由此更会耗费较多的时间和精力。在明确了法律关系或法律行为的效力之后,需要对法律事实进行确认。而证据直接指向法律事实的认定。举证、认证和质证的启动则依赖于仲裁当事人。当事人能力和文化上的差异直接决定当事人对证据的性质、证明资格、证明能力的认知程度差异。对关键证据的举证责任的分配及其后果的说明不当可能导致负有举证责任的当事人怠于举证或错误举证,影响仲裁裁决的公正。除此之外,前期进行的仲裁程序耗费的仲裁成本也是固定的,在仲裁裁决没法做到公正时,对当事人来说,仲裁的经济效益也未能得到实现。因此,关键证据的举证责任的分配及其后果的释明是必要的,也应当是强制的。

4. 不应释明的内容

诉讼时效的释明在我国相关法律规定中已有间接规定。也正如学者们认为的,诉讼时效是

---

① 案号:(2019)粤01民特572号。

② 最高人民法院《关于适用〈中华人民共和国民事诉讼法〉的解释》第198条规定:诉讼标的物是房屋、土地、林木、车辆、船舶、文物等特定物或者知识产权,起诉时价值难以确定的,人民法院应当向原告释明主张过高或者过低的诉讼风险,以原告主张的价值确定诉讼标的金额。

一种特殊的法律事实，具有多种相互冲突的利益。① 因此，基于对双方武器平等对抗的尊重需要，仲裁机构不应对诉讼时效进行主动释明。而学者们提及的法律观点的释明实则表现在仲裁活动的全过程，因此法律观点的释明实则并无必要另行构成释明权适用范围内容的一大分类。

（三）商事仲裁释明的具体程序规则之构建

确定了商事仲裁释明权的性质和适用范围之外，体系化的商事仲裁释明规则需要进行建构，以推动商事仲裁释明权的不断发展。

1. 规定仲裁释明基本原则

释明权作为实现仲裁庭与当事人之间进行良性互动，在均衡仲裁活动当事人之间的对抗力量基础上实现公正裁决的探测器，应当坚持仲裁庭的中立原则，仲裁员应当不偏不倚地针对当事人之间就争议的法律关系或民事行为的性质、效力以及与待证事实相关的鉴定的申请和证明责任的分配进行积极释明，对于当事实体相关的作为免责抗辩的证据或事实的认定不予积极释明，把握好仲裁庭行使释明权的尺度和界限，最大化地推动仲裁程序进行。

2. 明确仲裁释明方式

仲裁固然是基于当事人的意思自治而进行的，但是仲裁程序中仲裁员的释明对于当事人的辩论权和处分权的适当行使具有重要性。而仲裁同样也涉及“对抗—判定”的模式，涉及双方当事人的平等对抗，各自行使自己的武器来抵御对方的请求。因此，仲裁程序中的释明如果过于直接明确，那么会直接偏向一方当事人，造成另一方当事人的不对等。因此，基于仲裁庭中立原则和保障仲裁的灵活自治，仲裁中的释明方式，需要软于民事诉讼程序中的方式。有学者提出在民事诉讼中，法官的释明不应以直接的方式进行告知，而是通过隐晦的方式进行提示。② 因此，商事仲裁中的释明方式需要根据释明的内容进行。正如一些学者所提出的，在民事诉讼中，作为当事人利益期待的集中体现，诉讼请求构成受诉法院审判的直接对象。③ 在商事仲裁中，仲裁请求作为当事人诉求的本质所在，是仲裁活动审理的重点。因此，有关仲裁请求的释明直接关切到仲裁程序的进行，除了违约金之外，其余仲裁请求的释明应以直接的方式作出释明；有关证据、证明责任分配以及违约金的释明，涉及的是当事人抗辩权的成立与采纳以及双方当事人的平等对抗，需要结合双方对抗武器是否平等来进行。在双方对抗武器不平等的情况下，可以直接释明。在双方对抗武器平等的情况下，需要以隐晦的方式作出释明。

3. 增设仲裁释明异议救济制度

“对抗—判定”模式下，仲裁双方当事人理应获得平等对待。而在低撤裁率要求的司法供给与实体合法权利的需求失衡的情况下，司法资源面临被滥用的风险。例如，在北京市某联合公司与北京某置业有限公司的纠纷案④中，原告除了申请撤销仲裁裁决之外，还申请了不予执行仲裁裁决。⑤ 不仅如此，某某地产实业有限公司郴州分公司、某某地产实业有限公司与谢某某、罗某某一案⑥在申请撤销仲裁裁决未被允许之后，又将争议交付司法审理之中。从仲裁到诉讼，当事人

① 参见王亚新：《诉讼程序中的实体形成》，载《当代法学》2014年第6期。
② 参见王亚新：《中国民事诉讼法重点讲义》，高等教育出版社2019年版，第24页。
③ 参见蔡虹、张琳：《民事诉讼请求之释明》，载《湖南大学学报（社会科学版）》2021年第3期。
④ 案号：（2016）京03民特56号。
⑤ 案号：（2016）京03执异22号。
⑥ 案号：（2018）湘10民特22号。

的纷争在久拖未决的同时,还占用了相当部分的司法资源,商事仲裁作为多元化纠纷解决的分流机制并未起到平息纠纷的作用。因此,就仲裁庭释明内容的异议需要构建救济制度以充分发挥商事仲裁的纠纷化解与分流作用。

商事仲裁的优势以及释明权"权利义务"一体的本质直接决定了,释明异议的救济应当为事中救济,而不应为事后救济的仲裁司法监督所容纳。在仲裁程序中增设当事人的释明异议制度,更能符合当事人意思自治中对仲裁庭妥当行使释明权的期待利益需求,保障裁决的公正和司法资源的合理利用,提升仲裁活动的公信力。但是考虑到仲裁请求释明不当可能直接剥夺当事人诉权的情形,故对于仲裁请求的释明异议,仅可以认定仲裁请求释明不当导致剥夺诉求的情形为违反法定程序,通过司法监督程序予以救济。除此情况外,应就仲裁庭行使释明权的异议增设释明异议制度。从商事仲裁的灵活性出发,仲裁释明异议应只包括即时释明异议,即当事人当庭即时提出异议,仲裁庭当庭给出回复,且仅能异议一次。仲裁释明异议的内容以法定仲裁释明范围为界,以书面或口头方式向仲裁庭提出。仲裁释明异议是否成立由仲裁庭决定。仲裁庭无法决定释明异议是否成立的,应由仲裁机构征求其他仲裁员的相关意见。仲裁释明异议不成立的需要驳回。异议成立的则需要仲裁庭即时做出调整,进行释明。

五、结语

作为极富有争议性的话题,商事仲裁的释明权研究目前还是一片待开发之地。针对商事仲裁中的释明权的适用,除了本文探究的内容外,实质上还有诸多其他问题尚待探讨。案例是司法适用的代言人,但是其生命力也具有一定的时效。既往案例的研究呈现的动态发展反映了当下的实践需求。基于现实需要提出的设想亟待现实进一步检验,为商事仲裁的国际化发展提供可行路径。基于学识和研究能力的限制,本文的研究未再深入。希望能够在今后的学习过程中,继续深化释明权的学习和认知,以期推动我国商事仲裁释明权的发展。

Study on the Application of the Right to Interpretation in Commercial Arbitration —An Empirical Study Based on 117 Rulings on Applications for Setting aside Arbitral Awards

Wu Yudan

Abstract: The quasi - judicial function of "one award is final" restricts the boundary of judicial review, and the goal of minimizing arbitration costs provides a development space for the interpretation and application of commercial arbitration. Judicial practice shows that both the parties involved in arbitration and the court recognize the interpretation right of commercial arbitration. However, there are some problems in the application of the right of interpretation in commercial arbitration, such as confused understanding of nature, vague scope of application, and blockage of relief channels in the interpretation of defects. The shortage of legislation and the differentiated development of local arbitration committees can hardly provide rigid normative guidance for the interpretation right of commercial arbitration. Taking into account the economic effectiveness of arbitration and safeguarding the legitimate rights and interests of the parties, this paper is based on defining the nature and scope of application of the interpretation right of commercial arbitration, and relying on the construction of specific applicable procedural rules, so as to provide reference for the application of standardized commercial arbitration right.

Key Words: commercial arbitration; arbitration interpretation; interpretation

论我国网络仲裁法律适用的规范性建构及发展进路

武向军　史凯强*

内容摘要　网络仲裁是网络技术与仲裁制度的深度融合,对于妥善化解网络纠纷,推动诉源治理实质化运行具有重要作用。网络仲裁打破了传统模式下的证据认定、程序规则和治理结构,现行法律框架已无法为其提供直接的法律基础支撑。应积极完善仲裁司法解释等相关法律制度,构建规范化的网络仲裁标准,打造区域性网络仲裁互认体系,创新网络仲裁执行结案标准,以推动网络仲裁制度的整体性建构。

关键词　网络仲裁　仲裁协议　仲裁规则　电子签章

网络仲裁是指仲裁程序的全部或主要环节均在网上进行,包括立案、举证质证、答辩、送达等主要仲裁程序或关键环节。网络纠纷具有碎片化、标的小、数量大等特征,传统的仲裁解决机制呈现出明显的不适应性。而网络仲裁具有天然的低成本、跨域性、专业性、便捷性等特点和优势,成为新时期网络纠纷的重要解决方式和途径。2018 年 12 月,中共中央办公厅、国务院办公厅《关于完善仲裁制度　提高仲裁公信力的若干意见》(以下简称《若干意见》)明确提出积极发展互联网仲裁。可以说,《若干意见》为我国网络仲裁的发展提供了明确的规范指引和支撑。

网络仲裁具有开放性、跨域性、非接触性等特点,实现了对传统仲裁模式的结构性重塑和变革。目前从世界范围来看,无论是网络仲裁立法、网络仲裁规则制定和网络仲裁实践,都未形成成熟完整的法律规则体系或制度安排。① 由于缺乏明文的法律规定,网络仲裁在仲裁规则和程序合法性、仲裁协议和电子签章效力、仲裁执行等方面仍处于“法律边缘地带”,严重制约网络仲裁制度的发展。本文主要从仲裁法律框架、网络仲裁规则、仲裁协议和电子签章效力等方面进行分析并提出发展建议,以期为网络仲裁制度的有效运行提供解决思路。

一、网络仲裁的内涵解读

(一)网络仲裁的发展

20 世纪 90 年代初,在线争议解决机制(Online Disputes Resolution,ODR)在美国得以实践,这一时期,在线争议解决机制开始试图将替代性纠纷解决方式(Alternative Dispute Resolution,ADR)的经验方法运用到电子商务环境中。1995 年,美国环球仲裁与调解协会就率先在网上提供国际商事仲裁服务。1996 年 3 月,美国国家自动信息检索中心成立首个网络仲裁项目——虚拟裁判官项目(Virtual Magistrate Project)。1999 年 12 月,世界知识产权组织仲裁与调解中心开始

* 武向军,法学硕士,浙江省衢州市中级人民法院。史凯强,法学硕士,浙江省衢州市司法局。

① 参见邓瑞平、唐海涛:《电子商务时代网上仲裁:困境与出路》,载《河北法学》2013 年第 12 期。

以网络仲裁方式解决域名争议纠纷，以快速处理网上交易产生的矛盾纠纷。也就是这一时期，网络仲裁作为一种新型的争议解决方式逐渐出现在大众视野。

我国对网络仲裁的探索肇始于2000年12月中国国际贸易仲裁委员会“域名争议解决中心”的成立。当时，网络仲裁的争议解决对象比较单一，主要集中处理域名或网址引起的争议纠纷。2005年7月，域名争议解决中心启用“中国国际经济贸易仲裁委员会网上争议解决中心”名称并对外开展业务，仲裁管辖范围由解决域名争议逐渐扩大到解决电子商务等纠纷。国内最早试水网络仲裁的是广州仲裁委员会，2015年广州仲裁委员会建成我国首个网络仲裁服务平台，并出台《广州仲裁委员会网络仲裁规则》，对举证质证、仲裁证据形式、仲裁地认定、电子送达方式等作了明确规定，我国开始逐步迈向网络仲裁发展新轨道。随着网络仲裁的发展，衢州仲裁委员会、深圳仲裁委员会、南京仲裁委员会等网络仲裁机构逐步建立。据统计，2021年全国共有259家仲裁委员会，开展网络仲裁业务的有近60家。

（二）网络仲裁的内涵及性质

网络仲裁又称网上仲裁、线上仲裁、在线仲裁、互联网仲裁、电子仲裁等。目前，我国关于网络仲裁的内涵尚未形成规范性的统一理解和认识，国内理论界和实务界对于网络仲裁的解读主要有四种。（1）“全部说”：网络仲裁的所有程序或环节必须在网络上进行。（2）“部分说”：网络仲裁的某一程序或某一环节在网络上进行即可认定为网络仲裁。（3）“封闭说”：建立封闭的网络仲裁系统，仲裁申请人通过用户名和密码等安全措施登录平台进行仲裁。（4）“主要部分说”：网络仲裁的举证质证、审理、裁决、送达等主要程序或环节在网络上进行。关于网络仲裁的性质，理论界和实务界主要有两种不同的观点：一种观点认为网络仲裁是一种全新的争议解决机制，其在仲裁管辖权、终局性、执行等方面与传统仲裁模式有本质上的不同。① 另一种观点认为，网络仲裁与传统仲裁只是在信息传输的载体和方式上有差异，其仍在仲裁法律制度框架范围内运行，并没有创造出一套全新的仲裁法律解决机制。②

笔者更赞成“主要部分说”。因为网络仲裁本质上是利用互联网技术资源在网上进行的一种争议解决方式，由于证据规则认定的规范性，实践中证据原件核对等还有赖于线下操作。就其性质而言，笔者认为网络仲裁是一种全新的争议解决机制，因为网络仲裁的进行不仅仅是信息传输载体上的变化，它更从深层次上打破了传统仲裁模式下的证据认定、审理模式、程序规则和治理结构，现行法律框架已无法为其提供直接或成熟的法律基础支撑，必须探寻新的发展路径。

二、网络仲裁的法律支撑

（一）网络仲裁规则合法合规

作为一种新兴的、新型的、新性的争议解决机制，网络仲裁本质上是互联网技术与传统仲裁制度的有机结合，其仍处于仲裁的法律框架和制度安排体系之内，并没有“改变或超越”现行法律制度所预设的仲裁程序。网络仲裁是“互联网信息技术下的仲裁”，仲裁法、民事诉讼法等并未对网络仲裁的法律适用进行限制或排他性规定。此外，《仲裁法》第75条规定，仲裁规则制定前，仲

---

① 参见高薇：《论在线仲裁的机制》，载《上海交通大学学报（哲学社会科学版）》2014年第6期；郭玉军、肖芳：《网上仲裁的现状与未来》，载《法学评论》2003年第2期。

② See Farzaneh Badiei, *Online Arbitration Definition and Its Distinctive Features*, ODR, 2010, p. 87 – 93.

裁委员会可以依照仲裁法和民事诉讼法的有关规定制定仲裁暂行规则。虽然尚未制定统一的仲裁规则或专门的网络仲裁规则，但仲裁法的制度设计确实为网络仲裁规则的制定和网络仲裁制度的运行预留了生存空间。

实践中，为便于网络仲裁业务的顺利开展和规范运行，国内仲裁机构普遍根据《仲裁法》第75条之规定，自行制定网络仲裁规则。如广州仲裁委员会、衢州仲裁委员会、武汉仲裁委员会等仲裁机构在前期运行经验的基础上，结合仲裁法等相关法律规定完善网络仲裁规则，对网络仲裁程序规则、证据规则和裁判规则等作了细化规定，进一步规范了网络仲裁送达、应裁、答辩、举证质证、审理裁决等程序。如《衢州仲裁委员会网络仲裁规则（2020版）》充分尊重当事人程序权利保障，删除了2017版关于"互联网金融仲裁案件7日裁决的特别程序性规定"，同时充分尊重当事人意愿和案件审理需要，增加"双方当事人一致同意或者仲裁庭认为案件复杂的，可转为线下审理"，进一步保障网络仲裁规则与现行法律体系的兼容性，确保在合法合规的前提下最大限度保障当事人程序性权利，维护当事人合法权益。

（二）网络仲裁协议具有法律效力

目前，国际社会普遍对法律中有关仲裁协议的"书面形式"作扩大解释。[①] 当事人合意是影响仲裁协议效力的核心要素，是判定仲裁协议是否具有法律效力的重要方式。对网络仲裁协议效力的认定，应从形式和实质两个方面加以考量。

首先，形式上网络仲裁协议符合法律规定。《仲裁法》规定，仲裁协议包括合同中的仲裁条款和以其他书面方式在纠纷发生前或者纠纷发生后达成的请求仲裁的协议。根据《民法典》和最高人民法院《关于适用〈中华人民共和国仲裁法〉若干问题的解释》的规定，书面形式是指能够有形表现所载内容的形式，仲裁法规定的"其他书面形式"的仲裁协议，包括以合同书、信件、电子邮件和数据电文等形式达成的请求仲裁的协议。其次，网络仲裁协议的实质性内容符合立法精神。根据"功能等同原则"[②]，电子数据与书面纸质对于所载内容能有效反映双方当事人合意的表现力是一致的，只是内容记载或表现形式不同，并不会存在功能上的差异。因此，应最大限度地将能够有形地表现当事人仲裁合意内容的数据电文等形式纳入"书面"范畴，这也更加符合仲裁立法的意旨以及网络仲裁的发展趋势。

（三）电子签章符合法律规定

电子签名及其认证体系在仲裁机构确认当事人各方身份，认定当事人权利能力和行为能力以及保障电子交易的安全等方面具有重要作用，为网络仲裁的可行性提供了重要支持。[③] 签名的形式主要通过仲裁协议的表现形式得以体现，对电子签名效力的质疑主要表现在法律规范和技术安全两个方面。

首先是法律规范层面。目前，很多国家的立法都对签字的形式作扩大解释或直接就电子签

---

① 由于法律滞后性和认知局限性，书面仲裁协议是早期国际社会的一般性要求。但是随着网络仲裁的发展和仲裁法律体系的不断完善，对书面形式作扩大性解释成为共识。2006年，联合国国际贸易法委员会在对《联合国国际贸易法委员会国际商事仲裁示范法》（1985年）第7条修改时，备选方案就指出，以任何形式记录仲裁协议内容且可以无障碍使用的，均可以被理解或认定为"书面形式"。

② 1992年联合国国际贸易法委员会EDI（电子数据交换）工作组向委员会提交了一份研究报告。报告引入"功能等价物"的概念，将EDI电子数据纳入书面形式的范畴，即只要具有书面的形式功能，就符合现行法律对于"书面形式"的要求。

③ 参见王栋：《在线仲裁可行性研究》，载《仲裁研究》2008年第4期。

名作规定。如我国《电子签名法》第3条、第14条分别规定,“当事人可以选择使用符合其约定的可靠的电子签名,可靠的电子签名具有与手写签名或者盖章同等的法律效力,当事人约定使用电子签名的文书,不得因其采用电子签名而否定其法律效力”。可见,在我国,电子签名具有与亲笔签名同等的法律效力,网络仲裁电子签章具备当然的法律效力。其次是技术安全层面。一般而言,线下签署合同文件很难验证签署人的真实身份,盗用、私刻公章和篡改合同的情况时有发生,假冒代签的法律风险也普遍存在。根据《网络数据安全管理条例(征求意见稿)》第9条之规定,数据处理者应当采取备份、加密、访问控制等必要措施,维护数据的完整性、保密性、可用性。实践中,网络仲裁电子签名在生成前,系统一般都会对当事人进行活体认证并进行身份智能校验,符合网络数据安全管理等相关法律法规。在电子签章的真实性认定方面,法院或仲裁机构通常通过第三方认证的CA机构颁发的有效数字证书和可信时间戳对电子签章的真实性进行认证,从而确保电子数据的完整性、安全性、私密性和不可篡改性。

(四)网络仲裁程序合法有效

从程序上看,网络仲裁程序主要包括仲裁开始、仲裁过程、仲裁裁决等程序内容,程序正当、及时高效、安全可靠是网络仲裁应当遵循的三个基本原则。

首先,网络仲裁案件办理的每个程序及环节均按照网络仲裁规则和有关法律规定,以双方当事人在合同中约定的电话或电子邮箱等为有效电子送达地址,通过电子送达方式在法定时限内告知当事人所拥有的权利和其他程序性事项,这符合民事诉讼法的有关规定。无法电子送达的,通过失联信修技术联系当事人,可确保仲裁文书真实有效送达,最大限度保障当事人程序性权利。其次,部分仲裁机构创新“错时异步审理”模式,这更加契合网络金融纠纷审理的特殊性,有利于进一步优化当事人的诉讼服务体验,缓解司法资源分配不均等问题,与仲裁法的法律规定和精神实质并不相违背。最后,网络仲裁机构大都搭建有封闭的网络仲裁平台,并将司法区块链技术广泛应用于电子存证、网络庭审、时间溯源、数据防篡改等领域,并且仲裁电子裁决书以防伪页面的形式作出,并载有仲裁员的电子签名和仲裁机构的电子签章认证,网络仲裁更加安全、便捷、可信。

三、网络仲裁法律适用的规范性建构

(一)完善仲裁司法解释等相关法律制度

司法实践中,网络仲裁的运行主要依赖于国家政策和对仲裁法等相关法律的扩大性解释。法律体系构建模式是一种渐进试验和理性建构并存的混合模式。①

建议应充分发挥立法的规则指引功能,将仲裁机构所在地法院作为执行管辖连接点,通过统一司法解释的形式为网络仲裁执行提供规范性指引,如最高人民法院《关于人民法院办理仲裁裁决执行案件若干问题的规定》规定,“当事人对仲裁机构作出的仲裁裁决或者仲裁调解书申请执行的,由被执行人住所地、被执行人财产所在地、仲裁机构所在地基层人民法院管辖”。全面探索互联网新类型案件执行标准体系,调整互联网法院审级,优化互联网法院功能定位,充分发挥互联网法院技术优势,利用北京、杭州、广州互联网法院实践经验,探索在省域或区域范围内开展网络仲裁执行集中管辖试点。同时积极探索互联网法院司法审查新模式,不断强化网络仲裁平台

① 参见钱大军、薛爱昌:《繁华与无序:法律体系建构的中国模式之检讨》,载《法律科学(西北政法大学学报)》2016年第1期。

与互联网法院执行平台的系统对接。此外，应进一步完善电子证据法等相关法律，细化网络仲裁电子证据的认证规则、质证规则和审查标准等，建立网络仲裁电子证据收集、保全和审查机制，进一步明确电子证据的保全周期，收集程序和使用方法，从而为网络仲裁的制度运行提供法律保障。

（二）构建规范化的网络仲裁标准

我国网络仲裁发展起步晚、发展慢，国家对网络仲裁总体持观望状态，网络仲裁立法体系在短时间内难以构建。[①] 标准化是现代治理的核心要素，具有规制、引领和支撑的优势和特点。[②] 标准化对网络仲裁法律体系的构建具有补充强化作用，其可以通过技术手段进行各项指标的设置和量化，推动网络仲裁典型经验、先进做法、规范制度的固化、辐射和推广，从而实现网络仲裁系规范化发展。

目前，我国 ODR 在线争议纠纷解决方式缺乏通用的国家标准规范，网络仲裁法律体系尚未完全建构，探索制定标准化的网络仲裁服务规范显得尤为重要。广东、深圳等地已经就推进网络仲裁标准化做了积极探索。2020 年，广州仲裁委员会制定并发布全球首个《互联网仲裁推荐标准》，重点对网络仲裁的软硬件设施、场地环境、数字安全、应急处置等作出明确的标准和要求。如对网络硬件设施作明确要求，互联网仲裁参与者环境应同时支持有线网络和无线网络两种方式，并配置至少一条网络专线，以满足视频庭审的网络速度和质量要求。因此，网络仲裁发展过程中，应注重网络仲裁机制的标准化建构，完善网络仲裁庭审或电子商务在线纠纷解决服务规范，对网络仲裁的服务条件、服务方式、服务过程、服务质量评价和改进等内容作细化规定，特别是对服务提供方的信息系统、网络设备、数据安全等标准作出规定，进一步细化网络庭审、证据认定、仲裁程序等标准化方案。

（三）打造区域性网络仲裁互认体系

目前，我国网络仲裁法律制度运行尚未成熟，各地仲裁机构对网络仲裁亦缺乏统一的规范性认识，网络仲裁在立案标准、证据认定、裁判结果等方面"同案不同判"问题普遍存在。《若干意见》提出，可以研究建立仲裁行业协作、区域化合作机制和区域性仲裁工作平台，推进仲裁区域化发展。[③] 互联网纠纷具有跨域性特点，搭建区域网络仲裁平台、制定区域网络仲裁规则，可有效解决因技术规则问题而导致各网络仲裁机构同案不同判的问题，实现网络仲裁法律适用的规范性统一。

打造区域性网络仲裁互认体系，构建规范的网络仲裁发展模式对于网络仲裁制度的发展具有重要作用。2015 年 9 月，广州仲裁委员会牵头，160 多家仲裁机构联合组建了中国互联网仲裁联盟，并建立首个网络云仲裁平台，同时发布《中国互联网仲裁联盟网络仲裁示范规则》，形成统一的区域网络仲裁标准、做法和规则。因此，各地仲裁机构可借鉴广州仲裁委员会在区域化仲裁建设方面的先进经验，结合自身发展实际，不断深化仲裁区域间协作。搭建一体化区域性网络仲裁平台，完善区域化网络仲裁通用技术标准，强化平台对接、内容优化、结构设计，推动区域网络仲裁法律资源共享、优势互补、协同共进。积极制定区域性网络仲裁示范规则，在综合考虑各仲

① 参见高兰英：《ODR 的管辖权问题探析》，载《河北法学》2008 年第 10 期。

② 参见褚宸舸：《基层社会治理的标准化研究——以"枫桥经验"为例》，载《法学杂志》2019 年第 1 期。

③ 《若干意见》鼓励各仲裁委员会在自愿基础上进行联合，整合资源，优势互补，建立区域性仲裁工作平台，共享资源，推动仲裁区域化协作发展。

裁机构网络仲裁规则的基础上,重点对电子协议效力、电子送达形式、电子证据认定、网络庭审规范、安全责任保障、裁决书送达等法律争议问题进行细化规定。在区域城市圈内广泛开展业务合作,打造网络仲裁员区域交流培训、仲裁规则协商共建、仲裁保全执行互助样板,实现网络仲裁制度体系的区域互认、经验复制和功能辐射,努力在网络仲裁业务开展中构建区域性网络仲裁互认体系。

(四)创新网络仲裁执行结案标准

仲裁裁决是否得以承认与执行,是关乎仲裁法律效力的关键性问题。执行活动追求以最小的资源消耗取得同样多的执行公正效果或以同样多的资源消耗求得最大的执行公正效果。而网络仲裁案件案涉标的小、数量大、人员分散,执行法院司法资源配置的有限性与仲裁案件的规模性之间呈现明显的紧张关系。据司法部最新数据统计,2021 年全国仲裁机构累计裁决仲裁案件 41.6 万件,其中网络仲裁案件 14.7 万件,占比在 35.3% 以上。目前网络仲裁平均执行率在 10% 左右,大量的网络仲裁案件得不到有效执行,极易引发暴力催收、群体纠纷、集团诉讼等风险,不利于金融秩序稳定和当事人权利保障,严重影响仲裁及司法公信力。从网络仲裁案件整体情况看,金融纠纷案件当事人大多常年在外,流动性大、工作稳定性差、一般无积蓄或固定财产,恶意规避执行比例高,网络仲裁案件执行很难达到预期效果。

互联网纠纷具有业务全流程线上产生、主体地域分布广、批量产生等特点,如果依然按照传统仲裁执行模式,送达难、耗时长、成本高等问题仍得不到有效解决,这与网络纠纷快速解决的现实需要是相违背的。建议创新网络仲裁案件执行结案标准,在执行法院设立"网上执行法庭",凡申请执行的网络仲裁案件由仲裁机构所在地中级人民法院管辖,对于执行标的额在 1 万元以下的网络仲裁案件,网上执行法庭可采取批量查控被申请人支付宝账户等互联网常用产品、冻结当事人银行卡、失信人惩戒等措施,上述互联网手段完成后即可终本执行。这种做法既可以最大限度地缓解法院执行压力,还可以有效维护仲裁及司法公信力。

四、结语

目前,我国网络仲裁发展正处于探索阶段,尚未形成熟的运行模式和统一的规则体系,应系统整合现有的法律制度和规则,为网络仲裁机制的规范化运行提供一整套完整、成熟和规范的法律体系和制度框架。网络仲裁发展过程中,应重点关注以下三个问题。一是网络仲裁的社会导向。目前,网络仲裁的受案范围主要局限于 P2P 网络借贷纠纷、互联网银行借贷纠纷等,受案面较窄,案件类型单一,虚假仲裁和非法催收等问题经常发生,社会导向性不强。二是网络仲裁的保密性。网络仲裁的属性使仲裁对互联网技术存在高度依赖性,导致互联网技术作为"第四方"参与到网络仲裁审理过程中来,这也对仲裁的保密性提出了严峻挑战。三是网络仲裁地的确定。仲裁地涉及仲裁协议效力、仲裁程序法和实体法以及仲裁裁决的撤销和执行等问题,随着"一带一路"倡议的推进和境外电商贸易的发展,有必要在仲裁法或网络仲裁规则中作明确规定,以推动仲裁发展与国际接轨。

On the Normative Construction and Development Approach of China's Online Arbitration Law Application

Wu Xiangjun, Shi Kaiqiang

Abstract: Online arbitration is the deep integration of network technology and arbitration system, which plays an important role in properly resolving network disputes and promoting the substantive operation of litigation source governance. Online arbitration has broken the traditional mode of evidence identification, procedural rules, and governance structure, but the current legal framework has been unable to provide direct legal support. We should actively improve relevant legal systems such as judicial interpretation of arbitration, build standardized online arbitration standards, create a mutual recognition system for regional online arbitration, and innovate online arbitration execution and conclusion standards to promote the overall construction of the online arbitration system.

Key Words: online arbitration; arbitration agreement; arbitration rules; electronic signature

仲裁管辖权异议的滥用及其规制

王杏飞*

内容摘要　一方当事人以仲裁协议存否为由，先后向人民法院、仲裁机构提出管辖权（主管权）异议，直接违背诚信原则，增加对方当事人维权成本，不当耗费司法资源与仲裁资源，需要从人民法院与仲裁机构相关案件的信息共享、加大滥用管辖异议的惩戒以及司法行政管理与律师行业自律等方面进行规制。

关键词　仲裁协议　主管权异议　管辖权异议　规制

一、问题的提出

A 以合同纠纷起诉 B，B 以与 A 之间存在有效仲裁协议为由提出主管权异议，法院审查后认定该案应由某仲裁机构仲裁，裁定驳回 A 的起诉。后 A 就同一纠纷向某仲裁机构提出仲裁申请，B 又以与 A 之间不存在书面仲裁协议为由向某仲裁机构提出主管权异议，被仲裁机构驳回。

在本案中，B 两次提出主管权异议。第一次是 A 向法院起诉时，以与 A 之间存在有效仲裁协议为由向法院提出主管权异议，主张法院对本案没有主管权，法院在裁定书中明确指出本案应由某仲裁机构仲裁解决，该法院对本案无管辖权；第二次是当 A 向仲裁机构申请仲裁时，B 又以与 A 之间不存在书面仲裁协议为由提出主管权异议。B 先后向人民法院、仲裁机构提出主管权异议，主张人民法院、仲裁机构均无主管权，其提出的事实是冲突的，提出的主张明显是自相矛盾、不能成立的。

在本案处理过程中，人民法院、仲裁机构均对本案主管权问题进行审理并作出裁定、决定，耗费大量的人力资源；对于寻求权利救济的一方当事人而言，浪费大量的时间、精力；而对提出异议的一方当事人，提出明显前后矛盾的主张，直接违背诚信原则，却不产生任何否定性的法律后果，反而达到拖延程序、延迟支付的目的；更为严重的是，通过这种手段来增加一方维权的经济成本与"隐性成本"，具有明显的"溢出效用"，容易坐实"赢了官司输了钱"的民间说法，可能对潜在的维权者产生"震慑"作用，让人不敢不愿寻求法律救济。

二、对当事人以存在仲裁协议为由提出的异议如何审查

由于我国实行或裁或审原则，当事人约定仲裁的，人民法院不得受理。因此，一方当事人诉至法院时，法院需要依职权审查本案当事人之间是否存在有效的仲裁协议。如果有仲裁协议，在立案阶段应该裁定不予受理，并告知当事人向仲裁机构申请仲裁（见《民事诉讼法》第 127 条第 2

---

* 王杏飞，厦门大学法学院教授，博士生导师。

项规定,依照法律规定,双方当事人达成书面仲裁协议申请仲裁、不得向人民法院起诉的,告知原告向仲裁机构申请仲裁);在审理阶段,则应该裁定驳回起诉。不容忽视的是,人民法院如何"告知",是在裁判理由部分加以阐释还是需在主文中履行告知义务,或者由法官以口头方式告知即可,现行法律缺乏明确规定,各地法院做法并不统一,值得思考。如果从有效解决纠纷,为人民群众提供更好的司法服务的角度,人民法院应当明确告知当事人向有管辖权的仲裁机构申请仲裁,这种"告知"是一种法定的义务。

尽管法院负有依职权审查是否存在仲裁协议的义务,但民事法律关系是建立在当事人意思自治基础之上的,当事人通常有权自主决定向法院披露何种信息。民事诉讼法学理论中称之为辩论主义。如果仲裁协议以独立的方式存在,原告向法院提交的立案材料中就很可能没有仲裁协议,法院也难以知晓是否存在仲裁协议。特别是在实行立案登记制以来,人民法院立案庭对立案材料的审查,往往只是形式审查。因此,是否存在仲裁协议,主要依赖于对方当事人提出,法院通常是在对方当事人提出异议后再进行审查。作为理论上的探讨,法院主管与管辖问题应作为起诉要件还是诉讼要件对待,是在立案阶段(立案庭)还是立案后(审判庭)进行审查,尚存在不同的意见,但在实务操作上,立案庭与审判庭均承担这一职责。现行《民事诉讼法》并没有明确意识到需要区分这一问题。最高人民法院的司法解释也没有明确加以区分。如根据最高人民法院《关于适用〈中华人民共和国民事诉讼法〉的解释》(以下简称《民诉法司法解释》)第 215 条的规定,依照《民事诉讼法》第 124 条第 2 项的规定,当事人在书面合同中订有仲裁条款,或者在发生纠纷后达成书面仲裁协议,一方向人民法院起诉的,人民法院应当告知原告向仲裁机构申请仲裁,其坚持起诉的,裁定不予受理,但仲裁条款或者仲裁协议不成立、无效、失效、内容不明确无法执行的除外。很显然,此时的审查是发生在起诉阶段,是由立案庭进行审查。但与此同时,《民诉法司法解释》第 216 条规定,人民法院首次开庭前,被告以有书面仲裁协议为由对受理民事案件提出异议的,人民法院应当进行审查。从文义上看,这一阶段的审查是发生在人民法院立案受理后首次开庭之前。在案件受理之后,首次开庭之前,被告对受理民事案件提出异议是向审判庭提出,由审判庭决定。如果纯粹从理论上思考,则还存在这样的情形,即案件受理后审判组织尚未确定时,被告对受理民事案件提出异议的,这时应该由立案庭作出决定。

此外,根据《仲裁法》第 26 条之规定:"当事人达成仲裁协议,一方向人民法院起诉未声明有仲裁协议,人民法院受理后,另一方在首次开庭前提交仲裁协议的,人民法院应当驳回起诉,但仲裁协议无效的除外;另一方在首次开庭前未对人民法院受理该案提出异议的,视为放弃仲裁协议,人民法院应当继续审理。"按照上述规定,即使当事人之间存在有效的仲裁协议,但一方当事人向人民法院起诉时未声明有仲裁协议,人民法院受理后,对方当事人应诉答辩的,应当视为双方当事人放弃了仲裁协议的约定,人民法院获得管辖权。对于原告方而言,在起诉时未声明有仲裁协议,固然有违背诚信原则之嫌,当然也可能是出于对法律的无知而产生的无心之过;对被告方而言,可以在首次开庭审理时提出有仲裁协议的异议,从而发生驳回起诉的法律效果,但如果在首次开庭前未对人民法院受理该案提出异议的,则视为放弃提出异议的权利,产生"失权"的效果,法院取得案件的管辖权。法院受理这一案件的瑕疵行为,由于经历了时间与程序的"洗礼"与"治愈"(首次开庭)而产生合法的效果,被告一方即丧失了提出异议的机会与权利。在法院受理案件以后,不再允许原告方以存在仲裁协议为由提出主管与管辖异议,这既是诚信原则的应有之义,也是维持程序安定的必然要求。

至于被告提出主管异议的方式，现行法律并没有明确的规定与硬性要求。可以理解为只要被告向人民法院明确作出存在有效仲裁协议的意思表示即可，至于被告主观上是否反对人民法院受理该案件，不应该影响被告提出异议的法律效果——阻却法院受理案件。因为根据《民事诉讼法》第127条之规定，存在有效的仲裁协议是受理的消极要件之一。

当然，被告提出存在有效仲裁协议之后，法院需要对仲裁协议的存否、效力进行审查。是否存在仲裁协议是一个事实问题，仲裁协议是否有效是一个法律判断问题。根据《仲裁法》第16、17条的规定，仲裁协议包括合同中订立的仲裁条款和以其他书面方式在纠纷发生前或者纠纷发生后达成的请求仲裁的协议。具体而言，仲裁协议须具有请求仲裁的意思表示；仲裁事项；选定的仲裁委员会。如果约定的仲裁事项超出法律规定的仲裁范围的；无民事行为能力人或者限制民事行为能力人订立的仲裁协议；一方采取胁迫手段，迫使对方订立仲裁协议的，则仲裁协议无效。

根据现行法律的规定，双方当事人对仲裁协议的效力有异议的，可以请求仲裁委员会作出决定或者请求人民法院作出裁定，一方请求仲裁委员会作出决定，另一方请求人民法院作出裁定的，由人民法院裁定，即人民法院的管辖具有优先性。但值得注意的是，一方当事人申请仲裁机构确认仲裁协议效力，另一方当事人请求人民法院确认仲裁协议无效，如果仲裁机构先于人民法院接受申请并已作出决定，人民法院不予受理；如果仲裁机构接受申请后尚未作出决定，人民法院应予受理，同时通知仲裁机构终止仲裁。①

三、对人民法院就仲裁协议效力作出的裁定能否上诉

显然，如果是由仲裁机构对仲裁协议的效力作出决定的，当事人并没有上诉的权利；而对人民法院就仲裁协议效力作出的裁定，是否允许提出上诉，由于现行法律缺乏明确规定，各地的做法极不一致，值得探讨。

据统计，安徽、北京、福建、甘肃、广东、广西、贵州、海南、河北、河南、黑龙江、湖北、湖南、吉林、辽宁、宁夏、青海、山东、山西、陕西、上海、天津、四川、新疆、云南、浙江、重庆等地均规定不可上诉。但江苏、江西、内蒙古有可以上诉的案例，如(2014)苏商辖终字第0104号、(2015)赣立终字第52号、(2015)内民三终字第7号等。

人民法院对仲裁协议效力进行审查的结果，无非两种情形：一是仲裁协议有效，则案件应由仲裁机构管辖；人民法院已受理案件的，应该裁定驳回起诉。二是仲裁协议无效，则人民法院对案件有管辖权。而根据《民事诉讼法》的规定，对于“驳回起诉”的裁定，当事人可以上诉。但值得重视的是，这里的驳回起诉并不属于可以上诉的“驳回起诉”，主要原因在于：首先，对于仲裁协议有效的案件，法律为当事人权利的救济提供了仲裁这一渠道，而且选择仲裁是当事人自由选择的结果，因此这里的“驳回起诉”并不影响当事人程序权利与实体权利的实现，无须“画蛇添足”地允许上诉。其次，从性质上讲，确认仲裁协议效力的案件属于非讼案件。尽管《民事诉讼法》“特别程序”中没有规定确认仲裁协议效力类案件，但最高人民法院《民事案件案由规定》“非讼程序案件案由”规定了“申请确认仲裁协议效力”。从司法实践来看，有些地方法院也采纳这一观点，如在(2018)渝民终387号民事裁定书中，重庆市高级人民法院指出“但确认仲裁协议效力程序属于特别程序，相关法律没有特别规定的，应当适用《中华人民共和国民事诉讼法》的基本规定”。在

① 参见最高人民法院《关于确认仲裁协议效力几个问题的批复》。

(2015)黑监民再字第26号民事裁定书中,黑龙江省高级人民法院认为,“最高人民法院颁布的《民事案件案由规定》第十部分适用特殊程序案件案由第402项规定,申请确认仲裁协议效力属于适用特殊程序案件案由,明确了申请确认仲裁协议效力的特殊程序性质”。再如,在(2017)京03民特监8号民事裁定书中,北京市第三中级人民法院认为“根据《最高人民法院民事案件案由规定》第十部分关于适用特殊程序案件案由部分第四十‘仲裁程序案件’402为申请确认仲裁协议效力”。最后,对人民法院确认仲裁协议无效的,法院对该案件有管辖权,为双方当事人提供了司法救济途径,似乎没有讨论上诉权的必要。问题在于,双方对仲裁协议效力的争议,实质是一方当事人希望申请仲裁或者诉讼,另一方当事人想“逃避”仲裁或者诉讼;或者双方在选择仲裁与诉讼时发生矛盾。如在本文开篇列举的案例中,被申请人B先后对仲裁机构和人民法院的管辖权提出异议,B的目的不在于选择仲裁或者诉讼,而在于逃避仲裁与诉讼,消极应对。但如果换个角度思考,确认仲裁协议有效,产生不予受理的法律后果,是否需要赋予当事人上诉权,对当事人实施再次救济?从审判权行使的角度考虑,人民法院对仲裁协议效力的判断,同样可能出现错误,是否有必要启动上诉程序来进行监督?从司法实务来看,仲裁协议的效力是一个比较简单明确的问题,并不存在多少复杂疑难之处。既然仲裁机构对仲裁协议效力的决定是“一裁终局”“一锤定音”的,那么对人民法院就仲裁协议效力的认定也没有必要设置上诉程序。而且,从现行的规则设计来看,尽管仲裁机构、人民法院对仲裁协议的效力均有权作出认定,但为了避免作出相互矛盾的判断,也为了减少不必要的资源浪费,并不允许法院和仲裁机构同时对仲裁协议的效力作出认定。

四、对人民法院确认仲裁协议的案件能否再审

从民事诉讼法理来看,除小额诉讼案件外,不允许上诉的案件原则上不能再审。最高人民法院在(2016)最高法民申2505号认为,《民事诉讼法》(2012年)第164条第1款规定:“当事人不服地方人民法院第一审判决的,有权在判决书送达之日起十五日内向上一级人民法院提起上诉。”第168条规定:“第二审人民法院应当对上诉请求的有关事实和适用法律进行审查。”依据上述法律的规定,两审终审制是我国民事诉讼的基本制度。当事人如认为一审判决错误的,应当提起上诉,通过二审程序行使诉讼权利,即当事人首先应当选择民事诉讼审级制度设计内的常规救济程序,通过民事一审、二审程序寻求权利的救济。再审程序是针对生效判决可能出现的重要错误而赋予当事人的特别救济程序。如在穷尽了常规救济途径之后,当事人仍然认为生效裁判有错误的,其可以向人民法院申请再审。对于无正当理由未提起上诉且二审判决未改变一审判决对其权利义务判定的当事人,一般不应再为其提供特殊的救济机制,否则将变相鼓励或放纵不守诚信的当事人滥用再审程序,从而使特殊程序异化为普通程序。这不仅是对诉讼权利的滥用和对司法资源的浪费,也有违两审终审制的基本原则。

如果对人民法院确认仲裁协议的案件不允许上诉,也不应该开启再审程序。对此,最高人民法院的观点是十分明确的。最高人民法院在《关于当事人对人民法院作出的确认仲裁协议效力的裁定不服提出申请再审人民法院是否受理问题的复函》(〔2010〕民立他字第36号)中明确指出,“当事人根据《中华人民共和国仲裁法》第二十条的规定申请确认仲裁协议效力的,人民法院应当依照《中华人民共和国民事诉讼法》第十五章关于特别程序的规定进行审理……根据《中华人民共和国民事诉讼法》第一百六十一条的规定,依照特别程序审理的案件,实行一审终审”。因

此对于确认仲裁条款效力的裁定，当事人不服向上级人民法院申请再审的，人民法院不予受理。

五、对当事人提出主管权异议能否参照适用管辖权异议的规定

我国《民事诉讼法》及《仲裁法》均未明确一方起诉，另一方根据仲裁协议向法院提出的异议之性质。该等异议的基础在于，法院对于存在有效仲裁协议的争议案件并无主管权，这本质上是对主管权的异议。虽然学理上有主管和管辖的区分，但我国法律并未明确区分主管与管辖，也未对主管权异议处理方式作出明确规定，那么当事人提出的主管异议能否或应否参照管辖权异议的法律规定进行处理？这主要涉及两方面的问题：一是如法院认为其对争议案件具有主管权，是应作出驳回异议的裁定还是可以其他方式通知/告知当事人；二是被驳回异议的当事人是否享有上诉的权利。

从目前案例来看，不同法院对上述两个问题的处理方式并不统一。一方面，不少法院认为主管异议应参照管辖异议的程序进行处理。例如，在(2010)闽民终字第526号案中，一审法院认为被告提出的异议虽名为“管辖权异议”，但实际是民事诉讼中的主管问题，被告所提异议实际上是以仲裁协议为根据的“主管异议”。鉴于《民事诉讼法》对如何审理主管异议没有明确的规定，在被告提出主管异议的情况下，其也是对法院管辖本案存在异议，因此应参照关于审理管辖权异议的程序进行审理。福建省高级人民法院在二审中也认可该种处理方式并无不当。另一方面，也有法院认为主管异议不同于管辖异议，不得按照同一程序处理。如在(2016)云民辖终15号案中，云南省高级人民法院二审认为，主管异议与管辖权异议是两个不同的概念，原审法院把本案作为管辖权异议案件处理并赋予当事人上诉权不当。

最高人民法院民一庭曾提出，被告提出的主管异议理由成立时，可以直接裁定驳回起诉，无须另行处理异议；被告的异议理由不成立时，应当以通知的方式驳回其异议，而不用裁定。①

鉴于此，主管异议的处理程序亟待法律或司法解释予以明确。在现行法律框架内，笔者认为最高人民法院民一庭的处理建议比较合理，驳回主管异议用通知的方式，当事人没有上诉权，这与申请确认仲裁协议效力的裁定均不得上诉的制度安排相匹配，也可以节约司法成本，避免当事人滥用诉权。

六、对当事人滥用主管权异议的规制

对于当事人以同一事由(如本文开头所举案例中以不存在仲裁协议)先后向人民法院、仲裁机构提出的主管权异议，属于权利滥用，应该从源头上加以避免，以杜绝这种现象，并辅以惩戒手段来遏制其发生。

首先，建立人民法院与仲裁机构之间的案件信息共享机制。人民法院与仲裁机构对于主管权异议的案件，应该建立信息共享机制，将该类案件相互通报对方，从而避免重复审查与审理。对于相同的当事人，以相同的事由第二次提出主管权异议的案件，人民法院或者仲裁机构不予审查，直接驳回。人民法院在确认仲裁协议有效的案件中，需要告知当事人可以直接向仲裁机构申请仲裁。

其次，对于当事人隐瞒事实先后两次提出主管权异议的，仲裁机构发现后，应该及时通报人

---

① 参见最高人民法院民一庭编：《民事审判实务问答》，法律出版社2005年版，第220~221页。

民法院,人民法院可以对该案件当事人实施信用惩戒,情节严重的适用民事诉讼的强制措施,处以罚款。这样一来,通过对滥用主管权异议权的惩戒,加大违法成本,使当事人在权衡利害得失之后,严格遵守法律,合理行使自己的程序权利。

最后,从实践来看,滥用管辖权异议的案件,通常都有律师代理。对于代理律师滥用管辖权异议的,人民法院与仲裁机构应将这一情况通报司法行政管理部门与当地律师协会,司法行政管理部门与律师协会应将律师滥用管辖权异议纳入律师管理工作内容。

On the Abuse of Jurisdictional Challenge and Its Regulation

Wang Xingfei

Abstract:On the grounds of whether or not the arbitration agreement exists,a party may raise a jurisdictional(competence)challenge to the people's court and the arbitration institution,thus directly violating the principle of good faith,increasing the cost of defending the rights of the other party,and improperly consuming judicial and arbitration resources. Therefore,it is necessary to share information on the relevant cases between the people's court and the arbitration institution,punish the abuse of jurisdictional objections, and encourage lawyers' professional self - discipline and judicial administration.

Key Words:arbitration agreement;competence challenge;jurisdictional challenge;regulation

社会责任信息如何披露?*

——兼论非财务信息重大性的认定

南玉梅 冯君宜**

内容摘要 社会责任信息的对外披露是证券法内积极引导公司承担社会责任的重要途径。面对全球社会责任信息强制披露的主流趋势,现阶段我国《证券法》以自愿披露为主的规范模式存在规则适用难题,无法有效引导社会责任信息的充分披露。究其原因在于,以财务信息为主的现行强制信息披露制度无法容纳非财务信息的社会责任信息,以至于单纯依赖自愿性信息披露规则的社会责任信息存在披露不及时与披露不适当的问题。至此,在社会责任信息的披露上,应当以双重重大性标准更新信息重大性的界定标准,并重新厘定在社会责任信息的披露规则适用上自愿披露规则与强制披露规则两分法的区分适用,从立法规范与司法实践层面为社会责任信息的有效披露提供具体指引。

关键词 社会责任信息 非财务信息 重要信息 双重重大性标准 信息披露制度

一、问题的提出

随着可持续经营理念的渗透,有关劳动者、消费者等利益相关者和生态环境保护的社会责任信息,日渐成为影响上市公司市值的重要因素,并深刻影响投资者的价值判断和投资决策。为了应对这一变化,重塑信息披露的标准,扩大信息披露之“重要信息”的范围成为全球立法的主流趋势。欧盟早在 2014 年就颁布《非财务信息报告指令》(Non – Financial Reporting Directive, NFRD),强制符合条件的企业披露非财务信息,①随后在 2022 年制定《企业可持续发展报告指令》(Corporate Sustainability Reporting Directive, CSRD),进一步扩大非财务信息强制性披露的范围。② 此外,美国证券交易委员会(United States Securities and Exchange Commission, SEC)在 2022 年发布的《加强和规范服务投资者的气候信息披露》草案(The Enhancement and Standardization of Climate – Related Disclosure for Investors),要求公司阶段性地对外披露气候相关信息,明确规定虚假披露非财务信息的赔偿责任。

---

* 基金支持:本文系 2022 年度国家社科基金后期资助项目“债券违约治理:内部控制与外部规制”(22FFXB068)的阶段性成果。

** 南玉梅,法学博士、法学博士后,现为武汉大学法学院副教授,研究方向:经济法、公司法。冯君宜,武汉大学法学院硕士研究生。

① See Directive 2014/95/EU of the European Parliament and of the Council of 22 October 2014 amending Directive 2013/34/EU as regards disclosure of non – financial and diversity information by certain large undertakings and groups.

② See Directive (EU) 2022/2464 of the European Parliament and of the Council of 14 December 2022 amending Regulation (EU) No 537/2014, Directive 2004/109/EC, Directive 2006/43/EC and Directive 2013/34/EU, as regards corporate sustainability reporting (Text with EEA relevance).

与全球立法的主流趋势不同,中国上市公司的社会责任信息经历了由交易所鼓励式披露到《证券法》规定的自愿性披露的制度演变。具体而言,我国早在2006年深交所发布《深圳证券交易所上市公司社会责任指引》和2008年上交所发布《关于加强上市公司社会责任承担工作的通知》及《上市公司环境信息披露指引》之时,就开启上市公司披露社会责任信息的先河。然而,这种交易所鼓励式披露直至2019年《证券法》修订才得以结束。2019年《证券法》第84条在强制性信息披露规则之外引入自愿性信息披露规则,以上位法的方式确认自愿性信息披露规则的法律地位,为上市公司自愿披露社会责任信息奠定了法律基础。然而,该条的适用范围延伸至"依法需要披露的信息之外",将大部分社会责任信息确定为适用自愿性信息披露规则,否认其作为非财务信息的"重大性"(materiality)。

自愿性信息披露规则赋予上市公司信息披露的自治权,极易引发证券市场内社会责任信息的庞杂与多样。研究报告显示,我国社会责任信息存在多种披露形式,披露内容缺乏实质性,披露质量参差不齐,而且存在较大的地域和行业差异。[①] 质言之,社会责任信息作为非财务信息,在上市公司的信息披露实践中整体处于失序状态。问题根源在于社会责任信息的"重大性"标准存在局限性,不能有效划分社会责任信息内部适用强制性披露规则和自愿性披露规则的对象,致使上市公司在披露社会责任信息时茫然无措。因此,本文立足于社会责任信息披露问题,从信息重大性的判定标准出发,认识社会责任信息作为非财务信息的特殊性,分析我国信息披露"两分法"的制度格局中社会责任信息披露规则的适用障碍,从立法规范和司法实践两个层面,探讨社会责任信息披露的制度化路径。

二、社会责任信息作为非财务信息的重大性

(一)信息重大性的两个标准:单一重大性和双重重大性

根据企业经营对投资者决策影响的不同视角,信息重大性标准存在"单一重大性标准"(single materiality)与"双重重大性标准"(double materiality)的观点对立(见表1)。单一重大性标准,即财务重大性标准(financial materiality),强调企业经营的内部影响,认为影响企业财务数据的信息是重要信息,具体包括"理性投资者标准"[②]和"价格敏感性标准"[③]。相反,双重重大性标准不仅强调企业经营的内部影响,还关注企业经营的外部影响,具体包括"财务重大性标准"和"影响重大性标准"(impact materiality)。[④] 质言之,单一重大性标准更符合投资者的信息需求,双重重大性标准更符合利益相关者的信息需求。因此,在重视投资者保护的传统证券法框架内,证券监管者和信息提供者倾向于以单一重大性标准界定重要信息。

---

① 参见李扬等主编:《企业社会责任蓝皮书:中国企业社会责任研究报告(2021)》,社会科学文献出版社2021年版。

② 源自美国法院的判例,认为理性投资者在做出投资决策时很可能认为某一事实是重要的,则该事实具有"重大性"。See e. g., Basic Inc. v. Levinson, 485 U. S. 224, 108 S. Ct. 978 (1988); United States v. Peterson, 101 F. 3d 375 (5th Cir. 1996); Tsc Indus. v. Northway, 426 U. S. 438, 96 S. Ct. 2126 (1976); Matrixx Initiatives, Inc. v. Siracusano, 563 U. S. 27, 131 S. Ct. 1309 (2011).

③ 在探求投资者的主观状态存在困难时发展出的客观判断标准,认为只要某种公开信息能够影响证券市场价格,那么该信息就属于重大信息。See SEC v. Tex. Gulf Sulphur Co., 401 F. 2d 833 (2d Cir. 1968).

④ See De Cristofaro, Tiziana & Carmela Gulluscio, *In Search of Double Materiality in Non-Financial Reports: First Empirical Evidence*, Sustainability 15, 2023, p. 924.

表 1 单一重大性标准和双重重大性标准的对比

项目	单一重大性标准	双重重大性标准
内容	影响企业财务数据的信息	影响企业财务数据的信息 + 影响环境及社会的信息
观点	从外到内 Outside - in(环境、社会→企业)	从外到内 Outside - in + 从内到外 Inside - out(企业→环境、社会)
信息受众	投资者	包括投资者在内的利益相关者

围绕非财务信息的重大性问题,世界范围内存在“影响重大性”和“财务重大性”两种判断倾向。一是全球报告倡议组织(Global Reporting Initiative,GRI)和联合国(United Nations,UN)强调的企业经营对经济、环境和社会的“影响重大性”,即任何组织都能以可比较的和可信任的方式披露其经营活动对经济、环境和人类的影响,从而提高该组织对可持续发展贡献的透明度。① 二是美国 SEC、气候变化相关财务信息披露工作组(Task Force on Climate - related Financial Disclosures,TCFD)和国际财务报告准则基金会(IFRS Foundation)强调的经济、环境和社会对企业经营的“财务重大性”,例如美国 SEC《气候变化相关信息披露指南》规定,只有与公司的“财务状况、流动性、资金来源以及经营成果”等因素有关的气候变化信息才可能具有重大性。② 区别于两种单边倾向,欧盟《企业可持续发展报告指令》认为有关企业价值创造能力的信息均为重大信息。至此,负责制定信息披露标准的欧洲财务报告咨询组(European Financial Reporting Advisory Group,EFRAG)指出,企业价值创造能力体现在以下两个维度:一是财务维度,具体指向金融价值创造(或破坏)的信息;二是影响力维度,具体指向环境和社会价值创造(或破坏)的信息。③ 根据《欧洲可持续发展报告标准》(European Sustainability Reporting Standards,ESRS),在任何维度上影响企业价值创造能力的信息都应该获得完整的披露。④

对于非财务信息的重大性问题,我国部门规章和自律性规范实际采取双重重大性标准判定社会责任信息的重大性。具体而言,《企业环境信息依法披露管理办法》(生态环境部令第 24 号)第 7 条列举的企业,应对外披露“企业基本信息”“企业环境管理信息”“污染物产生、治理与排放信息”“碳排放信息”“生态环境应急信息”等环境信息。不仅如此,国务院国有资产监督管理委员会《关于中央企业履行社会责任的指导意见》第 18 条指出:“有条件的企业要定期发布社会责任报告或可持续发展报告,公布企业履行社会责任的现状、规划和措施。”与之类似,《上海证券交易所上市公司自律监管指引第 1 号——规范运作》第 8 章第 5 条要求“在本所上市的‘上证公司治理板块’样本公司、境内外同时上市的公司及金融类公司,应当在年度报告披露的同时披露公司履行社会责任的报告”,《深圳证券交易所上市公司自律监管指引第 1 号——主板上市公司规

① See GRI. The global standards for sustainability impacts, https://www.globalreporting.org/standards, accessed 17 January 2023.

② See Securities Exchange Commission, Commission guidance regarding disclosure related to climate change. Interpretation, SEC, February 2 (2010).

③ See European Reporting Lab, “Proposals for a Relevant and Dynamic EU Sustainability Reporting Standard Setting” (2021).

④ See Baumüller, Josef & Karina Sopp, *Double Materiality and the Shift from Non - financial to European Sustainability Reporting: Review, Outlook and Implications*, Journal of Applied Accounting Research 23, 2022, p. 8 - 28.

范运作》第8章第4条要求"'深证100'样本公司应当在年度报告披露的同时披露公司履行社会责任的报告",《上海证券交易所科创板股票上市规则》第4章第4节第1条要求"上市公司应当在年度报告中披露履行社会责任的情况,并视情况编制和披露社会责任报告、可持续发展报告、环境责任报告等文件"。综上所述,对部门规章以及自律性规范中列举的企业而言,社会责任信息虽然不属于财务信息,但可以适用双重重大性标准被认定为重要信息,成为《证券法》规定的"依法需要披露的信息"。

由此可见,我国证券立法总体采用单一重大性标准判定重要信息,但对于社会责任信息披露问题,信息重大性标准已经从单一重大性标准逐渐走向双重重大性标准,并未完全否定社会责任信息适用强制性披露规则的空间。申言之,在信息重大性标准上,我国立法规范存在标准不统一的问题。

(二)社会责任信息的重大性:非财务信息披露的特点

社会责任信息对投资者决策越来越重要。研究表明,社会责任信息披露能够减少信息不对称,有助于投资者对公司未来的收入、成本、风险和业绩等做出更准确的判断。① 此外,随着可持续发展理念在投资领域的渗透,投资目的不局限于狭义的投资收益,投资者不仅重视投资能够获得的经济效益,还关注投资对环境、社会造成的影响。数据显示,82%的投资者在做出投资决策时会考虑ESG数据,②全球可持续投资规模也逐年增长,已达到主要国家或地区资产管理规模的1/3以上。③

"重大性"是划定证券市场信息披露义务边界的核心要件,也是构成证券虚假陈述民事责任的基本要素。④ 在披露重要信息的概括性信息披露制度中,社会责任信息是否属于强制披露范畴,取决于是否具备信息重大性的特点。社会责任信息作为非财务信息,其重大性判断存在区别于财务信息的特殊性:其一,社会责任信息的财务重大性和影响重大性存在联系。社会责任信息不仅能够反映企业经营活动对环境和社会的影响,同时还可能对企业财务业绩产生影响,63%的投资者表示其关注ESG数据的原因是这些信息在财务方面对投资绩效至关重要。⑤ 其二,社会责任信息具有"动态重大性"(dynamic materiality)。⑥ 在当前阶段,某些社会责任信息对企业财务业绩没有明显影响,但随着时间推移可能会发生改变,金融市场主体应该提前认识到这种风险。⑦ 其三,社会责任信息通常不会直接影响企业财务价值。所以在判断社会责任信息的重大性时,需要衡量其对投资者决策的影响大小。例如,对投资于绿色债券等社会责任金融产品的投资者而言,该金融产品的社会责任信息会对其投资决策产生重要影响,此时,社会责任信息即便与企业财务价值无关,依然可以被认定为重要信息,即社会责任信息是否具有重大性,不仅取决于

① See Samet M., Jarboui A., *How Does Corporate Social Responsibility Contribute to Investment Efficiency?*, Journal of Multinational Financial Management, 40, 2017, p. 33 - 46.

② See Amel - Zadeh, Amir & George Serafeim, *Why and How Investors Use ESG Information: Evidence from a Global Survey*, Financial Analysis Journal 74, 2018, p. 88.

③ See GSIA, Global Sustainable Investment Alliance, *Global Sustainable Investment Review*, Biennial Report (2020).

④ 参见徐文鸣、刘圣琦:《新〈证券法〉视域下信息披露"重大性"标准研究》,载《证券市场导报》2020年第9期。

⑤ See Amel - Zadeh, Amir & George Serafeim, *Why and How Investors Use ESG Information: Evidence from a Global Survey*, Financial Analysis Journal 74, 2018, p. 88.

⑥ See World Economic Forum, Embracing the New Age of Materiality - Harnessing the Pace of Change in ESG (2020).

⑦ See Ng, Artie W., Sally Mingle Yorke & Jatin Nathwani, *Enforcing Double Materiality in Global Sustainability Reporting for Developing Economies: Reflection on Ghana's Oil Exploration and Mining Sectors*, Sustainability 14, 2022, p. 9988.

该信息是否会影响投资者决策，还会根据投资者偏好的差异而有所不同。

因此，社会责任信息作为非财务信息具有特殊性，其信息重大性并非全有或全无，也并非现在有未来必然有、现在无未来必然无，立法无法提前判定社会责任信息是否具有重大性，法官也往往需要根据具体事实逐案作出判断。

三、披露规则两分法下社会责任信息披露的难题

（一）披露难题一：披露规则两分法的适用范围具有模糊性

自愿披露和强制披露的制度选择，本质是信息披露选择权的分配问题。自愿披露适当赋予发行人以信息披露选择权，有利于加强交易双方之间的沟通，满足投资者多样化的信息需求。然而，作为信息需求方和信息供给方的投资者和发行人之间天然地存在信息不对称，加之我国证券市场是典型的散户型市场，各类投资者力量不均衡、群体影响力匮乏，投资者的信息需求不足以对信息供给产生正向的反馈作用。① 在这种情况下，赋予发行人以信息披露选择权，实际是让渡信息重大性的判断权，削弱投资者在重大性判断中的主体地位，加剧发行人的恣意性披露问题。

不仅如此，现行法律规范也未能明确指出强制性披露规则和自愿性披露规则的差别。根据《证券法》第 84 条，自愿性披露规则适用于“与投资者作出价值判断和投资决策有关”的信息，而《证券法》第 78 条、第 80 条、第 81 条规定，强制性披露规则适用于“法律规定的披露事项”和“对股票交易价格产生较大影响”的信息。从界定重要信息的标准来看，无论是“与投资者作出价值判断和投资决策有关”的信息，还是“对股票交易价格产生较大影响”的信息，均为符合投资者期待的重要信息，也是适用单一重大性标准判定的重要信息。甚至可以认为，自愿披露性披露规则与强制性披露规则的“重大性”标准，从文义解释来看没有本质区别。

由此可见，我国《证券法》没有实现对两种信息披露规则的明确区分，理论界也对如何判断社会责任信息的重大性、进而确定社会责任信息应适用的披露规则存在争议。一方面，若将社会责任信息全部划定在自愿披露的对象之内，意味着绝对化地否定大部分社会责任信息的“重大性”，忽视其对投资者决策的重要影响。此外，社会责任信息的自愿披露反向表明发行人具有信息披露选择权，容易导致信息披露标准的混乱，不利于正确评价社会责任信息。另一方面，若将社会责任信息划定在强制披露的对象之内，又意味着社会责任信息的“重大性”将建立在对财务因素的影响之上，极大地限制受《证券法》监管的社会责任信息的范围，不能完整地反映投资者的信息需求。

（二）披露难题二：社会责任信息适用自愿披露规则的弊端

社会责任信息适用自愿披露规则，通过赋予上市公司信息披露的选择权，间接否定社会责任信息可能具备的重大性。不仅如此，独立的自愿披露标准将挑战强制披露的“重大性”标准，不仅在规范层面形成自愿披露和强制披露的对立，还使发行人对“依法需要披露的信息”以外的社会责任信息是否披露、如何披露无所适从。由此可见，在发行人和投资者之间的利益博弈中，自愿披露的社会责任信息容易成为发行人单方的谈判筹码，其信息质量完全取决于发行人的利益衡量和道德自觉，无法保证券市场的基础诚信度。

① 参见甘培忠、夏爽：《信息披露制度构建中的矛盾与平衡——基于监管机构、上市公司与投资者的视角》，载《法律适用》2017 年第 17 期。

首先,适用自愿性披露规则的社会责任信息,极易沦为公司塑造良好社会形象的宣传工具。[①]具体而言,不同于以交易事实和财务数据为基础的财务信息,社会责任信息的量化程度较低、审验制度不健全、预测性信息较多,发行人对信息内容有较大的操作空间,加之缺乏相对一致的披露标准,社会责任信息的恣意性披露问题更为严重。特别是社会责任报告的内容多为公司承担社会责任和保持良好治理的承诺,突出其在可持续发展领域做的积极贡献,强调正面信息、回避负面信息,大多使用语言文字进行定性描述,而忽视对具体数据进行定量分析,难以满足基本的信息质量要求。[②]

其次,考虑到社会责任信息及其披露行为都会影响企业声誉,为维护无形的声誉资产、降低融资成本和提高市场竞争力,公司无法做到社会责任信息披露的"真正自愿"。其一,公司履行社会责任的情况关系着投资者对其声誉的评价,这种评价将会影响公司的融资成本。数据显示,86%的投资者在决策时会考虑"环境"、"劳工"、"健康"和"商业道德"等有关公司声誉的因素,[③]对这些因素的较高评价将吸引更多的社会责任投资者,进而使公司享有较低的融资成本。[④] 此外,研究表明,在社会责任方面做得较好的、获得较高评级的公司在出现不利事件时遭受的声誉损失也更小。[⑤] 其二,公司违反自愿披露规则的行为将遭到市场驱逐式惩罚,这种惩罚将会影响企业的交易机会和融资能力。[⑥] 公司违背所在群体如交易所、上市公司协会等制定的社会责任信息披露规则,意味着违背加入时对交易所规章和协会章程的认可性承诺,将会触发证券自律监管的失信惩罚机制。[⑦] 受到这种声誉机制的作用,上市公司"被迫"披露社会责任信息成为常态,2022年共有1460家A股上市公司发布2021年社会责任报告,占全部上市公司的31%,披露数量较2020年同比增长28.63%。[⑧]

再次,社会责任信息适用自愿性披露规则会增加整体信息披露成本。信息披露成本是社会责任信息披露政策的重要考量因素,[⑨]环境、社会和治理信息披露质量较高的上市公司,相较于未披露或披露质量较低的上市公司,融资成本往往更低,融资成功率也更高。[⑩] 然而,上市公司试图通过社会责任信息实现融资目的,如果缺少信息重大性标准的过滤,将在获得信息披露选择权的同时面临严重的"选择超载"。[⑪] 换言之,公司无法专注于收集、核实和披露对投资者来说重要的社会责任信息,反而会在大量的重复性、低效率的信息披露工作中,致使其社会责任报告的内容越来越庞杂。如2021年,我国A股上市公司社会责任报告文本平均页数超过44页,最多达213

① 参见冯果:《企业社会责任信息披露制度法律化路径探析》,载《社会科学研究》2020年第1期。

② 参见《2021年度A股上市公司ESG信息披露情况报告》,载中国上市公司协会网站,https://www.capco.org.cn/sjfb/dytj/202208/20220831/j_2022083115295500016619310086369353.html。

③ See GSIA, Global Sustainable Investment Alliance, *Global Sustainable Investment Review*, Biennial Report (2020).

④ See Heinkel, Robert, Alan Kraus & Josef Zechner, *The Effect of Green Investment on Corporate Behavior*, Journal of Financial and Quantitative Analysis 36, 2001, p. 431.

⑤ See Minor, Dylan & John Morgan, *CSR as Reputation Insurance: Primum Non Nocere*, California Management Review 53, 2011, p. 40－59.

⑥ 参见吴元元:《信息基础、声誉机制与执法优化——食品安全治理的新视野》,载《中国社会科学》2012年第6期。

⑦ 参见莫志:《上市公司环境、社会和治理信息披露的软法实现与强化路径》,载《江西财经大学学报》2022年第2期。

⑧ See SynTao Green Finance, Growing Momentum: An Overview of China A－Share ESG Performance (2022).

⑨ 参见施天涛:《〈公司法〉第5条的理想与现实:公司社会责任何以实施?》,载《清华法学》2019年第5期。

⑩ 参见白牧蓉、张嘉鑫:《上市公司ESG信息披露制度构建路径探究》,载《财会月刊》2022年第7期。

⑪ See Williams, Cynthia & Jill E. Fisch, *Request for Rulemaking on Environmental, Social, and Governance (ESG) Disclosure* (2018).

页,呈逐年上升趋势。[①]

最后,自愿性披露规则未必会提高公司披露社会责任信息的主动性,即自愿性披露规则的目的可能落空。自愿性披露规则缺乏明确的行为指导,若无特殊的抗辩事由或免责条款,将使在虚假陈述诉讼中,适用自愿性披露规则和强制性披露规则的信息采用相同的信息重大性标准,意味着公司将为自愿披露的社会责任信息承担更高的诉讼风险,进而提高公司的整体融资成本。根据成本效益分析理论,发行人信息披露的动机并非信息不对称所导致的市场失灵,而是信息披露能够有效降低投融资双方的交易成本。[②] 因此,不降反升的融资成本反而会打击公司披露社会责任信息的主动性,促使公司为控制诉讼风险而减少社会责任报告的实质性内容,最终降低社会责任报告的信息质量。

(三)披露难题三:社会责任信息适用强制披露规则的障碍

我国强制性信息披露规则建立在以财务信息为基础的单一重大性标准之上,对于应当报送临时报告的重大事件,《证券法》第 80 条、第 81 条列举具体情形,其中有关公司经营管理的财务信息占绝大部分;对于定期报告应当包含的具体事项,《公开发行证券的公司信息披露内容与格式准则第 2 号——年度报告的内容与格式》规定,上市公司年度报告以主要财务指标、管理层讨论与分析和公司治理为核心内容。在司法实践中,法官也主要以财务信息为基础,综合虚假陈述行为对投资者决策和公司股价走势的影响等因素,对信息重大性进行判断。[③] 然而,随着证券投资实践的日益成熟,建立在财务因素之上的信息重大性标准日渐失灵,实践中适用强制性披露规则的对象难以界定,这也是社会责任信息无法完全适用强制性披露规则的原因。因此,作为非财务信息,社会责任信息要想适用强制性披露规则,前提是信息重大性标准不再单一地指向财务信息,又或非财务信息可以量化为财务信息的评价标准,以证明其对投资决策与财务信息有相同的影响力。

社会责任信息虽然无法直接作用于证券价格,但却可以影响投资者的价值判断和投资决策。根据"有效市场假说"理论,证券的交易价格能够对公开的信息作出准确的、及时的反映,并将投资者对信息的信赖转化为对证券价格和证券交易市场的信赖。[④] 然而,域外理论认为,"有效市场假说"从未得到验证,投资者对证券价值的判断也各有标准,未必真正信赖证券的市场价格。[⑤] 社会责任投资者更加关注公司的长期价值,而非追求短期利益的最大化,证券交易价格不是其投资决策的决定因素。有证据表明,短期的证券交易价格波动不会影响投资者的长期投资目的。[⑥] 不仅如此,面对证券交易价格的变动,社会责任投资者更喜欢运用协商和争议的解决方式,积极参与和影响公司治理并对违背公司利益的决策提出建议,[⑦]而不是随波逐流地购入或出售所持公司

---

① 参见《2021 年度 A 股上市公司 ESG 信息披露情况报告》,载中国上市公司协会网站,https://www.capco.org.cn/sjfb/dytj/202208/20220831/j_2022083115295500016619310086369353.html。

② 参见廖原:《股票发行注册制下的信息披露法律问题研究》,武汉大学出版社 2019 年版,第 42 ~ 47 页。

③ 参见龚连娣、谢春晖:《证券虚假陈述纠纷中信息重大性的认定》,载《人民司法》2014 年第 12 期。

④ 参见樊健:《我国证券市场虚假陈述交易上因果关系的新问题》,载《中外法学》2016 年第 6 期。

⑤ See Thompson, Robert B, *Securities Regulation 2.0: An Essay in Honor of Don Langevoort*, Geo. LJ 107, 2018, p. 795 – 808.

⑥ See Hoepner, Andreas GF, et al., *ESG Shareholder Engagement and Downside Risk*(2018).

⑦ 参见[澳]斯蒂芬·波特姆利:《公司宪治论——重新审视公司治理》,李建伟译,法律出版社 2019 年版,第 205 ~ 207 页。

证券,即社会责任投资者更加重视社会责任信息在风险管理方面的重要作用。① 由此可见,证券交易价格的变化无法解释社会责任信息对投资者决策的影响,以证券交易价格的变动衡量社会责任信息的重大性,显然不具有合理性。

此外,社会责任信息适用强制性披露规则会加重投资者的举证责任,不利于投资者保护原则的落实。根据《证券法》第 80 条、第 81 条,社会责任信息不属于法律或部门规章、规范性文件要求披露的重大事件或重要事项,当投资者认为社会责任信息存在虚假陈述,要求适用最高人民法院《关于审理证券市场虚假陈述侵权民事赔偿案件的若干规定》第 10 条追究发行人的侵权责任时,应证明相关虚假陈述导致"证券的交易价格或者交易量产生明显的变化"。然而,证券的交易价格或交易量受公司内部因素和外部经济因素、政治因素和市场因素等多种因素影响,难以证明其不当变动概由社会责任信息的虚假陈述所致。此外,根据第 10 条第 2 款:"前款第一项、第二项所列情形,被告提交证据足以证明虚假陈述并未导致相关证券交易价格或者交易量明显变化的,人民法院应当认定虚假陈述的内容不具有重大性。"即对于《证券法》第 80 条第 2 款、第 81 条第 2 款和监管部门制定的规章、规范性文件要求披露的重大事件或重要事项,投资者仅需证明发行人存在虚假陈述行为即完成对重大性要件的举证责任,由发行人负责证明虚假陈述行为与证券交易价格或交易量的变动之间不存在因果关系。显然这种举证责任倒置的规定并不适用于社会责任信息。因此,在社会责任信息的虚假陈述案件中,仍须由投资者证明相关陈述会导致"证券的交易价格或者交易量产生明显的变化",由此承担比财务信息虚假陈述更重的举证责任。

四、社会责任信息披露的制度化路径

(一)理论基础:信息重大性的标准更新

1. 单一重大性标准的弊端

如前所述,社会责任信息披露难题的根源是单一重大性标准对信息重大性的限制。作为信息重大性的传统标准,单一重大性标准即财务重大性标准,是理性投资者理论在信息披露规则方面的延伸。传统的理性投资者理论将投资者视为具有经济理性的行动者,在作出投资决策时完全依赖公司披露的财务信息。② 然而,随着社会责任投资的扩大,理性投资者的内涵发生转变,投资者在做出投资决策时更为关注公司的可持续发展及其经营活动的外部影响。这种转变同时也推动公司治理从"股东利益最大化"发展出独立的"公司利益",即公司作为独立的权利义务主体,依靠专业管理者的商业判断,选择最有利于公司可持续发展的利益分配方式。因此,公司经营不再只关注外部环境(利益相关者)对内部财务业绩的影响,还更多地考虑经营活动对外部环境(利益相关者)的影响。

单一重大性标准显然不能契合理性投资者内涵转变和公司经营目的改革的要求。首先,单一重大性标准忽视社会责任信息对投资者决策的独立影响。不可否认,能够影响财务业绩的社会责任信息对投资者来说非常重要,以财务因素为基础的信息重大性有一定的合理性,但这种合理性不能用来解释社会责任信息与财务业绩具有直接关联。研究发现,公司的 ESG 质量和财务

① See Shafer, Michael & Edward Szado, *Environmental, Social, and Governance Practices and Perceived Tail Risk*, Accounting & Finance 60, 2020, p. 4195 - 4224.

② See Tsc Indus. v. Northway, 426 U. S. 438, 96 S. Ct. 2126 (1976).

业绩之间没有统计学上的显著关系，[①]甚至投资环境可持续的企业所获得的投资收益往往不会超过投资成本。[②] 因此，社会责任信息和公司财务业绩之间并没有必然关联；相反，许多社会责任投资者更注重持有高质量 ESG 投资的非财务效益。[③] 其次，单一重大性标准忽视社会责任信息对企业价值的独立影响。企业价值由财务绩效、发展预期等内在因素决定，同时受市场投资者等外在因素的影响。[④] 社会责任信息通过改变投资者和其他利益相关者眼中的企业形象，影响企业的消费市场、产品利润率和融资成本等，进而影响企业价值。然而，单一重大性标准把企业价值等同为经济价值，将短期财务业绩作为评价企业价值的根本依据，忽视环境和社会问题以及公司治理水平对企业价值的长期影响，违背追求可持续发展的公司目的。

因此，面对社会责任信息对投资决策和企业价值的独立影响，理性投资者理论应该将非财务信息纳入投资者理性的范围之内，打破建立在财务因素之上的信息重大性的认定惯性。

2. 双重重大性标准的优势

双重重大性标准符合公司本质向公司公民变迁的趋势，是公司治理优化的题中之义。作为社会经济活动的核心参与者、诸多权利的享有者，公司应该重视其在社会和政治生活中的角色，努力成为良善公民（good citizen）。[⑤] 信息披露作为衡量公司公民实现程度的有效工具，理应将社会责任信息纳入重要信息的范围之内。此外，受公司公民理论的影响，公司目的强调全体股东的长期利益。因此，股东越来越关注社会责任信息，要求将 ESG 嵌入公司治理，特别是以此为着力点促进股东平等、提高公司治理质量。[⑥] 然而，要想真正实现公司治理质量的提高，对公司可持续发展战略、表现和报告的问责制是亟待加强的关键领域。双重重大性标准要求公司重视经营活动产生的外部影响，并以此为基础为公司外部成本的治理问责制提供正当基础，能够调动公司披露社会责任信息的积极性。[⑦]

如前所述，以双重重大性标准为基础建构起来的信息披露制度，财务重大性和影响重大性是影响投资决策的两个面向。实践中，财务、环境以及社会风险重叠的情况较多。例如，公司的能源消耗既能对气候变化产生影响，又能影响总体生产成本。因此，以双重重大性标准衡量社会责任信息重大性时，不会割裂财务重大性与影响重大性在社会责任信息中的关联性，而是整体提高重大性标准对企业风险评估的周延性。信息披露制度是投资者和发行人之间利益博弈的结果，只有信息供给符合信息需求，信息需求有效影响信息供给，才能形成良性的信息供求关系，最大限度地减少信息不对称，提高投融资效率。

此外，双重重大性标准作为原则性规定比规则性规定更适合社会责任信息披露。《欧盟可持

---

① See Lopez - de - Silanes, Florencio, Joseph A. McCahery & Paul C. Pudschedl, *ESG Performance and Disclosure: A Cross - country Analysis*, Singapore Journal of Legal Studies, 2020, p. 223.

② See Martin, Patrick R. & Donald V. Moser, *Managers' Green Investment Disclosures and Investors' Reaction*, Journal of Accounting and Economics 61, 2016, p. 239 - 254.

③ See Renneboog, Luc, Jenke Ter Horst & Chendi Zhang, *The Price of Ethics and Stakeholder Governance: The Performance of Socially Responsible Mutual Funds*, Journal of Corporate Finance 14, 2008, p. 302 - 322.

④ See Ammann, Manuel, David Oesch & Markus M. Schmid, *Corporate Governance and Firm Value: International Evidence*, Journal of Empirical Finance 18, 2011, p. 36 - 55.

⑤ 参见邓峰：《公司合规的源流及中国的制度局限》，载《比较法研究》2020 年第 1 期。

⑥ 参见朱慈蕴、吕成龙：《ESG 的兴起与现代公司法的能动回应》，载《中外法学》2022 年第 5 期。

⑦ See Smith, Craig & Ron Soonieus, *How Board Members Really Feel about ESG, from Deniers to True Believers*, Harvard Business Review (2019).

续发展报告》坚持以原则为基础的法律和监管环境,[①]美国 SEC 也认为基于原则的强制披露比基于规则的强制披露更为可取。[②] 原因在于,双重重大性标准不仅更具包容性,能够最大限度地将影响投资者决策的社会责任信息纳入监管范围,减少社会责任信息披露不法行为,还能适应社会责任信息的动态性和差异性特点,满足不同时期、不同行业和不同企业对灵活性的要求。

(二)立法规范:信息重大性的规范表达

1. 社会责任信息重大性的分层规范

受投资者偏好、特定行业特点、经济发展状况、金融监管政策,甚至社会意识背景等多重因素的影响,对投资者来说"重要的"事项本身存在主观性和不确定性,立法无法提炼为明确的判定标准。正因如此,大多数国家或地区对社会责任信息的强制披露采用"概括 + 列举"的立法模式,以期通过监管和司法实践积累经验,将实践中出现最多的特定情况纳入具体的披露要求,或形成有约束力的判例法规则,实现规范体系的自我完善。例如,港交所《环境、社会及管治报告指引》第 11 条确定"重要性"的汇报原则:"当董事会厘定有关环境、社会及管治事宜会对投资者及其他持份者产生重要影响时,发行人就应作出汇报。"随后,指引具体列举要求强制披露的事项和"不遵守就解释"的指标。[③] 又如,SEC《加强和规范投资者气候相关信息披露草案》修改 S – X 规则,增加第 14 条"气候相关披露要求",概括性地将披露门槛(disclosure thresholds)确定为"对根据本条规定所做的合并财务报告中各项目的财务影响的绝对值合计不低于相关会计年度该项目总和的 1%"或者"根据本条规定发生的支出总额或资本化成本总额分别不低于相关会计年度支出总额或资本化成本总额的 1%",随后具体列举要求强制披露的气候相关事项,包括恶劣天气事件和其他自然条件的财务影响、转型活动有关的财务影响、减轻恶劣天气事件和其他自然条件风险的支出等。[④] 因此,根据国际立法经验,在社会责任信息披露的起步阶段,无论是为其制定单独的信息披露准则,还是将其嵌入既有的信息披露规范体系,仅有列举式规定的全面标准化披露不具有可行性,亦缺乏实际意义。

针对社会责任信息的强制性披露问题,原则性规定相比规则性规定更为可取。原则性规定更为灵活,有助于投资者基于上市公司的具体情况收集对自身有用的信息。尤其是,在社会责任信息的重大性问题上,原则性规定既能最大限度地拓展社会责任信息披露的适用范围,又能为不同公司选择披露内容和展现自身特点保留适当的空间,提高市场竞争的公平和效率。构建以原则性规定为基础的社会责任信息披露制度,最重要的是确定强制性披露规则的双重重大性标准,并在必要时制定详细的非强制性监管规则,形成合理的分层规范体系。

根据《欧洲可持续发展报告标准》的体系结构,社会责任信息披露可以划分为非行业特定披露、行业特定披露和企业特定披露三个层面。[⑤] 具体而言,非行业特定披露是指能够普遍影响投

---

① See European Reporting Lab, "Proposals for a Relevant and Dynamic EU Sustainability Reporting Standard Setting" (2021).

② See Bennington, A, *Recommendation from the Investor – as – Owner Subcommittee of the SEC Investor Advisory Committee Relating to ESG Disclosure*, HARV. L. SCH. F. ON CORP. GOVERNANCE. Retrieved December 12 2022 from https://corpgov.law.harvard.edu/2020/05/28/recommendation – from – the – investor – as – owner – subcommittee – of – the – sec – investor – advisory – committee – relating – to – esg – disclosure/.

③ 参见香港交易所《环境、社会及管治报告指引》(2022)。

④ See Securities and Exchange Commission, *The Enhancement and Standardization of Climate – related Disclosures for Investors*, Proposed Rule, Federal Register 87.69, 2022, p. 21334 – 21437.

⑤ See European Reporting Lab, "Proposals for a Relevant and Dynamic EU Sustainability Reporting Standard Setting" (2021).

资者的价值判断和投资决策的社会责任信息。例如,港交所《环境、社会及管治报告指引》第13条规定:"由董事会发出的声明,当中载有下列内容:(i)披露董事会对环境、社会及管治事宜的监管;(ii)董事会的环境、社会及管治管理方针及策略,包括评估、优次排列及管理重要的环境、社会及管治相关事宜(包括对发行人业务的风险)的过程;及(iii)董事会如何按环境、社会及管治相关目标检讨进度,并解释它们如何与发行人业务有关联。"[①]与之不同,行业特定披露是指根据特定行业公认的可持续发展目标,能够显著影响该行业投资者的价值判断和投资决策的、具有行业特点的社会责任信息。再如,根据全球行业分类标准(Global Industry Classification Standard,GICS),能源行业的废弃物与污染物信息、温室气体排放信息、职业健康与安全信息,日常消费行业的物料消耗与管理信息、产品安全与产品责任信息,金融行业的气候变化与责任投资信息等。最后,企业特定披露是指非行业特定披露和行业特定披露无法涵盖的,特定企业独有的可持续发展风险、机会和影响。针对不同层面的社会责任信息披露,应该根据信息重大性标准,适用差异化的披露规则。

其一,非行业特定披露具有普遍意义的重大性,应该对所有报告提供者适用强制性披露规则。内容包括企业的商业模式和经营战略与社会责任的关系,企业履行社会责任的目标和取得的进展,董事会对社会责任相关问题的监管以及有关方针、策略等。然而,过度要求强制披露,可能会使报告提供者负担太重,并削弱信息的相关性,因为并非所有企业都具有相同的社会责任风险。因此,非行业特定披露的内容应为支持跨行业可比性所必需的信息。其二,行业特定披露对特定行业的投资者具有重大性,可以适用"不披露则解释"的规范模式。内容包括污染物排放信息、资源使用信息、劳工权益信息、产品责任信息和供应链管理信息以及相应绩效指标等。"不披露则解释"作为强制披露的软化路径,是根据上市公司之间的差异而赋予其信息披露的变通权,能够缓解立法者与守法者之间的紧张关系,降低制度试错成本。[②] 不同行业对环境和社会的影响存在差异,行业内的投资者也存在不同的投资偏好,可以认为,行业特定披露作为上市公司履行社会责任的内部信息,具有影响投资决策的可能性,但"可能性"并非"决定性",应该允许上市公司自行选择披露或解释,同时有必要严格限制解释的形式和期限,防止"不披露则解释"沦为企业规避强制披露的手段。[③] 其三,企业特定披露不具有普遍意义的重大性,更适合由报告提供者自愿披露。作为社会责任信息披露的底层设计,自愿披露的优势在于为投资者提供更多有用的信息,利用成本效益原理促进企业之间公平竞争,最大限度地实现市场资源的优化配置。具体内容可以参考全球报告倡议组织、可持续发展会计准则委员会(Sustainability Accounting Standards Board,SASB)和国际综合报告委员会(International Integrated Reporting Committee,IIRC)等发布的披露标准和MSCI ESG、Sustainalytics、RepRisk等评级机构提出的评价体系,特别关注公平竞争、网络安全、新就业形态劳动者权益保障等新兴议题。

2. 社会责任信息重大性的考量因素

(1)财务重大性和影响重大性

双重重大性标准不仅从财务和影响两个方面认识信息重大性,还从时间和空间两个维度拓

① 香港交易所《环境、社会及管治报告指引》(2022)。
② 参见杨淦:《上市公司差异化信息披露研究》,商务印书馆2021年版,第121页。
③ 参见杨淦:《上市公司差异化信息披露研究》,商务印书馆2021年版,第152页。

宽信息重大性的范围(见表2)。因此,在适用双重重大性标准判定社会责任信息的重大性时,需要理解财务重大性和影响重大性的内涵及两者之间的互动关系。其一,双重重大性的财务重大性指向广义影响企业价值的信息,而不仅是影响财务报告所确认的财务指标的信息,即社会责任信息的财务重大性不能从财务报告的财务重大性推出。不仅如此,具有财务重大性的社会责任信息较易通过货币或非货币的定性信息或定量数据进行识别,实践中应关注企业财务数据变化与社会责任信息的关联关系。其二,双重重大性的影响重大性指向企业经营活动对环境和社会造成的影响。实践中,该类信息的重大性可以通过消极影响或积极影响的规模、范围、可能性和可补救性,及其对公共政策目标和地球生态红线的紧迫性等因素进行综合判断。① 其三,双重重大性的空间范围突破传统财务报告的限制,将完整的价值链考虑在内。报告提供者的风险和机会以及经营活动的影响可能发生在价值链中或通过产品和服务产生,因此不论是财务重大性还是影响重大性均可能超越报告提供者直接控制范围内的事项,还包括除报告提供者之外的"可归因于或有关其他实体或利益相关者的,对报告提供者的价值创造能力有重大影响的事项",以及"与报告提供者的产品或服务(包括整个价值链)有直接联系的,对环境和社会造成相对严重影响的事项"。② 其四,双重重大性的时间范围突破传统金融机构管理视野,认为能够合理地影响投资者根据其对短期、中期和长期财务业绩和企业价值的评估所做的投资决策或贷款决定的信息,都具有财务重大性。③ 这种扩大解释要求企业制定长期的可持续发展战略目标,加强风险管理和可持续发展部门之间的跨职能合作。

表2　单一重大性标准和双重重大性标准的范围

范围	单一重大性标准	双重重大性标准
时间	短期影响	短期、中期和长期影响
空间	报告提供者直接控制的范围	整个价值链

(2)定性重大性和定量重大性

社会责任信息的重大性还应该从定性和定量两个方面进行判断。信息缺乏可比性是当前投资者有效利用社会责任报告的主要障碍,也是社会责任信息的重大性备受质疑的原因之一。长期以来,我国上市公司社会责任报告多使用文字进行主观定性描述,缺乏以具体数据为基础的定量分析。换言之,仅以定性分析无法支撑社会责任信息的重大性认定,甚至可能降低社会责任信息的可信度。因此,在分析社会责任信息的重大性时,企业应当在定性分析基础之上结合适当的定量分析。

具体而言,如果某种社会责任信息在性质上是重要的,即便是细微的数量差别也可能被认为具有"重大性"。如美国 SEC 指出,管理层诚信(management integrity)"始终是一个重大的因素"。④ 然而,如果某种社会责任信息在性质上不属于重要信息,则需要借助量化数据或影响投资决策的其他证据进一步判断信息的重要与否。例如,污染物排放量信息、能源或资源耗量信息、

① See European Reporting Lab, "Proposals for a Relevant and Dynamic EU Sustainability Reporting Standard Setting" (2021).

② See European Reporting Lab, "Proposals for a Relevant and Dynamic EU Sustainability Reporting Standard Setting" (2021).

③ SASB, Bases for Conclusions & Invitation to Comment on Exposure Drafts, Proposed Changes to the Sasb Conceptual Framework & Rules of Procedure 2020.

④ See Lin, Tom CW, *Executive Private Misconduct*, Geo. Wash. L. Rev. 88, 2020, p. 327, 361.

诉讼案件数量信息等。不仅如此,在制定社会责任信息披露标准时,为避免不同行业和企业之间对信息重大性出现认知偏差,社会责任报告还应当说明其包含的定性信息和定量信息的原始来源,定量信息的计算方法和计算公式、参考工具以及基础年度、基本假设等。

(三)司法实践:信息重大性的裁判认定

1. 信息内容对信息重大性的影响

信息内容是判定信息重大性首先需要考虑的因素。根据 SEC 的 10b-5 规则,在初步确定某项声明对投资者决策是否重要时,法院应当优先认定该声明是"与交易相关"的陈述。① 对此,在虚假陈述诉讼中,被告经常抗辩称,公司对外披露的社会责任声明不属于"与证券购买或出售有关"的信息,因此不属于信息披露义务的范畴。② 然而,有学者认为,社会责任信息内容多样,不宜在信息内容方面过多地限制信息重大性的认定。③ 对此,美国司法实践也认为应当根据具体情况对"与交易有关的信息"予以扩大解释,即"任何可以合理地被认为会影响投资者决策的陈述"均可以视为"与交易有关的信息"。④ 因此,不论是企业公开提交的年度报告、可持续发展报告,还是有关新闻报道、官方网站和招股说明书所包含的社会责任信息,都有可能是具备重大性的信息。证券纠纷诉讼中,原告只需证明有关声明是"通过理性投资者可以信赖的媒介传播给公众的"并且"信息在传播时是重要的",即可适当免除其投资者信赖的举证责任。

一般而言,具体的、客观的陈述能够获得投资者信赖,概括的、理想的陈述不能获得投资者信赖。然而,这种认识越来越不符合主流投资者的信息需求,甚至可以认为有违社会责任投资的要求。通常来说,企业的道德性承诺被视为理想的信息,不会影响投资者决策。⑤ 但是,当企业的道德性承诺的内容最后被证实与事实存在较大差异时,这种道德性承诺便具备信息重大性的特点。例如,某公司对外宣扬女性友好型企业文化,后来却被证实公司内部管理规范可能有利于性骚扰,法院最终认定公司对外作出的企业文化声明(社会责任信息)构成虚假陈述。⑥ 不仅如此,公司"努力保证合规"的声明通常被认为"太过含糊而不具有可诉性"。⑦ 但近期实践却证明,这种承诺可能标志着公司长期的可持续发展方向,并对投资者区分公司竞争对手的相对价值具有重要意义。⑧

因此,根据信息内容判断社会责任信息的重大性并不科学。法官应当依据具体事实对信息重大性作出判断,避免以传统的司法推定代替作为原告的投资者真正重视的信息。其一,发展基于投资者实际信赖的重大性测试,重点审查相关信息能否实际影响投资者的价值判断和投资决策,并评估这种信赖在更广泛的投资者群体中与投资决策的关联程度。其二,比较陈述内容与基本事实之间的差异,重点审查公开的社会责任信息是否严重偏离公司的实际情况,即公司未实现

① 17 CFR § 240.10b-5.

② See Cheng v. Activision Blizzard, Inc., No. CV 21-6240 PA (JEMx), 2022 U.S. Dist. LEXIS 100969 (C.D. Cal. Apr. 18, 2022).

③ See Saad, Aisha I. & Diane Strauss, *A New Reasonable Investor and Changing Frontiers of Materiality: Increasing Investor Reliance on ESG Disclosures and Implications for Securities Litigation*, Berkeley Bus. LJ 17, 2020, p. 420.

④ Sec. & Exch. Comm'n v. Hasho, 784 F. Supp. 1059, 1106 (S.D.N.Y. 1992).

⑤ Das v. Rio Tinto PLC, 332 F. Supp. 3d 786, 806-07 (S.D.N.Y. 2018).

⑥ In re Signet Jewelers Ltd. Securities Litigation, 389 F. Supp. 3d 221, 226 (S.D.N.Y. 2019).

⑦ Edgar v. Anadarko Petroleum Corp., No. CV 17-1372, 2018 WL 3032573, at 14-15 (S.D. Tex. June 19, 2018).

⑧ Leidos, Inc. v. Indiana Pub. Ret. Sys., 138 S. Ct. 2670, 201 L. Ed. 2d 1047 (2018).

承诺不是确定信息重大性的充分理由,而应该衡量有关承诺与违反承诺的事实之间的差异程度。

2. 信息类型对信息重大性的影响

信息可以分为事实(fact)与预测(soft)。预测性信息作为软性信息的典型,在社会责任信息中具体表现为公司对其社会贡献的预测。实践中,越来越多的投资者在做出投资决策时,关注公司对外披露的预测性社会责任信息,并依据有关预测性陈述评估公司的商业信誉、风险管理能力和未来投资绩效,以筛选投资对象,对传统预测性陈述的司法处理方法提出挑战。

因此,不可简单地否定预测性社会责任信息的重大性。结合域外司法实践可以看出,法官通常基于如下三个维度判断信息的重要与否:第一,预测性信息涉及的事项发生的"可能性和影响程度",①即判断目前已知的趋势、需求、承诺或事件是否"合理可能地"发生,并客观地评估事件发生的后果,即预测性信息能否"合理可能地"对公司的财务状况或经营成果产生重大影响。第二,预测性信息是否足以引起投资者的重视。例如,评估预测性信息包含的可持续发展目标是否具体、期限是否确定以及能否体现发行人和其竞争者之间的区别等。第三,预测性信息的性质是否足以获得投资者的信赖。再如,考量预测性信息作出的现实背景,包括但不限于所涉事项是否属于投资者普遍关注的可持续发展问题、是否符合当前的环境和社会公共政策等。此外,参考以上因素依然无法确定社会责任有关预测性信息是否具有重大性时,还可以观察公司为实现预测性信息实际采取的行动,此时,由公司承担举证责任,证明其不存在公然无视社会责任承诺或与所作承诺内容相反的行为。

五、结语

社会责任信息的对外披露是《证券法》内积极引导公司承担社会责任的重要途径。面对全球社会责任信息强制披露的主流趋势,现阶段我国《证券法》以自愿披露为主的规范模式存在规则适用难题,无法有效引导社会责任信息的充分披露。究其原因在于,以财务信息为主的现行信息披露制度无法容纳作为非财务信息的社会责任信息。因此,完善社会责任信息披露制度应当做到重要信息的标准重构、披露规则的甄别适用,以及在立法和司法层面细化信息重大性的界定。具体而言,在重要信息的标准重构问题上,实现从以往单一重大性标准向双重重大性标准的转变;在披露规则的甄别适用上,正视社会责任信息的多样性,并区分强制性披露规则与自愿性披露规则的适用范围;最后,在立法层面明确社会责任信息重大性的原则性规定的同时,在司法层面细化社会责任信息重大性的个案标准,为公司提供明确的信息披露指导性建议。

How to Disclose Social Responsibility Information?
— The Determination of the Materiality of Non – financial Information

Nan Yumei, Feng Junyi

Abstract: Disclosure requirements related to social responsibility are important mcans to promote corporations to bc socially responsible under securities laws. Nowadays, compulsory disclosure of social responsibility information has become mainstream worldwide. Taking this into consideration,

① Basic v. Levinson, 485 U.S. 224, 238.

the application of voluntary disclosure requirements in China's securities laws are faced with difficulties, which cannot effectively guide the sufficient disclosure of social responsibility information. The reason lies in the fact that the current compulsory disclosure system, which mainly focuses on financial information, cannot contain non-financial information. As a result, the information reported only by voluntary disclosure system is unavoidably untimely and improper. Therefore, in terms of the disclosure system of social responsibility information, the securities laws should renew the standard of material information with double materiality, and re-define the distinction between voluntary disclosure requirements and compulsory disclosure requirements and finally provide detailed guidance for efficient disclosure of social responsibility information from both legislative and judicial aspects.

Key Words: social responsibility information; non-financial information; material information; double materiality standard; information disclosure system

比较研究

疫情之下国际仲裁的应对与职守

——在线审理中的信息安全问题

李　涛　豆梦瑶*

内容摘要　新冠疫情使世界各地的人们相互隔离开来,然而作为纠纷解决方式之一的仲裁并没有因此而停顿。为保障工作的持续进行,电子化审理方式在仲裁领域得到广泛应用,如远程听证和会谈方式被一些常设机构仲裁所采纳。但在线工作方式的广泛运用引起了人们对于网络安全和数据保护问题的关注,有关国际机构已着手解决相关问题。本文介绍了《首尔议定书》、《网络安全议定书》,以及《ICCA - IBA 路线图》三份文件提出的相关应对方案。在后疫情时代,网络安全和数据保护问题仍将会是国际仲裁领域的重要关切。信息技术在我国已获得蓬勃发展,我国有必要对仲裁在线审理适时作出立法上的肯定。

关键词　国际仲裁　新冠疫情　数据保护　网络安全

一、引言

新冠疫情延缓了世界范围内人与人的交际,但人类社会的纠纷依然会存在,纠纷的解决依然要进行。在社交疏离政策执行之时,案件审理过程中所需要的意见沟通和文书传递变得有些不畅,但这不足以构成停止或终止审理的充分理由。相反,世界上的各类争端解决机构大多都在一如既往地进行着他们的工作。同时,新冠疫情的延展也使国际仲裁界的人们认识到,必须越来越多地利用可行的技术,进行更多无纸化的仲裁以及虚拟场景的听审,因此在线审理平台、电子文件提交、视频会议等电子化案件审理方式广泛运用开来,但这也带来了信息保密、数据保护和网络安全等方面的责任问题。

二、仲裁对新冠疫情的快速反应

就国际仲裁而言,随着旅行限制、防疫、自我隔离、社会疏离与封锁等措施在各国的广泛运用,远程听证和电子数据传输逐渐成为仲裁审理过程中的常态。仲裁机构大多都没有自降其案件审理能力,而是在情况允许的前提下,通过运用远程访问技术开展案件管理、电子文件存储、案件流程准备、证据审查及专家认证工作,从而使仲裁工作一如既往地进行。有的仲裁机构关闭或

---

* 李涛,河北经贸大学法学院副教授,法学博士。豆梦瑶,河北经贸大学法学院国际法学硕士研究生。

半关闭了其常设办公室,并配合当地政府出台的疫情管控措施对文件提交等程序性事宜作出调整。[1] 也有其他仲裁机构转为远程工作方式,并启用电子存档系统。[2] 大多数仲裁机构要求疫情期间通过电子邮件提出仲裁请求,并运用电子或电话方式进行沟通。随着 Skype、Microsoft Teams、Zoom、腾讯会议、综合业务数字网或 IP 通信线路等平台的广泛运用,面对面的听审被虚拟听审替代,虚拟在线争议解决方式被带入国际仲裁中。[3] 为了使双方商定的争端解决进程持续进行,仲裁机构不得不临时调整工作方式,将业务连续性作为最高目标,并通过应急计划的实施保持疫情期间工作的持续进行。

社交疏离政策使世界各地的人们都或多或少地受到了影响,但仲裁机构似乎总能够创造性地变通仲裁程序以应对疫情带来的变化。然而,随着电子归档、视频会议、电邮通信在仲裁程序扩大使用,人们对于网络安全、数据保护以及仲裁机构的保密责任等方面的关切也逐步浮现。

三、仲裁规则中的保密要求

人们之所以关注仲裁中的网络安全和数据保护问题,原因之一在于一些仲裁机构的仲裁规则为自身设定了保密义务。例如,《美国仲裁协会国际争议解决中心仲裁规则》(AAA/ICDR International Arbitration Rules)第 40 条规定,除非当事人另有约定或适用法律的要求,仲裁员和行政人员对与仲裁或裁决有关的所有事项负有保密义务,包括当事人或证人在仲裁程序中披露的信息。[4]《加拿大替代性争端解决协会仲裁规则》(Arbitration Rules of the ADR Institute of Canada)第 4.18.2 条也有类似规定,该条要求参加仲裁听证或会谈的当事方、仲裁员、仲裁机构和任何第三方履行保密义务,除非当事人另有约定或依照法律规定需要公开。[5] 同样,《伦敦国际仲裁院仲裁规则》(Arbitration Rules of the London Court of International Arbitration)第 30 条第 1 款规定,作为一项一般原则,当事各方和该机构承诺对所有裁决保密,当事人还须对为仲裁目的而使用的资料和其他不属于公开范围的由另一方当事人提供的所有文件保密。[6] 在新加坡国际仲裁中心(Singapore International Arbitration Centre)管理的仲裁案件中,与仲裁程序有关的任何

---

① 例如,根据新加坡政府颁布的疫情管控办法,新加坡国际仲裁中心自 2020 年 4 月 7 日起关闭了其办公室,自 2021 年 5 月 17 日起改为每周一、三、五开放办公,但该中心的工作人员也一直通过远程办公提供服务。参见 https://www.siac.org.sg(最后访问时间:2021 年 6 月 29 日)。

② 例如,澳大利亚国际商事仲裁中心(Australian Centre for International Commercial Arbitration)自 2020 年 3 月 19 日起要求案件文档通过该中心的电子文档系统或向秘书处发送邮件提交,直至该中心办公室恢复正常运营。参见 https://acica.org.au/acica-e-filing/(最后访问时间:2021 年 6 月 29 日)。维也纳国际仲裁中心(Vienna International Arbitration Center)和伦敦国际仲裁院(London Court of International Arbitration)也有类似要求。参见 https://www.viac.eu/en/news/availability-and-general-measures-undertaken-by-viac-in-times-of-covid-19(最后访问时间:2021 年 6 月 29 日);https://www.lcia.org/lcia-services-update-covid-19.aspx(最后访问时间:2021 年 6 月 29 日)。

③ Adrianne Goins & Elena Guillet, The Advantages of Arbitration During the Coronavirus Pandemic, VINSON & ELKINS. https://www.velaw.com/insights/the-advantages-ofarbitration-during-the-coronavirus-pandemic/(last visited June 29, 2021).

④ International Center for Dispute Resolution, International Dispute Resolution Procedures (Including Mediation and Arbitration Rules), Amended and effective March 1, 2021. https://www.icdr.org/sites/default/files/document_repository/ICDR_Rules_1.pdf? utm_source=icdr-website&utm_medium=rules-page&utm_campaign=rules-intl-update-1mar(last visited June 29, 2021).

⑤ ADR Institute of Canada, ADRIC Arbitration Rules, Version 2 effective 01 December 2016. https://adric.ca/wp-content/uploads/2017/08/2016_ARBITRATION_RULES_Booklet_2016_Aug2017.pdf(last visited June 29, 2021).

⑥ 该条规定:"未经所有当事方和仲裁庭事先书面同意,伦敦国际仲裁院不得公布裁决或裁决之任何部分。" LCIA Arbitration Rules, Effective October 1, 2020, Article 30.3. https://www.lcia.org/Dispute_Resolution_Services/lcia-arbitration-rules-2020.aspx#Article%2030(last visited June 29, 2021).

录音、笔录或文件都要保密,而承担保密责任的主体包括当事方、仲裁员、紧急仲裁员,以及仲裁庭指定的其他人(行政秘书及专家等)。[①] 2016 年《澳大利亚国际商事仲裁中心规则》(Australian Centre for International Commercial Arbitration Rules)第 22 条也规定,当事方应当确保参加仲裁的证人承担与当事方、仲裁员和仲裁机构同等程度的保密义务。[②] 香港国际仲裁中心(HKIAC)的仲裁规则中也规定,保密义务同样适用于仲裁庭、任何紧急仲裁员、专家、证人、仲裁庭秘书和 HKIAC。[③]

四、解决仲裁在线审理中的信息安全问题的初步探索

鉴于仲裁的保密义务和仲裁案件的敏感性,网络安全和数据保护应贯穿整个案件审理过程。目前看来,有三份国际文件都关涉到了这一问题,它们分别是《关于国际仲裁视频会议的首尔议定书》(Seoul Protocol on Video Conferencing in International Arbitration)(以下简称 Seoul Protocol 或《首尔议定书》)、《国际商事仲裁理事会、纽约市律师协会和预防和解决冲突国际研究所关于网络安全的议定书》(ICCA – NYC Bar – CPR Protocol on Cybersecurity in International Arbitration 2020)(以下简称 Cybersecurity Protocol 或《网络安全议定书》),以及《国际商事仲裁理事会与国际律师协会联合工作组关于国际仲裁中数据保护的路线图》(ICCA – IBA Joint Task Force's Roadmap on Data Protection in International Arbitration)(以下简称 ICCA – IBA Roadmap 或《ICCA – IBA 路线图》)的协商草案。尽管这三份文件对于仲裁在线审理程序性事项而言尚非具有全球约束力的法律文本,但它们代表了仲裁界对于解决在线审理所衍生的信息安全问题的初步探索,因而值得分析研究。

(一)《首尔议定书》

考虑到纠纷解决的全球性、第三方参与和新技术的出现等事实因素,韩国国际商事仲裁委员会(Korean Commercial Arbitration Board International,KCAB)在 2018 年 11 月 5 日至 6 日举行的第七届亚太替代性争端解决大会上推出了本议定书,并将其作为规划、测试和举办国际仲裁视频会议的最佳指南。《首尔议定书》是为了应对视频会议在仲裁过程中的使用而提出的一项倡议,它最初由几位仲裁实务人员组成的专家小组拟定,目的在于帮助用户认识到视频会议可能存在的潜在问题及如何采取有效的手段来解决这些问题(如事先做好预防措施)。[④] 根据《首尔议定书》,当事各方可要求仲裁庭在听证环节使用视频会议,此种请求须至少在听讯开始前 72 小时提出。[⑤] 仲裁庭一旦同意此种请求,就有义务确保在仲裁程序中有效、安全和公平地使用视频会议。

---

① Singapore International Arbitration Centre, Arbitration Rules 2016, Article. 24. 4. https://www. siac. org. sg/images/stories/articles/rules/2016/SIAC%2ORules%202016%2OEnglish_28%2OFeb%202017. pdf(last visited June 29,2021).

② Australian Centre for International Commercial Arbitration, ACICA Rules(2021 Edition), Article 15. 5. https://acica. org. au/wp – content/uploads/2021/04/ACICA_Rules_2021 – WFF3. pdf(last visited June 29,2021).

③ 香港国际仲裁中心,《机构仲裁规则 2018 – 2》,第 45 条。https://www. hkiac. org/zh – hans/arbitration/rules – practice – notes/administered – arbitration – rules/hkiac – administered – 2018 – 2#45(最后访问时间:2021 年 6 月 29 日)。

④ KCAB International, Seoul Protocol on Video Conference in International Arbitration is Released. http://www. kcabinternational. or. kr/user/Board/comm_notice_view. do? BBS_NO = 548&BD_NO = 169&CURRENT_MENU_CODE = MENU0025&TOP_MENU_CODE = MENU0024(last visited June 29,2021).

⑤ KCAB International, Seoul Protocol, Article 9. 1. http://www. kcabintemational. or. kr/user/Board/commnotice. do? BDN = 172&CURRENTMENUCODE = MENU0015&TOP_MENUCODE = MENUO014(last visited June 29,2021).

1. 技术准备

《首尔议定书》第1条规定，当事方须确保对有证人参加的视频会议做好事前准备并确保符合技术要求。具体说来，当事方所承担的责任包括：对各远程会场的硬件和软件的质量和兼容性负责；确保各远程会场之间的联系畅通；配备一名具备充分技术知识的待命人员以协助规划、测试和举办视频会议；确保能够公平、平等和合理地通过在线方式连接各方及其有关人员；视频会议出现故障时能够与有关人员联络以进行测试和采用应急预案；通知听证参与人员有关应急预案。①

《首尔议定书》同样规定了证人所在房间的配置情况。例如，证人应坐在空桌上或站在台子上提供他们的证据，同时他们的脸应当是清晰可见的。② 能够与证人同时在场的仅限于其律师、翻译、协助处理文件的律师助理，以及各方委任的代为观察仲裁程序的法律人员代表等。值得注意的是，每一方应在视频会议之前向另一方提供关于每一参与人身份的信息。然而，视频会议开始前核实每一参会人员的身份是仲裁庭的责任。③ 必须配备足够数量的麦克风、能够收发邮件的电脑以及打印机。如果仲裁庭认为视频会议的某些方面不尽如人意以至于对当事一方有失公允，仲裁庭可以终止视频会议。④

2. 网络安全

《首尔议定书》规定当事方应当保障视频会议不被第三方非法监听，保证视频会议参与者（包括证人、观察员、翻译人员、专家等）的信息安全，并强烈建议使用综合业务数字网或IP通信线路。在双方同意使用网络视频会议平台的情况下，会场应提供足够大的屏幕，以便投射通过视频会议传输的视频信号，并确保整个会议过程中以太网或无线互联网连接安全稳定。⑤

3. 数据传送

除了确保证人在作证环节出示清晰可辨的证据之外，当事人有义务向法庭提供一份文件副本。双方必须同意共享虚拟文档存储库（文件服务器），且各会场的计算机均能在线登录，条件是各方尽最大努力确保文件的安全。⑥ 由于仲裁的私人性质，除法庭许可外，视频会议不允许转录；如果允许转录，则必须将录像提交仲裁庭和当事方。⑦

根据《首尔议定书》，请求方对视频会议的安排承担最大责任；仲裁庭有义务核实参加视频听证会的个人的身份，以确保仲裁程序的公正性和合理性。另外，有几点值得重点探讨：第一，《首尔议定书》与疫情特殊时期的关联性；第二，视频会议期间各会场负责提供安全和稳定的互联网连接的责任问题；第三，录像和数据传输问题；第四，责任分配问题。关于第一个问题，正如韩国国际商事仲裁委员会所指出的那样，显然《首尔议定书》不是针对新冠疫情而发布的，而是仲裁界为解决在国际仲裁中使用视频会议和数据传输所引起的一般问题而作出的集体努力。因此，《首尔议定书》所提供的指引并非专门针对疫情期间所采取的社交疏离等管控措施。

---

① Seoul Protocol, Article 2, 5, 6, 9.

② Seoul Protocol, Article 1.3, 5.2.

③ Seoul Protocol, Article 3.1.

④ Seoul Protocol, Article 1.7.

⑤ Seoul Protocol, Article 5.5.

⑥ Seoul Protocol, Article 4.

⑦ Seoul Protocol, Article 8.

关于会场负责提供稳定的互联网连接的责任问题,在使用多个会场的时候责任认定可能并不是那么简单。在正常情况下,如果互联网连接中断又同时涉及多个网络使用地点,则很难确定问题的来源,更别说在用网需求大大增加的疫情期间了。关于第三个问题,在现代技术条件下,未经仲裁庭许可不得对听证过程转录的禁令等同于形同虚设,因为轻轻点击一下智能手机上的按钮即可进行秘密录制。关于第四个问题,《首尔议定书》没有对有关主体(各当事方、律师、仲裁员和仲裁机构)间的数据保护责任分配作出规定,但考虑到视频会议必然会涉及隐秘或敏感数据的收集、持有、管理和传输,这其实是一个重要问题。在临时仲裁中要求当事各方承担大部分责任可能是合理的,然而,在机构仲裁中要求当事方承担此种责任的理由是什么?一方面让当事方支付机构仲裁的服务费,另一方面又要让他们承担数据保密责任,这是否有失公允?对于机构仲裁而言,为确保网络安全和数据保护,与其使用基于网络的视频会议平台,还不如由仲裁机构自身负责提供使用综合业务数字网或 IP 通信线路的视频会议平台。

(二)《网络安全议定书》

在仲裁领域有重要影响的全球性非政府组织国际商事仲裁理事会(International Concil for Commercial Arbitration,ICCA)也关注到了数字环境下国际仲裁需要采取的信息安全措施问题,其与纽约律师协会(New York City Bar Association)、预防与解决冲突国际研究所(International Institute for Conflict Prevention and Resolution)通过联合工作组起草了《网络安全议定书》,以期提高公众对仲裁事项信息安全的认知,并提供一种据以确定合理的信息安全措施的制度框架。该议定书于 2019 年 11 月公布。该议定书表明,加入该议定书可能符合向个人提供数据保护的全球趋势;然而,遵守该议定书并不意味着取代适用的法律义务或其他应履行的义务。①

1. 制度框架

《网络安全议定书》没有像《首尔议定书》那样把责任压在当事方身上,而是建立了一种在“每一”当事方、仲裁庭和仲裁管理机构之间就网络安全和数据保护问题分配责任的框架机制。当事方、仲裁员和仲裁管理机构被界定为仲裁相关信息的保管人,并被要求实施合理的、有效的信息安全保护措施法。② 它们都被要求以必要的合理性标准充分考虑有关问题,比如哪些信息安全措施可合理适用于某一特定仲裁事项、基准信息安全措施、信息安全措施对仲裁的影响等,并确保直接或间接参与仲裁的所有人员知晓所采取的任何信息安全措施及任何信息安全事件的或有影响。③ 当事方和仲裁庭在决定适用于仲裁的信息安全措施时,都必须考虑资产管理、访问控制、加密、通信安全、自然环境安全、操作安全等因素。④ 当事方和仲裁庭还应考虑仲裁风险预测、现有的信息安全做法、有关的基础设施情况、当事方、仲裁庭和仲裁管理机构的负担、成本、能力、可利用的资源等情况以及与案件基本情况(如涉案金额)和仲裁效率的相称性等。⑤ 在对信息交换与传递、信息储存与销毁等问题进行合理评估的基础上,可以对信息安全措施进行灵活调整。

2. 网络安全

《网络安全议定书》旨在提高对仲裁程序中使用和传递信息所涉风险的认知。提高仲裁程序

① Cybersecurity Protocol, Principle 2.
② Cybersecurity Protocol, Principle 2.
③ Cybersecurity Protocol, Principle 3.
④ Cybersecurity Protocol, Principle 7.
⑤ Cybersecurity Protocol, Principle 6.

参与者的风险意识是必要的，让他们了解一些日常可用的信息安全措施也是必要的。① 信息安全被凸显为让用户获得对通过互联网连接进行仲裁的信心的关键。

《网络安全议定书》建议各方在不迟于第一次案件管理会议前达成信息安全措施的协议。当有预料之外的情况发生时，可由仲裁庭自行或应任何一方的请求对原当事方商定的信息安全措施酌情修改。在当事方没有就信息安全措施达成一致的情况下，仲裁庭可自行决定适用于仲裁的信息安全措施。② 与《首尔议定书》不同的是，《网络安全议定书》对仲裁程序中的信息安全措施所涉费用问题进行了处理，并规定了违反这些措施的后果。根据第 13 项原则，仲裁庭拥有在当事方之间分配有关费用的自由裁量权，并有权在发生违约时对有关当事人实施制裁。

与《首尔议定书》相比，《网络安全议定书》试图对欧洲、美国和加拿大的数据保护政策提出更详细的应对方案。正如工作组所指出的那样，自《一般数据保护条例》（General Data Protection Regulation，GDPR）于 2018 年 5 月 25 日在欧盟成员国实施以来，数据安全一直主导着欧洲商事经营和个人生活的各个方面。美国、巴西和加拿大也存在具有类似法律效力的法规，如美国的《健康保险隐私及问责法》（Health Insurance Portability and Accountability Act）和《加利福尼亚消费者隐私法》（California Consumer Privacy Act）、巴西的《一般数据保护法》（General Data Protection Law）和加拿大《个人信息保护和电子文件法》（Personal Information Protection and Electronic Documents Act）。

虽然工作组指出个人数据保护制度因不同国家而异，但它希望各当事方、仲裁庭和仲裁机构“合作解决‘合理性’（reasonableness）、‘充分性’（adequacy）、‘适当性’（appropriateness）及‘相称性’（proportionality）等概念的适用问题”，因为在不同法律制度下这些术语的解释可能有所不同。它同样希望仲裁庭能够与当事方和仲裁管理机构充分协商，在遵循相称性和正当程序原则的基础上，得出消弭各方差异并履行数据保护义务的最佳方式。③

因此，工作组凸显了仲裁机构所应发挥的重要作用，并强调仲裁机构还应担负起遵守当地数据保护要求的责任。工作组简明了当地指出，“根据某一特定仲裁所涉信息的敏感性或适用法律义务的性质，在仲裁开始时或开始前，与仲裁机构进行协调是必须的”。④ 因此，在机构仲裁的情况下：“各当事方及其代表、仲裁庭在拟定信息安全措施之前可能有必要与仲裁构进行协商和协调，以确保拟定的措施符合该机构的规则、做法、技术能力和法律义务。在某些情况下，仲裁机构所承担的法律义务（如数据保护法下的义务）会影响当事方和仲裁庭所采取的信息安全措施。”⑤

考虑到仲裁员和当事方的国际背景，他们与机构仲裁之间的协调将有助于更好地了解数据保护和网络安全方面的规定并遵循这方面的义务。然而，由于《网络安全议定书》所提议的这种协调没有考虑到临时仲裁的特殊情形，因此临时仲裁中的当事方似乎并不能从中受到保护。临时仲裁的当事方的处境就如同《首尔议定书》所设定的那样，即当事方承担执行这些措施的大部分负担和费用，并承担违反有关数据保护规定和保密义务的风险。如果一个仲裁案件是有欧盟关联因素的，仲裁中使用的个人数据很可能要受 GDPR 规定的限制，而 GDPR 关于数据保护方面

---

① Cybersecurity Protocol，Foreword.
② Cybersecurity Protocol，Principle 11.
③ Cybersecurity Protocol，Commentary to Principle 4.
④ Cybersecurity Protocol，Commentary to Principle 4.
⑤ Cybersecurity Protocol，Commentary to Principle 4.

的规定是非常复杂的,任何的仲裁员、当事方、仲裁机构或有关法律顾问人员都不能低估这些规定的重要性。这可从 GDPR 在某些方面更为细致的规定中窥见一斑,比如个人数据、数据处理、数据控制方、归档系统、处理方、数据保护官员、接收方、同意、撤回权、数据主体的访问权、擦除权(被遗忘权)、跨境处理、数据保护影响评估、数据迁移权、向第三国或国际组织转移个人数据,以及数据主向监督当局提出申诉的权利救济、对监督当局采取有效司法补救的权利,还有对控制方或处理方采取有效司法补救的权利等。

GDPR 的规定适用于临时仲裁,要求各当事方就网络安全和数据保护作出安排,那么就有必要确定数据主体是谁、数据控制方是谁、数据处理方是谁、他们的权利和义务是什么、他们可以得到哪些救济方法、谁有责任进行数据影响评估,以及如何处理跨界数据传输等一系列问题。也许,有人会质问:各当事方,甚至仲裁员,真的具备确保远程听证或会谈能够满足网络安全和数据保护要求的知识和能力吗?如果仲裁员或当事方来自数据保护和网络安全标准较低的法域,怎么办?在关于数据保护和网络安全的法规相互冲突的情况下,是否应当期望仲裁庭通过自由裁量权选择将更高标准的信息安全措施适用于仲裁?这些问题都还没有确定的答案。疫情之下仲裁工作仍在一如既往地进行,但当事方被要求实施合理的网络安全措施,而这远非他们当初拟定争端解决条款时所预想到的。就这一点来说,疫情增加了当事方的法律责任。当事方可能会因此超过规定的时限,并丧失追诉或反诉的权利。如果在进行远程听证或会谈时未能采取合理的网络安全措施,则当事方可能会面临承担 GDPR 下法律责任的风险。相对于仲裁机构或仲裁庭,当事方在数据保护和网络安全方面的经验和知识较少,他们往往会处于一个较为不利的境地。

(三)《ICCA – IBA 路线图》

国际商事仲裁理事会也与国际律师协会(International Bar Association,IBA)成立了一个联合工作组专门研究国际仲裁中的数据保护问题,并在线发布了《ICCA – IBA 路线图》。① 目前《ICCA – IBA 路线图》仍是一个供征求意见用的临时文本,它侧重于提供应对数据保护规则(尤其是欧盟的 GDPR)的实践指引,并包含比《首尔议定书》和《网络安全议定书》更细致的规定,以帮助仲裁专业人员更好地理解他们在国际仲裁程序中负有的数据和隐私保护义务。鉴于不遵守 GDPR 的强制性规定可能会带来的民事或刑事责任,国际商事仲裁理事会与国际律师协会联合工作组强调仲裁专业人员需要“审慎考虑在哪里、用什么方式、在什么期间、处理什么样的信息等一系列问题”。②

国际商事仲裁理事会与国际律师协会联合工作组颇为准确地指出了在国际仲裁领域遵守数据保护规定面临的特殊困难,这包括国际商事仲裁的跨界性质、用于解决争端的数据的敏感性,以及多方人士和组织的参与等。联合工作组列明了仲裁专业人员和当事方在仲裁程序之前、期间和之后为遵守数据保护条例而采取的具体步骤,并更好地澄清了参与仲裁的所有各方在仲裁程序中作为不同的角色承担的不同数据保护责任。在此意义上,《ICCA – IBA 路线图》比《网络安全议定书》又更进了一步。

---

① ICCA,ICCA – IBA Roadmap (Public Consultation Draft, February 2020). https://cdn. arbitration – icca. org/s3fs – public/document/media_document/roadmap_28.02.20.pdf (last visited June 29,2021).

② ICCA – IBA Roadmap, at 1.

1. 信息处理与传输

国际商事仲裁理事会与国际律师协会联合工作组指出，所有仲裁参与者都必须很好地认识到，在国际仲裁中交换的大部分信息包含数据，而这些数据很可能属于受相关立法规制的可识别的个人数据的范围。由于这种个人数据在国际仲裁中的使用，对于数据的收集、使用、传播和删除等主动操作以及接收、持有、组织和存储等被动操作都可被归类为数据保护法中的处理。国际仲裁中的数据传输和处理或将触发 GDPR 的域外适用。各方应制定合理的安全措施，并妥善应对国际仲裁中涉及的跨境数据传输的法规冲突。①

2. 数据保护责任的角色定位

在国际仲裁中，参与仲裁的当事方、仲裁员、仲裁机构和第三方依照法律有其各自的角色、权利和义务，然而在数据保护方面，各方的角色将会有不同的定位，它们所承担的义务也会根据它们在仲裁程序中所从事的行为的不同而不同。国际商事仲裁理事会与国际律师协会联合工作组强调，国际仲裁中可以有多个数据控制方。根据 GDPR 第 4 条第 7 款，当事方、仲裁机构和仲裁员，法律顾问和律师事务所雇员可以被界定为数据控制方或联合数据控制方；根据所从事的行为的不同，每一方可能会承担不同的数据保护责任。② 而仲裁庭秘书、电子查询专业人员、转录员、翻译员和其他服务提供者在完成仲裁员、当事方和仲裁机构委托的任务时，可被视为数据处理者。③

每个参与者认清他们在数据保护规定下的角色定位后，他们应当更好地了解 GDPR 的数据传输合法性要求和最小化要求，特别是涉及跨境传输个人数据时。数据控制方必须了解 GDPR 的跨境数据传输限制，并确保在没有合法依据的情况下不进行跨境数据传输。在进行数据传输之前，他们还应当：(1)确定第三国的数据保护标准，以防止出现通过向个人数据保护标准较低的法域传送数据而规避法律义务的情形；(2)通过剔除个人数据的相关性、编校或假名化，将要传输的数据最小化；(3)必要时订立保密协议；(4)将转让情况通知数据主体和监督当局。除此之外，《ICCA – IBA 路线图》明确了数据保护的九项共同原则，它们是：公平合法地处理、相称性、数据最小化、目的限制、遵守数据主体权利、数据准确性、数据安全性、透明度和问责制。④

在国际仲裁方面，《ICCA – IBA 路线图》强调，必须让数据主体了解如何收集、处理和使用其数据，还应告知数据主体其权利(如被擦除的权利)、数据收集和处理在法律上的具体目的，以及数据转移的通知。属于 GDPR 下的数据控制方或联合控制方、数据处理方类别的仲裁参与人必须以合法方式处理证人数据、书证数据及敏感数据等。在数据保护和网络安全措施方面，应考虑到数据主体的权益、仲裁各方的权益、第三方的权益以及公正和高效司法的必要性等因素。仲裁参与人必须确保在案件准备、提出请求、反诉、答辩、案件管理事宜、证人证词等方面以公正合法的方式处理和传输必要的信息。⑤

《ICCA – IBA 路线图》强调，仲裁参与者还应确保数据的准确性，并采取适当或合理的安全

---

① ICCA – IBA Roadmap, at 7.

② GDPR 第 4 条第 7 款的规定是："控制方"是指单独或与他人共同决定个人数据处理目的和方式的自然人、法人及公共当局或其他机构；如果个人数据处理的目的和方式是由欧盟或成员国法律确定的，则欧盟或成员国法律可规定认定"控制方"的具体标准。

③ ICCA – IBA Roadmap, at 10.

④ ICCA – IBA Roadmap, at 14 – 15.

⑤ ICCA – IBA Roadmap, at 15 – 18.

措施来保护数据。为确保数据的透明度和准确性,仲裁参与者必须遵守数据主体的知情权。数据主体可以根据数据保护规定行使其权利,以阻止在仲裁中使用特定数据,或在仲裁中获取经处理的数据。因此,仲裁参与者还应考虑对这种请求的应对及其对仲裁进程可能产生的影响。①

五、仲裁在线审理在我国的发展与应对

1. 现有的法律规制和实践

在新冠疫情发生前,我国也有仲裁机构运用过互联网在线仲裁平台,但仲裁在线审理的发展相对缓慢。疫情发生后,为方便仲裁员、当事人更好地利用信息化技术手段,我国几个大的仲裁机构及时推出疫情期间的专门仲裁程序。例如,2020 年 4 月 28 日,中国国际经济贸易仲裁委员会发布《关于新冠肺炎疫情期间积极稳妥推进仲裁程序指引(试行)》。② 2020 年 5 月 8 日,北京仲裁委员会/北京国际仲裁中心也发布《关于网上开庭的工作指引(试行)》(以下简称《网上开庭指引》)作为个案实践时的参考。就北京仲裁委员会/北京国际仲裁中心的《网上开庭指引》而言,其明确了视频会议的适用情形,强调采取视频会议进行仲裁程序必须需要双方当事人一致同意。《网上开庭指引》同时明确了一些不宜采取网上开庭形式对案件进行审理的情形,如争议事项涉及国家秘密、商业秘密或有较高保密要求或关键事实的查明高度依赖于特定证据的物理真实性等。针对仲裁保密性问题,《网上开庭指引》也采用了与《首尔议定书》相似的方法,规定仲裁秘书应当在庭审开始前对参与网上开庭人员身份进行核实,确保没有与案件无关的第三方参与庭审。在庭审过程中,各方应始终保持摄像头开启,仲裁秘书应当时刻观察参与人员画面,当在可见范围内发现异常情况(例如他人干预/帮助某方)时,仲裁秘书应及时提醒仲裁庭注意并加以处理。同时,《网上开庭指引》还倡导各方签订保密协议,以更好地保证仲裁的保密性。廊坊仲裁委员会也允许当事方选择采用视频会议等网上开庭方式,③视频会议的平台软件可以由各方自行协商选择。④

我国 2021 年《个人信息保护法》也关涉仲裁在线审理中的数据保护问题。该法构建了以"告知—同意"为核心的个人信息处理规则,对个人信息处理者创设了信息分类管理、采取安全技术措施、确定操作权限等信息保护义务。⑤ 仲裁机构借助网络开展工作时构成该法所界定的"个人信息处理者",从而应当履行该法所规定的信息保护义务。但是,由于缺乏权威性解释和司法案例的指引,《个人信息保护法》对于仲裁在线审理的适用还有不确定之处。例如,在通过网络方式完成身份验证的情况下,可能会涉及对当事人人像、特定身份、金融账户等敏感信息的收集,按照该法第 28 条的规定须采取严格保护措施并取得个人单独同意。但是,这些信息也可能是完成仲裁工作所必需的,从而符合该法第 13 条规定的"为履行法定职责或者法定义务"免除取得个人同意的情形。这种理解上的不确定性可能会造成仲裁实践中的差异化处理。另外,在以视频会议方式进行网上开庭时,若参与方位于不同的国家,在身份核对、证据交换、发表意见等环节会涉及

---

① ICCA – IBA Roadmap, at 23 – 25.

② 中国国际经济贸易仲裁委员会发布《关于新冠肺炎疫情期间积极稳妥推进仲裁程序指引(试行)》。参见 http://www.cietac.org.cn/index.php? m = Article&a = show&id = 16914(最后访问日期:2021 年 6 月 29 日)。

③ 参见《廊坊仲裁委员会仲裁规则》(2022 年版)第 27 条。

④ 参见《廊坊仲裁委员会网上开庭指引》第 4 条。

⑤ 参见我国《个人信息保护法》第 51 条。

个人信息的跨境提供，是否需要按照《个人信息保护法》的规定进行安全评估也是需要进一步思考的问题。

自2017年以来，我国相继设立了杭州、北京、广州三家互联网法院，定位于用互联网方式审理案件，打造便民利民的网络司法审判体系。最高人民法院专门发布了《人民法院在线诉讼规则》，对在线诉讼的适用范围、电子证据、视频庭审、电子送达等内容作出明确规定，为各级法院适用在线诉讼提供了操作指引。基于这种指引，一些涉外案件甚至也全程运用在线方式完成了案件审理。这种用统一规范指引案件在线审理的方式值得仲裁实践予以借鉴。

2. 制度差异

虽然我国已出现仲裁在线审理的服务方式，但是我国仲裁机构颁布的线上仲裁指引与上述三份域外文件所提供的仲裁在线审理指引在制度框架上仍有较大差异，体现在以下几方面：

一是出台背景不同。三份域外文件并不是专门针对疫情而拟定的，但它们的颁布却恰逢其时，迎合了疫情期间为在线审理提供指引的特定需求，因而受到广泛重视。我国有关仲裁机构虽在疫情发生后也发布了网上开庭指引，但其目的在于确保仲裁程序不因新冠疫情影响而拖延。这类指引不构成仲裁程序的一部分，而且仅限于在疫情期间适用。

二是应对目标不同。三份域外文件主要服务于提高仲裁程序中的信息安全这一宗旨，其中有两个考虑到了数据保护法规的应对措施，尤其是欧盟的个人数据保护法规。但我国有关仲裁机构颁布的在线仲裁指引服务于配合疫情防控而又不使仲裁陷入停滞的特定需求，因此，网络安全、数据保护并非这类指引的首要关切之处。

三是法制环境不同。我国《仲裁法》和《民事诉讼法》没有线上仲裁、网络仲裁的有关规定，法律尚不允许在线仲裁的跨境适用。仅就国际仲裁的网上开庭而言，这涉及证据、文书的跨境传递及证人的交叉盘问等事宜，而依照我国现行法律的规定，这需要通过司法协助程序来完成，因此可能存在与当前法律规定相冲突的情形。①

3. 发展应对

在现阶段，我国发展线上仲裁已经是时代大势所趋。5G时代的到来使线上仲裁可以得到技术层面的大力支持，尽管它不可能完全取代传统的仲裁，但它却是一个新兴的、新型的、有非常广泛应用前景的仲裁方式。所以，在制度层面应该提供必要的保障。

司法部于2021年7月30日的公布《仲裁法(修订)(征求意见稿)》第31条规定，“仲裁程序可以通过网络方式进行”，因此，该修订稿在一定程度上认可了仲裁程序中在线方式的运用。但是，该条规定极为笼统，不能为仲裁实践提供明确指引。未来可以考虑在《仲裁法》修订过程中增设“线上仲裁”专章，明确赋予线上仲裁这种新型仲裁方式的合法地位，对线上仲裁定章立制，并结合《个人信息保护法》的规定对一些关键问题在《仲裁法》修法过程中予以明确。同时，对《民事诉讼法》以及其他与《民事诉讼法》相关的，有可能会制约、限制线上仲裁的相关条款进行修订，排除线上仲裁法律障碍。

六、结语

虽然时间上有些巧合，但《首尔议定书》、《网络安全议定书》和《ICCA - IBA路线图》原本并

① 《民事诉讼法》第284条规定：“……除前款规定的情况外，未经中华人民共和国主管机关准许，任何外国机关或者个人不得在中华人民共和国领域内送达文书、调查取证。”

不是为了疫情之下的仲裁实践而专门颁布的。然而,三份文件都表明,国际仲裁中的网络安全和数据保护是一个现实存在的问题,必须引起仲裁专业人员的重视,即便是疫情过后也应如此。《首尔议定书》在有关责任的划定和费用承担上有考虑不周之处。由于跨境数据传输与保护问题的复杂性,《首尔议定书》和《网络安全议定书》中的指导意见必须通过《ICCA - IBA 路线图》加以补充,以使国际仲裁参与者能够认识到遵守有关地方数据保护标准的必要性以及跨境数据传输方面的特殊要求。信息技术在我国也已取得较大发展,仲裁在线审理在我国拥有较为广泛的应用前景。我国也应当对照有关域外实践,并结合我国法制大环境,在必要时刻对仲裁在线审理作出立法上的细致规定。

The Reaction and Responsibility of International Arbitration in the Context of COVID - 19 Pandemic —Information Security Issues during Online Dispute Resolution

Li Tao, Dou Mengyao

Abstract: The coronavirus pandemic has isolated the people of the world from each other, but arbitration as one dispute resolution approach does not come to a standstill. In order to ensure the progress of arbitration proceedings, electronic methods, such as remote hearings and virtual meetings, have been widely used by a number of arbitration institutions. However, the extensive use of online methods has raised concerns about cybersecurity and data protection, which are being addressed by relevant organizations. This article reviews the solutions put forward by three documents, namely the Seoul Protocol, the Cybersecurity Protocol, and the ICCA - IBA Roadmap. In the post - epidemic era, cybersecurity and data protection will remain an essential concern in international arbitration. Given its rapid development of information technology, China should render legislative affirmation for arbitrational virtual hearings in the proper time.

Key Words: international arbitration; coronavirus pandemic; data protection; cybersecurity

巴基斯坦民事替代性纠纷解决制度评述*

杨　陶　张　炯**

内容摘要　出于回应国内诉求和优化营商环境的目的，巴基斯坦2017年出台了旨在提高纠纷解决效率、降低司法成本的《替代性纠纷解决法》。该法共三章27条，分别涉及民商事纠纷、可和解刑事纠纷以及其他规定，内容规定和条文数目与国际ADR制度基本相同。巴基斯坦《替代性纠纷解决法》下的ADR制度以当事人意思自治理论为基石，虽然其在实质上是法院主导下的争端解决制度，但其在保留少量伊斯兰法系国家特有规定的同时，不仅涵盖了当今世界上大部分的替代性纠纷解决机制，也为当事人解决民商事纠纷提供了"一站式"的服务平台，在立法规定上和相关程序的设置上也具有一定的科学性和先进性。

关键词　ADR　巴基斯坦　民商事争议解决制度

巴基斯坦是世界贸易组织成员，市场开放，法制较为健全，发展潜力巨大。2016～2023年，得益于巴基斯坦政府大力发展经济、中巴经济走廊的积极推动以及巴基斯坦实行的相对开放的外国投资制度所营造的宽松营商环境，巴基斯坦经济水平展现出了平稳发展的态势，除中国外，陆续吸引了美国、韩国、阿联酋等多个国家和地区的外国投资者的进入，拥有2亿多人口的巨大市场的巴基斯坦正在不断释放出巨大力量。根据巴基斯坦国家银行（The State Bank of Pakistan）的统计数据，巴基斯坦2019～2020财年外国直接投资总额为25.61亿美元，同比增长88%，增加11.98亿美元。然而，在经济发展的同时，巴基斯坦的诉讼程序，特别是（国际）民商事诉讼程序却因诉讼费用昂贵、诉讼耗时较长以及程序法律体系过时等缺陷而广受诟病①。在世界银行公布的国家营商环境指数中，巴基斯坦"合同执行"（Enforcing contracts，衡量解决一起商业纠纷所耗费的时间和成本及司法程序质量的指数）指标排名156名，较为落后。为解决前述问题，巴基斯坦紧跟各大法律体系探索替代性纠纷解决机制的潮流，于2017年颁布了《替代性纠纷解决法》。

《替代性纠纷解决法》共有三章27条，第一章和第二章分别根据民事纠纷（civil matter）和可和解刑事纠纷（compoundable offences）的特点对民事纠纷的替代性纠纷解决程序和可和解刑事纠纷的替代性纠纷解决程序进行了基本规定，第三章其他规定则对能够适用民事纠纷和可和解

---

* 本文系2021年新疆维吾尔自治区高校科研计划项目"新疆企业参与'中巴经济走廊建设'的法律对策研究"（XJEDU2021SY039）以及2021年度喀什大学中巴经济走廊高质量发展研究课题"中巴国际民商事争议解决制度比较研究"（202101B）的阶段性成果。

** 杨陶，喀什大学法政学院副教授，法学博士，主要研究方向为国际法学、比较民商法。张炯，喀什大学法政学院助教，法学硕士，主要研究方向为国际经济法。

① See Muhammad Mumtaz Ali Khan, *Justice Delayed Is Justice Denied: Access to Speedy Justice and Alternative Dispute Resolution System in Pakistan*, J. L. & Soc. POL'y 80, 2020, p. 123.

刑事纠纷解决程序的事项进行了规定。在中巴经济走廊的推动下,中国已成为巴基斯坦最大的投资来源国和最大的贸易合作伙伴,①即使在新冠疫情期间两国的贸易总额也达到了 1133 亿元。② 因此,为便于在巴基斯坦进行贸易投资活动的中国企业和个人选择替代性纠纷解决机制解决中巴民商事纠纷,有必要对巴基斯坦替代性纠纷解决制度尤其是替代性民事纠纷解决制度进行研究。

一、概念厘清与适用 ADR 程序的纠纷类型

(一)相关概念的厘清

根据《替代性纠纷解决法》第 1.2 条所作定义,替代性纠纷解决机制(alternative dispute resolution,ADR)是指当事方除通过诉诸法院诉讼程序外解决争议的过程,包括但不限于仲裁(arbitration)、调解(mediation)、和解或调停(conciliation)和中立评估(neutral evaluation)。其中,仲裁是指当事人将纠纷提交给一个或多个经双方同意或根据法律或合同规定指定的中立人士(neutral person or persons)进行裁决的过程。调解是指中立人士鼓励当事人通过沟通和谈判达成双方满意的协议解决纠纷的过程。和解(调停)是指中立人士鼓励当事人自愿就可能的解决方案和解决条款提出建议以解决民商事纠纷的过程。该法未阐明中立评估的具体含义,但结合该法立法目的以及第三章其他规定第 16 条的规定,"在 ADR 程序中,法院、中立人士或者 ADR 中心可以就某些诸如金融等专业问题(matter of financial)聘请评估人员进行评估,该聘请的评估人员应当出具评估报告,评估人员的费用由法院判定在当事人之间分担"。可推定出《替代性纠纷解决法》下中立评估的含义,即中立评估人员对各方争议问题和纠纷进行分析或专业评判,出具相关的报告以供中立人士引导当事人对诉讼结果作出合理预期,并在此基础上进行调解或引导当事人和解,从而促成纠纷及时解决、矛盾有效化解。中立人士包括仲裁员、调解员、评估员和和解(调停)员,或专家组中的任何其他公正人士(详见下文中立人士专家组及其任命规则)。最后就纠纷解决协议(settlement)而言,其是指双方因成功的 ADR 程序而达成的协议,如通过仲裁、调解以及和解(调停)的方式达成的纠纷解决协议,分别对应仲裁裁决、调解协议以及和解(调停)协议。

由此可见,巴基斯坦多元纠纷解决机制下的中立评估定义与我国基本相似。③ 但巴基斯坦和我国有关和解和调解的概念存有差异。在我国司法语境下,和解(conciliation)是指第三方引导纠纷当事人以谈判、协商等方式解决纠纷,第三方通常不直接介入纠纷。而调解(mediation)则通常涉及第三方对纠纷当事人就纠纷事项开展的斡旋与调停等行为。《法学大辞典》也从国际政治争端解决的角度出发将调停解释为:争端各方以外的第三方促使争端各方直接谈判并参与或主持其谈判的行为,是国际争端的政治解决方法之一,可由争端各方以外的一国或数国,国际组织或个人主动或应邀进行,旨在促使争端各方直接谈判调和其主张和要求。④ 因此,不应将《替代性纠

① 参见毛莉、张六陆:《"巴基斯坦超 90% 新冠疫苗来自中国"(我在中国当大使)——访巴基斯坦驻华大使莫因·哈克》,载《人民日报海外版》2021 年 10 月 18 日,第 8 版。

② 参见朱豫:《中巴经济走廊建设 8 年多来为巴基斯坦带来 254 亿美元直接投资》,载中国政府网 2021 年 10 月 29 日,http://www.gov.cn/xinwen/2021-09/24/content_5639011.htm。

③ 参见赵洋:《民商事纠纷中立评估机制研究——多元化纠纷解决机制的新路径》,载《海峡法学》2020 年第 3 期。

④ 参见邹瑜、顾明:《法学大辞典》,中国政法大学出版社 1991 年版,第 1389 页。

纷解决法》下的 conciliation 和 conciliator 翻译为调停和调停人。① 为避免歧义，本文将和解表述为和解（调停）以示区分。

（二）适用 ADR 程序进行纠纷解决的纠纷类型

《替代性纠纷解决法》采用概括式和列举式相结合的立法模式，②在其附录中规定了 22 项能够通过 ADR 程序解决的纠纷：（1）房屋租赁合同争议；（2）优先权案件（pre－emption cases）；（3）土地及财产争议；（4）2002 年《巴基斯坦小额诉讼与轻微犯罪法院令》所规定的民事争议；（5）商事争议，包括但不限于因贸易和商事关系产生的任何索赔、权利或利益；（6）合同争议案件；（7）与职业过失有关的争议；（8）要求实际履行的请求（suits for specific performance）；（9）公司与银行争议；（10）保险争议；（11）可转让票据争议（negotiable instruments）；（12）人身伤害案件；（13）损害赔偿诉讼；（14）专利、商标以及著作权争议；（15）《巴基斯坦渠道法》（Canal and Drainage）项下争议；（16）因动产或其价值产生的争议；（17）通过分割或其他方式区分共有不动产生的争议；（18）因赎回抵押财产而产生的争议；（19）因让渡共有财产账户而产生的争议；（20）因限制浪费和排除妨害而产生的争议；（21）因财产中间收益产生的争议；（22）本附件没有列举的，但当事人根据本法可以约定通过 ADR 程序解决的任何其他事项。其中第 1～21 项属于明确规定可以适用 ADR 程序进行解决的纠纷类型，而第 22 项则属于概括地列明可通过 ADR 程序进行解决的纠纷。附录第 22 项的立法目的除扩大《替代性纠纷解决法》的适用边界使纠纷尽可能地通过 ADR 程序解决外，也赋予了当事人就其余类型纠纷是否决定通过 ADR 程序进行解决的自由选择权。

二、适用 ADR 程序解决民商事纠纷的规则

《替代性纠纷解决法》第一章第 3～13 条具体规定了在民商事纠纷中适用 ADR 程序的规则，具体包括适用 ADR 程序的规则（reference to ADR）、中立人士专家组（panel of neutrals）及其任命规则（appointment of neutrals）、ADR 机制开展的程序性规则（ADR proceedings）、ADR 程序与 ADR 中心失败后的法院回转规则（failure of ADR and ADR centre）以及 ADR 程序下的纠纷解决协议（settlement and award）与执行规则（execution of an order or a decree）五个方面的具体内容。

（一）适用 ADR 程序的规则

《替代性纠纷解决法》第 3.1 条规定了适用 ADR 程序解决民商事纠纷的基本规则，即在各方当事人出庭（应诉）后的第一天，除“争议的任何一方不同意采用 ADR 程序”“法院考虑到案件中争议的事实和情况，确信不存在通过 ADR 程序解决争议的可能性”“纠纷涉及复杂的法律或事实问题”三种情况外，法院都应当适用替代性纠纷解决程序将前述附录提及的前 21 项民商事纠纷提交至 ADR 程序。同时，依据该法附录第 22 项的规定，法院也允许当事人在符合条件的情况下通过 ADR 程序解决纠纷。该法第 3.2 条规定，在将纠纷提交至 ADR 程序解决之前，经当事人同意法院可以归纳争议焦点，以促进争议快速解决。同样的，在 ADR 程序的进行过程中，在纠纷当事人的共同要求下，中立人士也可以归纳争议焦点。该法第 3.3 条规定，法院在收到任何一方的申请后，经另一方当事人同意，可在诉讼的任何阶段将该法附录中所列的民商事纠纷转交至替代性纠纷解决程序处理。这种能够在民商事诉讼任何阶段适用的 ADR 程序极大地提升了纠纷解

① 参见梁修齐：《我国调解制度与〈新加坡调解公约〉的衔接问题初探》，载《东南司法评论》2019 年第 12 卷。

② 参见张艳丽：《中国国际商事仲裁制度有关问题及其透析》，中国工人出版社 2000 年版，第 101 页。

决效率。此外,为避免适用上的分歧,该法第3.4条明确规定,替代性纠纷解决程序不适用于针对被告或答辩人(应诉人)的单方面诉讼程序(ex - parte proceedings),该程序类似于我国的单方申请程序,即使此类诉讼被撤销,除非法院考虑到案件诉讼阶段或当事人双方的协议而另有决定。

由此可见,《替代性纠纷解决法》ADR程序的立法模式和立法实践虽基本与我国相同,①但其最大的亮点为,在当事人的同意下,允许在诉讼的任何阶段将纠纷转交至ADR程序。此项规定既保障了当事人的选择权,体现了"当事人程序主体性立法理论"②,又提高了纠纷解决的效率。

(二)中立人士专家组及其任命规则

《替代性纠纷解决法》第4条和第5条分别对中立人士专家组的任职资格及任命规则进行了规定。就中立人士专家组(委员会,《替代性纠纷解决法》称其为"Panel")的任职资格而言,《替代性纠纷解决法》规定巴基斯坦联邦政府在与高等法院会商后,从各区具有至少7年执业经验的律师、退休法官、退休公务员、乌理玛(ulema jurists,伊斯兰国家中有名望的教法学家或神教学家)、法学家、技术专家(technocras)、专家(experts)以及其他具有类似资格与经验的有名望和正直的人士中挑选人员组成中立人士专家组,并在官方公报上予以公布后成立。③ 同时,该法在中立人士的组成上作出了特别规定,即具有规定资格和经验的妇女应当得到应有的代表权。该法第4.3条要求政府为中立人士提供相关的课程培训。第4.4条赋予了巴基斯坦联邦政府在特定条件下增减或变更专家组成员的权利,但当中立人士开始行使与ADR程序相关的权力时,则联邦政府不得将该人士替换,除非得到当事人的一致同意(《替代性纠纷解决法》第4.5条)。就中立人士的任命规则而言,该法第5条规定,在将该案件提交替代性纠纷解决程序时,法院应当指定中立人士或双方同意的任何其他人士(other persons)解决其纠纷,或是在当事人同意的情况下(《替代性纠纷解决法》第6条)将该案件转递到ADR中心。但如当事人双方既不同意中立人士亦不同意任何其他人士人选,也无法达成一致意见,法院则可依据自由裁量权指定一名中立人士。此外,如果争议一方或双方均为女性,则中立人士最好为一名女性。《替代性纠纷解决法》对前述其他人士的内涵没有作出界定,但结合立法目的、第2.10条对中立人士所作的界定以及第4条和第5条的规定,可以推断出,当事人可以在中立人士专家组(委员会)外,共同选择其所信任的其他人士,或由法院依据自由裁量权指定其他人士解决纠纷,如在中立人士专家组外选择具有名望的法学家担任仲裁员。即出于尽可能通过ADR程序解决纠纷的目的,扩大了"中立者"的选择范围。此外,根据该法第22条所述临时规定(transitory provision),其他人士也可能包括在确定中立人士专家组成员前,由法院任命、当事人同意的其他人士主持ADR程序解决相关纠纷,此时该位其他人士也应当被认为是中立人士。

(三)ADR机制开展的程序性规则

ADR机制开展的程序性规则包括"纠纷转交至ADR中心""当事人出庭""诉前适用ADR程序""ADR程序开展的具体规则",分别对应《替代性纠纷解决法》第一章第6、7、8、9条。第6条

---

① 参见龙飞:《替代性纠纷解决机制立法的域外比较与借鉴》,载《中国政法大学学报》2019年第1期。

② 王宇红、宋晓洁等:《陕西自贸区知识产权纠纷多元解决机制研究》,载《陕西行政学院学报》2019年第1期。

③ 参见中国国际经济贸易仲裁委员会编:《"一带一路"沿线国家国际仲裁制度研究》,法律出版社2019年版,第283页。

是指当事人在法院提起诉讼后，在双方当事人同意的情况下，将该案件转交至 ADR 中心。[①] 该条规定与第 3 条规定的内容在时间节点上基本相同，都是在当事人向法院提起诉讼后。而第 8 条规定如果当事人在法院提起诉讼前同意适用 ADR 程序，则他们可以向法院或 ADR 中心提出申请，通过 ADR 程序解决其纠纷。同时，法院在收到相关的申请后，法院或 ADR 中心（视情况而定）则应将该案件提交至中立人士或双方同意的其他人士。第 7 条则在第 3 条、第 5 条和第 6 条的基础上对纠纷当事人前往中立人士和 ADR 中心的“出庭时间”作了大致要求：在将该案件提交至中立人士或 ADR 中心后，法院应指示当事人在法院确定的日期和时间到中立人士或 ADR 中心（视情况而定）出庭。

ADR 程序开展的具体规则由《替代性纠纷解决法》第 9 条规定，涉及“ADR 程序的当事人参与规则”、“纠纷解决的时限规则”、“法院对 ADR 程序的监督与指导规则”以及“当事人推动 ADR 程序进行的义务”四个方面。就“ADR 程序的当事人参与规则”而言，当事人既可亲自参与，也可授权其代表或律师参与 ADR 程序。就“纠纷解决的时限规则”而言，通过调解、和解或其他方式解决纠纷的，中立人士或者 ADR 中心应在 30 天内处理该事项，但如果法院或 ADR 中心（视情况而定）根据中立人士提出基于充分理由的请求，则可延长 15 天。通过仲裁方式解决纠纷的，仲裁员应当在 60 日内作出裁决，在仲裁员的请求下，法院认为理由充分的，可以延长 30 日。就“法院对 ADR 程序的监督与指导规则”的规定而言，法院有权不时对 ADR 程序的进行（the conduct of the ADR）发出其认为合适的指示，该指示对当事人双方和中立方均具有约束力。就“当事人推动 ADR 程序进行的义务”的规定而言，《替代性纠纷解决法》规定若任何一方未能出席 ADR 程序，或在 ADR 程序中要求延期，或未能遵守法院或中立人士规定的截止日期，或做出任何其他可能致使 ADR 程序延期的行为，应负责向另一方支付由中立人士确定的费用。

由此可见，《替代性纠纷解决法》下的 ADR 模式与一般国家施行的 ADR 模式稍有不同，其属于法院主导下的 ADR 模式。[②]

（四）ADR 中心失败后的法院回转规则

ADR 机制或 ADR 程序重要基础理论之一为“当事人程序主体性理论”。“当事人程序主体性理论”主要是从当事人诉讼权利和意思自治保障方面构建 ADR 机制，即尊重和保障当事人的程序权利。[③]《替代性纠纷解决法》背景下“当事人程序主体性理论”表现在两个方面：一是纠纷发生后，当事人有权选择拒绝 ADR 机制而直接将纠纷提交至法院，如该法第 3 条的相关规定；二是 ADR 机制失败后，应当立即将纠纷回转至法院进行判决，如该法第 11 条。[④]《替代性纠纷解决法》第 11 条规定，如果中立人士未能成功使纠纷当事人达成纠纷解决协议或者未能达成仲裁裁决，中立方应向法院提交报告，法院应继续审理案件。但《替代性纠纷解决法》第 12 条对当事人的程序选择权作了一定限制，如果当事人直接将争议提交 ADR 中心，或在诉讼程序启动前将纠纷直接诉诸 ADR 中心，且 ADR 中心未能达成纠纷解决协议或作出裁决，那么此后任何一方不得

---

① 《替代性纠纷解决法》第 6.3 条规定，“法院可在双方当事人同意的情况下，将该案件转交至替代性争议解决中心，如果案件被提交至替代性争议解决中心，且争议的一方或双方均为女性，则案件最好由一个包括妇女在内的小组处理”。

② 参见范愉：《当代世界多元化纠纷解决机制的发展与启示》，载《中国应用法学》2017 年第 3 期。

③ 参见崔永东：《涉侨纠纷多元化解机制的理论考察、文化基础与制度构建》，载《政法论丛》2020 年第 3 期。

④ 出于提高纠纷解决效率的目的，如果中立人士未能通过 ADR 程序解决当事人间的纠纷，则其应立即向法院提交报告，由法院从案件提交至 ADR 程序的阶段继续进行审理，此即“ADR 程序失败后的法院回转规则”。

在 ADR 程序失败前提起法律诉讼。

(五)ADR 程序下的纠纷解决协议与执行规则

根据《替代性纠纷解决法》第 10.1 条和第 10.2 条的规定,如果当事人通过调解或和解(调停)方式达成调解协议和和解(调停)协议,中立人士应当记录该协议,并由双方当事人或当事人授权的代表或律师见证并签署,然后提交至法院,法院据此作出判决。如果双方当事人就部分争议达成协议,那么法院应当对该部分协议作出裁定(order),同时对未决事项作出判决(adjudicate)。根据《替代性纠纷解决法》第 10.3 条的规定,仲裁裁决的效力也采取基本相同的司法确认路径。如果争议通过仲裁方式解决,仲裁员应当作出书面裁决,并由双方当事人或当事人授权的代表或律师签署,然后提交法院,法院据此作出判决。根据《替代性纠纷解决法》第 10.4 条的规定,如果中立人士是在诉讼程序启动之前由 ADR 中心任命的,则通过调解、和解(调停)达成的协议或通过仲裁作出的裁决应当由中立人士和当事人或者当事人授权的代表或律师见证并签署,并提交至 ADR 中心,后由 ADR 中心提交法院,法院据此作出判决。根据《替代性纠纷解决法》第 10.5 条的规定,如果双方当事人自己诉诸 ADR 程序(包括 ADR 中心)并达成纠纷解决协议,他们可以申请法院按照《替代性纠纷解决法》中的规则处理,即如果法院确定该案件已由当事人自愿解决,且记录该纠纷的文件已由双方当事人见证并签署,则法院应依据该纠纷解决协议作出判决。最后,就裁定与判决的执行而言,《替代性纠纷解决法》第 13 条规定,如果法院在适用 ADR 程序后作出相关判决和裁定,则应按照相应规定的方式执行,如果该法未规定此类方式,则应按照相关法律规定的程序执行。

三、其他规定

(一)ADR 程序费用承担与中立评估机制

开展 ADR 程序的费用应当首先由当事人按照双方商定的比例进行承担,未约定的则应由法院决定。《替代性纠纷解决法》第 16 条规定,在 ADR 程序中,法院、中立人士或 ADR 中心就某些诸如金融等专业性的问题聘请评估人员进行评估,受聘请的评估人员应当出具评估报告。评估人员的费用由法院判定在当事人之间分担。此外,根据《替代性纠纷解决法》第 17 条的规定,如果一方当事人故意违反该法规定,或违背法院的判决或裁定,法院可以判处该方当事人罚金(最高可达 10 万卢比,约 3270 元人民币)。

(二)禁止上诉与复议(复审)的规定

《替代性纠纷解决法》第 18 条规定,任何人对于法院根据该法所作判决或裁定,均不得提起上诉或复审(议)。虽然禁止上诉与复审的规定看似剥夺了当事人的诉权,但《替代性纠纷解决法》依据"当事人程序主体性理论"赋予和保障了当事人"加入"或者"退出"ADR 程序的权利。因此,若当事人认为中立人士存在类似行为不当(misconduct)等可能违反程序性规则的行为后,则可立即通过"回转规则"将纠纷回流至"法院",由法院对其纠纷进行判决。这也是大部分开展 ADR 立法探索国家的共同做法,若赋予当事人上诉权和申利复审(议)的权利,则 ADR 机制的设置将失去其原本的应有之义,反而造成了在新机制下司法成本增加、社会资源浪费的消极影响。[①]

---

① 参见王柱国、崔英楠:《纠纷多元化解的价值目标:和谐包容正义》,载《北京联合大学学报(人文社会科学版)》2021 年第 3 期。

（三）相关保密条款的规定

《替代性纠纷解决法》第 19.1 条规定，除该法另有规定外，中立人士主持开展的 ADR 程序应当具有保密性，并且只有在双方当事人一致同意的情况下，（相关信息）才可以在法庭中被采纳为证据。该条款还规定，中立人士不得在与争议有关的司法程序、仲裁程序中出庭作证，但如果纠纷当事人根据《替代性纠纷解决法》第一章和第二章的规定通过 ADR 程序获得了仲裁裁决，或达成了纠纷解决协议并由法院作出判决，那么该仲裁裁决及纠纷解决协议便可在有关程序中作为证据使用。无论是法院附设 ADR 制度抑或是仲裁制度与调解制度都将保密性与灵活性视为 ADR 机制的基本特点之一。① 《替代性纠纷解决法》在灵活性方面的规定较为完备，但在保密性方面仅规定了中立人士主持开展 ADR 程序应当保密，但并未明确划定 ADR 程序中负有保密义务的主体范围，也没有明确阐明中立人士应保守其在 ADR 程序中获悉的信息的范围。结合《替代性纠纷解决法》的出台背景以及后半段对中立人士可出庭作证的规定与《联合国国际商事调解示范法》等较为先进的立法规定所表达意思基本相同的事实，②应当对“中立人士主持开展的 ADR 程序应当具有保密性”进行扩大解释，该句应是指所有参与到 ADR 程序的人都对其所获悉的信息承担保密义务，但若通过 ADR 程序达成了纠纷解决协议或仲裁协议，则为实现《替代性纠纷解决法》的目的（如执行争议），相关协议可作为证据使用。此外，《替代性纠纷解决法》第 19.2 条规定，中立人士不得在后续涉及同一纠纷标的有关的程序中担任律师或者代理人。《替代性纠纷解决法》第 19.3 条规定，不得对中立人士在善意履行其纠纷解决职能的过程中的任何作为或者不作为行为提起诉讼。

（四）与其他法律的衔接

《替代性纠纷解决法》第 20 条规定，《巴基斯坦宣誓法》、《巴基斯坦时效法》以及《巴基斯坦仲裁法》的适用不得违背《替代性纠纷解决法》的相关规定。同时就《巴基斯坦仲裁法》而言，《替代性纠纷解决法》规定无论《巴基斯坦仲裁法》如何规定仲裁员任命（指定）程序，在适用《替代性纠纷解决法》ADR 程序的情况下，仲裁员应当由当事人协商指定。

四、结语

巴基斯坦是普通法系国家，法律体系较为复杂，随着“中巴经济走廊”建设的持续推进，越来越多的个人和企业选择到巴基斯坦投资、创业以及进行贸易活动，但发生商事纠纷后，当事人可能会因标的额较小、法律服务费过于昂贵以及诉讼程序冗长等原因而不愿寻求专业法律服务，不愿诉诸司法程序。巴基斯坦 2017 年《替代性纠纷解决法》所具有的灵活性和便捷性，特别是对调解制度的应用，极大地改变了这一局面。该法不仅回应了国内诉求，顺应了当下世界各国家和地区对 ADR 制度进行深入探讨的时代趋势，同时也有利于在巴基斯坦创业、投资的中国当事人解决商事争议。该法下的替代性纠纷解决机制是法院主导下的纠纷解决机制，为当事人提供了“一站式”纠纷解决平台，其不仅涵盖了当下所有的替代性纠纷解决机制，包括仲裁、调解、和解（调停）以及中立评估等机制，而且采结合式立法模式，使将来可能出现的其他替代性纠纷解决模式

---

① 参见张玉卿：《国际商事仲裁保密义务的探索与思考》，载《国际法研究》2016 年第 4 期。

② 《国际商事调解示范法》第 9 条规定：“除非当事人另有约定，与调解程序有关的一切信息均应保密，但按照法律要求或者为了履行或执行和解协议而披露信息的除外。”

可囊括其中。[①] 因而该法不仅对其国内具有重大意义,对于中国当事方解决商事争议也有着重要意义。此外,巴基斯坦属于伊斯兰国家,其替代性纠纷解决机制在紧跟各国立法的实践下,基于其国家实际情况而增加了一些内容,如将乌理玛设置为法定中立人士,在纠纷一方或者双方均为女性时,要求进行 ADR 程序的中立人士最好应当为女性。综上所述,《替代性纠纷解决法》的内容具有一定的先进性和立法的科学性,表达了巴基斯坦政府推进司法效率、提升纠纷解决治理能力、优化营商环境的决心。

A Review of Alternative Dispute Resolution System in Pakistan

Yang Tao, Zhang Jiong

Abstract: In order to respond to domestic demands and optimize the business environment, Pakistan introduced the Alternative Dispute Resolution Act in 2017, which aims to improve the efficiency of dispute resolution and reduce judicial costs. The bill consists of 27 articles in three chapters, respectively involving civil and commercial disputes, concilable criminal disputes, and other provisions. The content and number of provisions are basically the same as that of the international ADR system. The ADR system under Pakistan's alternative dispute resolution act is based on the theory of party autonomy. Although it is essentially a dispute resolution system dominated by the court, while retaining a small number of unique provisions of Islamic law countries, it not only covers basically all alternative dispute resolution mechanisms in the world, but also provides a one – stop service platform for parties to solve civil and commercial disputes, It is also scientific and advanced in the legislative provisions and the relevant procedures.

Key Words: ADR; Pakistan; civil and commercial dispute settlement system

① 参见王宇红、宋晓洁:《陕西自贸区知识产权纠纷多元解决机制研究》,载《陕西行政学院学报》2019 年第 1 期。

国际投资仲裁中"国籍筹划"型"滥用程序"研究*

曾芳冰**

内容摘要　在国际投资仲裁中屡见通过"国籍筹划"滥用投资仲裁程序性权利的案件。此类案件的实质是通过滥用"一般投资仲裁权"企图获得并行使"特定投资仲裁权"(具备仲裁管辖权和可受理性)。"国籍筹划"无法使投资者继受取得"特定投资仲裁权",能否使投资者原始取得该权利一般取决于进行"国籍筹划"的时间。"国籍筹划"导致的"滥用程序"应当作为可受理性问题处理。在认定投资者构成"滥用程序"的过程中,仲裁庭需要综合考察主客观因素包括国籍筹划双方的属人资格、相关的时间点、争端的"可预见性"、"滥用程序"的意图、是否存在驳斥"滥用程序"的证据等。针对"国籍筹划"型"滥用程序",我国在缔约和应诉时应当积极运用"禁止滥用程序"等原则,遏制投资者滥诉。

关键词　滥用程序　国籍筹划　管辖权　可受理性　投资仲裁权

一、"国籍筹划"型"滥用程序"问题的提出

"滥用程序"(abuse of process),是指逾越"善意"的界限,①不当行使程序性权利的行为。②"禁止滥用程序"原则是公认的一般国际法原则,③也是国际投资法的基本原则。④ 在国际投资仲

---

* 本文系国家社科基金重点项目"大数据分析方法在国际投资仲裁研究中的运用与中国'一带一路'投资争议风险预警与防范机制研究"(课题编号:18AZD018)的阶段性成果。

** 曾芳冰,厦门大学法学院2020级研究生。

① "滥用程序"与"善意原则"(the principle of good faith)、"禁止权利滥用"原则(abuse of right;abus de droit)密切相关。"善意原则"体现在四个方面:善意履行条约义务、善意解释条约、禁反言、禁止权利滥用。"禁止权利滥用"原则是"善意原则"在行使权利方面的衍生适用,而"禁止滥用程序"原则是"禁止权利滥用"原则在程序性权利背景下的衍生。"善意原则""滥用权利""滥用程序"三者之间依次是上位概念和下位概念的关系。在国际投资仲裁中,常常混合使用这三个概念描述类似的情形,本文统一采用"滥用程序"这一表述。参见柯月婷:《论国际投资仲裁中的条约挑选问题——善意原则适用的视角》,载《国际经济法学刊》2019年第1期;郑斌:《国际法院与法庭适用的一般法律原则》,韩秀丽、蔡从燕译,法律出版社2012年版,第125页。Also see Mitchell & Andrew D., *Good Faith in WTO Dispute Settlement*, Melbourne Journal of International Law 7, 2004; Byers M., *Abuse of Rights: An Old Principle, a New Age*, McGill Law Journal 47, 2002, p. 393 – 395; Paparinskis M., *Inherent Powers of ICSID Tribunals: Broad and Rightly So*, Investment Treaty Arbitration and International Law 5, 2011, p. 19.

② See Branson J. D., *The Abuse of Process Doctrine Extended: A Tool for Right Thinking People in International Arbitration*, Journal of International Arbitration 38, 2021, p. 187.

③ See Branson J. D., *The Abuse of Process Doctrine Extended: A Tool for Right Thinking People in International Arbitration*, Journal of International Arbitration 38, 2021, p. 187.

④ See Eric De Brabandere, "*Good Faith*", "*Abuse of Process*" *and the Initiation of Investment Treaty Claims*, Journal of International Dispute Settlement 3, 2012, p. 609; Also see Mitchell & Andrew D., *Good Faith in WTO Dispute Settlement*, Melbourne Journal of International Law 7, 2004; Byers M., *Abuse of Rights: An Old Principle, a New Age*, McGill Law Journal 47, 2002, p. 389; Abaclat & others v. Argentine Republic, ICSID Case No ARB/07/5, Decision on Jurisdiction And Admissibility, 4 August 2011, para 646.

裁中,存在三种类型的"滥用程序":通过"国籍筹划"(nationality planning)企图不正当地获得进入国际投资仲裁的权利;针对同一投资争端连续提起多个仲裁程序使仲裁利益最大化;为了获得违背投资仲裁机制目的和宗旨的利益启动仲裁程序。① 本文关注的"国籍筹划"型"滥用程序"只是国际投资仲裁中"滥用程序"的典型方式之一。② 而"国籍筹划",是指投资者缺乏援引国际投资协定(International Investment Agreement,IIA)的必要国籍时,将东道国境内现有投资转让给第三国投资者(通常通过资产重组的方式实现),或在第三国设立相关子公司,再由该子公司在东道国境内进行投资,从而得以利用第三国与东道国签订的 IIA 提起国际投资仲裁。③ 本文所研究的是第一种"国籍筹划"方式。

具体而言,"国籍筹划"型"滥用程序"是指这样一种现象:当前,各国达成的 IIA 数量庞大,④但仍有些国家间并未签订 IIA 或 IIA 未提供进行国际投资仲裁的权利;因不具有必要的"国籍"而无法利用特定的 IIA 提起国际投资仲裁索赔的投资者,⑤在可预见投资争端或者争端发生后至提起投资仲裁程序前,通过资产重组变更了"投资"所有者的国籍,企图使后者利用特定 IIA 提起国际投资仲裁,获得东道国的赔偿。⑥ 在国际投资仲裁中,已经产生了一批"国籍筹划"型"滥用程序"案件。此类案件需要进入实质审理阶段,投资者才可能获得东道国的赔偿。而案件要进入实质审理阶段的前提是:仲裁庭对案件享有管辖权(jurisdiction),而且不能存在阻碍案件可受理性(admissibility)的事由,⑦即同时具有案件的管辖权和可受理性。其中"国籍筹划"是"滥用程序"行为的手段,含有"滥用程序"意图的"国籍筹划"行为会对仲裁庭的管辖权产生影响,而"国籍筹划"所导致的"滥用程序"则会对仲裁庭的可受理性产生影响。

目前学者讨论的重点在于如何规范广义的投资仲裁"滥用程序"行为,⑧现有研究未厘清"国籍筹划"型"滥用程序"案件的管辖权和可受理性情况,"禁止滥用程序"原则在此类案件中的适

---

① 参见银红武:《论国际投资仲裁"程序滥用"及其规制》,载《西北大学学报(哲学社会科学版)》2020 年第 2 期。Also see Branson J. D. ,*The Abuse of Process Doctrine Extended:A Tool for Right Thinking People in International Arbitration*,Journal of International Arbitration 38,2021,p. 188;Emmanuel Gaillard,*Abuse of Process in International Arbitration*,ICSID Review – Foreign Investment Law Journal 32,2017,p. 26,27.

② 国际投资仲裁中三种类型的"滥用程序"都滥用了国际投资仲裁的程序性权利,意图达到不正当的目的,三者的区别在于"滥用程序"的具体目的不同。本文讨论的"国籍筹划"型"滥用程序"情形下,股份的转让方(原投资者)不符合属人管辖条件,"滥用程序"的目的是获得原本不享有的进入国际投资仲裁程序的权利。在另外两种"滥用程序"的情形下,投资者本身享有进入国际投资仲裁的权利,但其中之一是为了使仲裁的胜诉概率最大化,另一种情形的目的与仲裁本身无关,例如逃避刑事调查、引起媒体关注等。

③ 参见张建、郝梓林:《国际投资仲裁中的属时管辖权——以仲裁庭对"挑选条约"的认定为中心》,载《南都学坛》2020 年第 3 期;任清:《海外投资须重视"国籍筹划"》,载《中国外汇》2017 年第 17 期。

④ 据联合国贸易和发展会议的统计数据,截至 2021 年年底,世界各国共达成了 3288 个 IIA,其中已生效 IIA 达 2558 个。See UNCTAD,*World Investment Report* 2022,p. 65,https://unctad. org/system/files/official – document/wir2022_en. pdf.

⑤ 本文所讨论的"国籍筹划"型"滥用程序"与"条约选购"存在一定的交叉。根据笔者统计,在"国籍筹划"行为导致"滥用程序"的现有案件中,原始投资者均不具有进入 ISDS 机制的权利。以下此种情形就目前的案例来看不会导致"滥用程序",虽属于条约选购的情形,但不在本文的讨论范围内:原始投资者母国与东道国签订了 IIA 且规定了 ISDS 条款,但由于所规定的实体或程序性待遇无法满足投资者的仲裁需求,投资者通过"国籍筹划"试图获得比原先享有的 ISDS 条款更为有利的条约待遇。

⑥ See David Gaukrodger & Kathryn Gordon, *Investor – State Dispute Settlement: A Scoping Paper for the Investment Policy Community*,OECD Working Paper No. 2012/3,http://dx. doi. org/10. 2139/ssrn. 2207366,Jun. 22,2022.

⑦ 管辖权问题需要确定案件是否符合管辖权条件,而可受理性问题是指管辖权是否能够行使的问题。参见张建:《国际投资仲裁管辖权研究》,中国政法大学 2018 年博士学位论文,第 26 ~27 页。

⑧ 关于"滥用程序"的规制,参见银红武:《论国际投资仲裁"程序滥用"及其规制》,载《西北大学学报(哲学社会科学版)》2020 年第 2 期;徐树:《国际投资仲裁中滥诉防范机制的构建》,载《法学》2017 年第 5 期;黄世席:《国际投资仲裁中的挑选条约问题》,载《法学》2014 年第 1 期。

用属于管辖权问题还是可受理性问题仍存在较大争议，也未说明仲裁庭认定“国籍筹划”型“滥用程序”的关键因素。但以上问题都可能影响案件的裁决结果，不可谓不重要，本文将尝试弥补以上研究的不足。

本文重在从管辖权和可受理性两个方面对“国籍筹划”型“滥用程序”展开研究。首先，本文将从获得案件管辖权的两种途径出发，论述“滥用程序”中的“国籍筹划”行为对仲裁庭认定管辖权的影响。其次，将论证在 IIA 未做明确规定的情况下，“国籍筹划”型“滥用程序”问题应当作为其中的可受理性问题处理，并说明认定“滥用程序”时需要考虑的主客观要素。最后，在对“国籍筹划”型“滥用程序”案件的管辖权和可受理性进行分析后，本文将从我国作为东道国的视角，对防止投资者通过“国籍筹划”型“滥用程序”提出应对之策。

二、“国籍筹划”型滥用程序案件的管辖权认定

投资仲裁的管辖权结果通常由属人、属事、属时管辖权中众多复杂的因素所决定，本文无意对所有的要素都进行讨论，而是重点关注在“滥用程序”意图驱使下，通过资产重组进行“国籍筹划”的行为对管辖权认定所产生的影响。本部分将引入“一般投资仲裁权”和“特定投资仲裁权”的概念说明具有“滥用程序”意图的“国籍筹划”行为的实质以及投资者获得管辖权的两种途径。接着逐一考察实施“国籍筹划”行为的投资者能否通过这两种途径获得管辖权，并说明管辖权确立与投资者转让股份时间的相关性。

（一）获得投资仲裁管辖权的两种途径

“国籍筹划”型“滥用程序”案件中，投资者所滥用的是“投资仲裁权”这一程序性权利。IIA 中没有规定有权行使“投资仲裁权”的具体投资者，只是规定了利用投资仲裁机制的一般条件。有学者对“投资仲裁权”进行了区分，提出了“一般投资仲裁权”（the general right to investment arbitration）和“特定投资仲裁权”（the specific right to investment arbitration）的概念。[①] 前者指的是 IIA 授予不特定投资者提起投资仲裁程序（institution of proceedings）的一般性权利，申请方只需向仲裁机构提出仲裁要求即可行使该程序性权利，不以仲裁庭对该案件有管辖权为前提；而后者是指 IIA 赋予特定投资者提起投资仲裁程序的权利，申请方需要满足各个管辖权要求才能获得一个成熟、完整、有效的“特定投资仲裁权”。[②] 可以说“一般投资仲裁权”是获得“特定投资仲裁权”的基础，而只有享有“特定投资仲裁权”才意味着仲裁庭对案件享有管辖权。因此，“国籍筹划”型“滥用程序”所滥用的是“一般投资仲裁权”而非“特定投资仲裁权”；其实质是在资产重组中获得股份的受让方作为具有适格国籍的申请方，通过滥用“一般投资仲裁权”提起国际投资仲裁程序，企图获得并成功行使“特定投资仲裁权”（同时具有仲裁管辖权和可受理性）的过程。具有“滥用程序”目的的“国籍筹划”行为影响“特定投资仲裁权”的获得，而由该行为导致的“滥用程序”会影响“特定投资仲裁权”的行使。

---

① 参见银红武：《论国际投资仲裁“程序滥用”及其规制》，载《西北大学学报（哲学社会科学版）》2020 年第 2 期。Also see Yuka Fukunaga, *Abuse of Process under International Law and Investment Arbitration*, ICSID Review – Foreign Investment Law Journal 33, 2018, p. 195.

② 参见银红武：《论国际投资仲裁“程序滥用”及其规制》，载《西北大学学报（哲学社会科学版）》2020 年第 2 期。Also see Yuka Fukunaga, *Abuse of Process under International Law and Investment Arbitration*, ICSID Review – Foreign Investment Law Journal 33, 2018, p. 195.

通常而言,使具有适格“国籍”的受让方获得“特定投资仲裁权”(仲裁管辖权)的方式有两种。一是从原始投资者继受一个已经成熟、完整、有效的“特定投资仲裁权”。例如 African Holding v. Congo 一案,仲裁庭认为,基于受让的“特定投资仲裁权”和股份的事实,受让方 African Holding 公司能够完全取代原投资者在程序中的法律地位,African Holding 有权提起仲裁程序,故驳回了原投资者的管辖权请求。① 二是受让方受让股份后,根据 IIA 的规定,从争端中独立产生了一个“特定投资仲裁权”。这两种方式分别对应权利的继受取得和原始取得。以下将分别分析具有“滥用程序”意图进而实施“国籍筹划”行为的投资者能否通过这两种方法使原先无权进入 ISDS 机制的投资者获得投资仲裁管辖权。

(二)仲裁申请方未能继受取得“特定投资仲裁权”从而获得管辖权

从原始投资者继受一个成熟、完整、有效的“特定投资仲裁权”的前提是原始投资者拥有此项权利。但“国籍筹划”型“滥用程序”案件的原始投资者不具有适格国籍,无法利用 IIA 提起投资仲裁,本身没有形成一个成熟、完整、有效的“特定投资仲裁权”,这也是其进行“国籍筹划”的动因。因此,部分案件的原始投资者将“投资”转让给具有适格国籍的受让方,企图在争端发生后,以此方式事后弥补原始投资者的属人管辖缺陷,“催熟”“特定投资仲裁权”。例如,在 Mihaly v. Sri Lanka 案中,由于母国未与东道国签署 IIA 而无法进入投资仲裁的原始投资者,企图向有权进入该机制的受让方转让本不存在的“特定投资仲裁权”,以弥补权利瑕疵。② 但该案仲裁庭认为,权利的缺陷不可能通过没有东道国明确同意的转让行为得到完善。③ Banro v. Congo 一案的仲裁庭也指出,在此种情形下,进入国际投资争端解决机制(The International Center for Settlement of Investment Disputes,ICSID)机制的权利不能被视为“转让”或“扩张”给受让的附属公司。④ 股份出让方在产生“特定投资仲裁权”时存在根本性缺陷,未形成成熟、完整、有效的权利,无法转让这种不存在的权利,也不能通过转让的方式弥补权利缺陷,使其达到完满的状态。因此,具有“滥用程序”意图的投资受让方(仲裁申请方)不可能通过“国籍筹划”的方式从原始投资者处继受一个成熟的“特定投资仲裁权”,从而获得案件的管辖权。

(三)仲裁申请方原始取得“特定投资仲裁权”的情况因案而异

通常而言,需要根据案件不同的管辖权情况,分析仲裁申请方能否在受让投资后,基于东道国对投资造成损害的事实原始取得“特定性求偿权”。管辖权的成立主要考察属人、属物、属时管辖三个方面。在属人管辖方面,由于受让股份一方的国籍通常经过精心地挑选,该表面适格的受让者通常能满足属人管辖的要求,有权援引特定的 IIA。⑤ 因此重点考察具有“滥用程序”意图的“国籍筹划”行为对属物和属时管辖权的影响。

---

① See African Holding Company of America, Inc. & Société Africaine de Construction au Congo S. A. R. L. v. Democratic Republic of the Congo, ICSID Case No. ARB/05/21, Decision on Jurisdiction and Admissibility, 29 July 2008, paras. 64, 73.

② See Mihaly International Corporation v. Democratic Socialist Republic of Sri Lanka, ICSID Case No. ARB/00/2, Award, 15 March 2002, para. 11.

③ See Mihaly International Corporation v. Democratic Socialist Republic of Sri Lanka, ICSID Case No. ARB/00/2, Award, 15 March 2002, para. 24.

④ Banro American Resources, Inc. and Société Aurifère du Kivu et du Maniema S. A. R. L. v. Democratic Republic of the Congo, ICSID Case No. ARB/98/7, Award, 1 September 2000, para. 5.

⑤ See ST – AD GmbH v. Republic of Bulgaria, PCA Case No. 2011 – 06 (ST – BG), Award on Jurisdiction, 18 July 2013, paras. 266, 267.

在属物管辖权方面，在大多数“国籍筹划”型“滥用程序”案件中，东道国未因“国籍筹划”行为对属物管辖质疑。[①] 在东道国质疑的少数案件中，东道国主要认为资产重组可能会改变“投资”的属性，使其不符合“投资特征”的要求。如 African Holding v. Congo 案中，东道国认为资产重组中转让投资的行为并未向该国投入资本，也未促进东道国经济的发展，且持有的时间过短，[②]不符合 Salini v. Morocco 案确立的一项合格“投资”所需具备的特征，[③]因此，不符合属物管辖要求。但由于 IIA 条款对于“投资”采用宽泛的定义，该案仲裁庭认定，资产重组后申请方仍然持有适格的“投资”。[④]此外，如果 IIA 和仲裁庭对“投资”采用额外的限制性规定，也可能妨碍属物管辖权的成立。如 Phoenix Action v. Czech Republic 一案中，仲裁庭创新性地提出，一项受 ICSID 机制保护的“投资”必须是“善意投资的资产”（assets invested *bona fide*）。仲裁庭指出，该案申请方转让股份并非为了从事经济活动，而是为了将先前存在的国内争端转变为根据双边投资协定能由 ICSID 仲裁的国际争端。这种“非善意”的目的，也即“滥用程序”的目的导致其不能成为一项受 IIA 保护的合格“投资”，最终导致仲裁庭对该案缺乏属物管辖权。[⑤] 但总体来看，Phoenix Action v. Czech Republic 案的裁决并不多见。即使东道国对属物管辖提出了质疑，而现有案件的仲裁庭似乎有保护投资者利益的倾向，加上当前 IIA 对“投资”采取宽泛的定义方式，仲裁庭通常会裁定经资产重组后，相关的股份仍然是受保护的适格“投资”，最终未对案件属物管辖权产生明显影响。[⑥]

“国籍筹划”行为对管辖权的影响主要表现在属时管辖方面。具有“滥用程序”嫌疑的“国籍筹划”行为通常发生在两个时间阶段内，一是在争端发生前不久，二是在争端发生后尚未提起仲裁程序前。[⑦] 大量的投资仲裁案例表明，由于东道国只对缔约国的国民承担条约义务，在称东道

---

① 据笔者统计 Cementownia v. Turkey & Europe Cement v. Turkey、Mihaly v. Sri Lanka、Banro v. Congo、ST - AD v. Bulgaria & Reneé Rose Levy v. Republic of Peru 等案，东道国均未因“国籍筹划”型“滥用程序”提起对属物关系的异议。

② See African Holding Company of America, Inc. & Société Africaine de Construction au Congo S. A. R. L. v. Democratic Republic of the Congo, ICSID Case No. ARB/05/21, Decision on Jurisdiction and Admissibility, 29 July 2008, para. 74.

③ Salini v. Morocco 案提出了一项合格的“投资”必须满足的四项“投资特征”：货币或其他具有经济价值的资产投入、一定的合同履行持续期间、对投资风险的承担、对东道国经济发展的贡献，并被后来的投资仲裁庭所广泛援引。See Salini Costruttori S. P. A. & Italstrade S. P. A. v. Kingdom of Morocco, ICSID Case No. ARB/00/4, Decision on Jurisdiction, 16 July 2001.

④ See African Holding Company of America, Inc. & Société Africaine de Construction au Congo S. A. R. L. v. Democratic Republic of the Congo, ICSID Case No. ARB/05/21, Decision on Jurisdiction and Admissibility, 29 July 2008, paras. 75, 80, 83, 84.

⑤ 仲裁庭创新性地提出一项受 ICSID 机制保护的“投资”要满足的六个要素：(1)货币或其他资产的投入；(2)一定的持续时间；(3)风险因素；(4)为了在东道国开展经济活动而开展的业务；(5)根据东道国法律投资的资产；(6)善意投资的资产。See Phoenix Action, Ltd. v. Czech Republic, ICSID Case No. ARB/06/5, Award, 15 April 2009, paras. 114, 142, 145.

⑥ 参见前文所述 African Holding v. Congo 一案。Also see Société Générale in respect of DR Energy Holdings Limited & Empresa Distribuidora de Electricidad del Este, S. A. v. Dominican Republic, LCIA Case No. UN 7927, Preliminary Objections to Jurisdiction, 19 September 2008, para. 32.

⑦ 参见曾芳冰：《论投资权益转让对国际投资仲裁管辖权的影响》，载《商事仲裁与调解》2021 年第 6 期。

国违反 IIA 义务时,申请方必须是缔约国的国民,[①]也必须拥有或控制受保护的投资。[②] 在争端发生不久前进行“国籍筹划”的情况下,只要双方进行了真实的股权交易,[③]股份的受让方在争端发生时会处于 IIA 的保护之下。因此,也符合投资仲裁对“国籍”和“投资”的时间要求,即符合属时管辖要求,能够确立管辖权,获得独立的“特定投资仲裁权”。例如 Reneé Rose Levy v. Republic of Peru 一案仲裁庭认为,申请方在东道国采取违约措施之前获得了投资,即使只是稍早之前,仲裁庭也具有属时管辖权。[④] Philip Morris v. Australia 案仲裁庭也认同此种观点,裁定相似情形下受让股份的申请方满足属时管辖要求。[⑤] 而在争端发生后进行“国籍筹划”的情况下,在东道国采取违反 IIA 的措施时,原始投资者并不是 IIA 下的缔约国国民,而具有适格国籍的受让方在争端发生时还未能持有“投资”,两者不都符合属时管辖要求。因此,此种情况下的仲裁申请方不能形成独立的“特定投资仲裁权”,仲裁庭不具有管辖权。正如 Reneé Rose Levy v. Republic of Peru 一案仲裁庭所述,如果索赔人在被诉行为发生之日后获得投资,仲裁庭通常缺乏属时管辖权。[⑥] ST - AD v. Bulgaria 案仲裁庭也指出,在申请方成为受 IIA 保护的投资者之前发生的东道国违约行为,不能进入仲裁庭的管辖范围。[⑦]

综上所述,在原始投资者缺乏“特定投资仲裁权”的情况下,具有“滥用程序”意图的仲裁申请方不能通过“国籍筹划”行为继受取得一个成熟、完整、有效的“特定投资仲裁权”,进而使相应仲裁庭获得仲裁管辖权。在仲裁申请方基于受让的投资原始取得“特定投资仲裁权”的情况下,投资者会遭到属物和属时管辖权挑战。在现有判决中,“国籍筹划”行为几乎不会对属物管辖产生影响,投资者能否原始取得“特定投资仲裁权”主要取决于投资者进行“国籍筹划”的时间。在争端发生不久前受让投资的申请方可以原始取得独立的“特定投资仲裁权”,仲裁庭具有案件的管辖权;在争端发生后进行受让投资的申请方无法原始取得“特定投资仲裁权”,仲裁庭不具有案件管辖权。

三、“国籍筹划”型“滥用程序”案件的可受理性认定

在厘清基于“滥用程序”意图进行“国籍筹划”的行为对仲裁庭管辖权的影响后,本部分将对

---

① See Société Générale in respect of DR Energy Holdings Limited & Empresa Distribuidora de Electricidad del Este, S. A. v. Dominican Republic, LCIA Case No. UN 7927, Preliminary Objections to Jurisdiction, 19 September 2008, paras. 106, 107; Cementownia “Nowa Huta” S. A. v. Republic of Turkey, ICSID Case No. ARB(AF)/06/2, Award, 17 September 2009, paras. 112, 113, 114; Reneé Rose Levy & Gremcitel SA v. Republic of Peru, ICSID Case No. ARB/11/17, Award, 9 January 2015, para. 147.

② See El Paso Energy International Company v. Argentine Republic, ICSID Case No. ARB/03/15, Decision on Jurisdiction, 27 April 2006, paras. 124, 125; EnCana Corporation v. Republic of Ecuador, LCIA Case No. UN 3481, Award, 3 February 2006, paras. 131, 132; Europe Cement Investment & Trade S. A. v. Republic of Turkey, ICSID Case No. ARB(AF)/07/2, Award, 13 August 2009, para. 140; Reneé Rose Levy & Gremcitel SA v. Republic of Peru, ICSID Case No. ARB/11/17, Award, 9 January 2015, paras. 146, 147, 148; ST - AD GmbH v. Republic of Bulgaria, PCA Case No. 2011 - 06(ST - BG), Award on Jurisdiction, 18 July 2013, para. 277.

③ 例如 Europe Cement v. Turkey 案和 Cementownia v. Turkey 案中,仲裁申请方不能提交证明其发生了真实交易的文件,仲裁庭认为申请方承认它没有必要的证据证明它在据称东道国违约时在土耳其有“投资”,因此案件缺乏管辖权。See Europe Cement Investment & Trade S. A. v. Republic of Turkey, ICSID Case No. ARB(AF)/07/2, Award, 13 August 2009, paras. 139 - 145; Cementownia “Nowa Huta” S. A. v. Republic of Turkey, ICSID Case No. ARB(AF)/06/2, Award, 17 September 2009, para. 149.

④ See Reneé Rose Levy & Gremcitel SA v. Republic of Peru, ICSID Case No ARB/11/17, Award, 9 January 2015, para. 182.

⑤ See Philip Morris Asia Limited v. Commonwealth of Australia, PCA Case No. 2012 - 12, Award on Jurisdiction and Admissibility, 17 December 2015, paras. 529 - 534.

⑥ See Reneé Rose Levy & Gremcitel SA v. Republic of Peru, ICSID Case No ARB/11/17, Award, 9 January 2015, para. 182.

⑦ See ST - AD GmbH v. Republic of Bulgaria, PCA Case No. 2011 - 06(ST - BG), Award on Jurisdiction, 18 July 2013, para. 304.

"国籍筹划"型"滥用程序"案件的可受理性问题进行认定。首先,需要确定"国籍筹划"所导致的"滥用程序"问题是否应作为可受理性问题进行审查;其次,还需要考察认定投资者构成"滥用程序"的要素。

(一)"国籍筹划"型"滥用程序"的可受理性问题性质

基于"国籍筹划"行为所导致的"滥用程序",也即"禁止滥用程序"原则的适用是属于管辖权问题还是可受理性问题,目前仲裁实践和学界均未达成一致的观点。如果将其作为管辖权问题,投资者不能在仲裁申请被驳回后将案件重新提交索赔;如果作为可受理性问题,投资者在消除可受理性障碍后可以重新提交仲裁。① 因此,这一问题会产生不同的法律效果,对投资者的仲裁利益会产生切实影响。本文主张,在 IIA 文本未对此问题做出明确规定的情况下,认定"滥用程序"无须以管辖权存在为前提,"国籍筹划"型"滥用程序"应当与管辖权问题并列,作为一个可受理性问题进行审查。下文将首先厘清现有的争议观点,然后论证"国籍筹划"型"滥用程序"应当作为可受理性问题。

有学者认为,"滥用程序"的企图并不能使申请方达到获得仲裁管辖权的目的,无管辖权也就不存在可受理性问题,应当将"滥用程序"统一作为管辖权问题处理。② 也有学者认为,区分的关键在于未来争端的"可预见性",如果在争端发生不久前能预见争端时转让股份,则存在"滥用程序",且其属于可受理性问题;如果转让发生在争端已经存在时,仲裁庭对案件缺乏属时管辖权,因此,投资者缺乏程序性权利,也就不存在所谓的"滥用程序"问题,③这种情况应当被归类为违反"诚信原则",而非"滥用程序"。④ 笔者认为,以上两种观点都存在不足之处。第一种观点机械地认为"滥用程序"都不能使投资者获得管辖权。如前所述,争端发生不久前通过转让股份实行"国籍筹划"行为的情况下,仲裁申请方可以获得管辖权。第二种观点的不足之处在于,未对"投资仲裁权"这一程序性权利作出区分,将管辖权("特定投资仲裁权")的存在作为程序性权利存在的前提条件,也即作为认定"滥用程序"的前提条件,但认定"滥用程序"只需滥用"一般投资仲裁权"即可。

与以上观点不同,本文认为,应当将"国籍筹划"型"滥用程序"作为可受理性问题而非管辖权问题进行审查。第一,在投资仲裁中,传统的管辖权要件包括属人、属物、属时、属地、仲裁同意这几个要素。⑤ 如果一律将"滥用程序"作为管辖权问题处理,可能会引发"禁止滥用程序"是否属于一项管辖权要件的争议,这可能使当前的投资仲裁管辖权体系出现混乱。第二,案件是否符合管辖权要件应当由仲裁庭自行审查,而案件的可受理性问题是依当事方申请进行审查。⑥ 目前

---

① See Baumgartner J., *Treaty Shopping in International Investment Law*, Oxford University Press, 2016, p. 301.

② 参见银红武:《论国际投资仲裁"程序滥用"及其规制》,载《西北大学学报(哲学社会科学版)》2020 年第 2 期。Also see Yuka Fukunaga, *Abuse of Process under International Law and Investment Arbitration*, ICSID Review - Foreign Investment Law Journal 33, 2018, p. 195.

③ See Baumgartner J., *The Significance of the Notion of Dispute and Its Foreseeability in an Investment Claim Involving a Corporate Restructuring*, The Journal of World Investment & Trade 18, 2017, p. 213.

④ See Eric De Brabandere, "*Good Faith*", "*Abuse of Process*" *and the Initiation of Investment Treaty Claims*, Journal of International Dispute Settlement 3, 2012, p. 620.

⑤ 参见张建:《国际投资仲裁管辖权研究》,中国政法大学 2018 年博士学位论文,第 43 ~ 72 页。

⑥ 参见张建、孟斌:《国际投资仲裁的管辖权与可受理性概念辨析》,载《中共山西省直机关党校学报》2016 年第 6 期。

“国籍筹划”型“滥用程序”的审查都基于东道国提出异议，[①]并非由仲裁庭依照其职权进行审查，更符合可受理性问题的特征。第三，在仲裁实践中，大多数“国籍筹划”导致的“滥用程序”案件裁决书用语表述都为“precluding the exercise of the Tribunal’s jurisdiction”，明确将“滥用程序”作为阻碍管辖权行使的事由，即可受理性问题处理。[②]“国籍筹划”型“滥用程序”与“属时管辖”关系最为密切，但部分案件的裁决书明确提出，属时管辖异议应当与“滥用程序”异议相区分开来，[③]这表明“滥用程序”并非管辖权问题。未明确表达以上观点的案件，如 ST－AD v. Bulgaria 和 Mobil v. Venezuela 案，在与属人、属事、属时、仲裁同意（the ratione voluntatis issue）相并列的框架下单独处理了“滥用程序问题”，并未将其视为一个管辖权问题，这种处理方式更倾向于将其视为可受理性问题。[④] Phoenix Action v. Czech Republic 案将“滥用程序”作为管辖权问题处理，是因为该案将“善意”作为属物管辖的要求之一。[⑤] 目前大多数 IIA 未明确规定对属物管辖权施加“善意”的限制，仲裁庭也较少自行施加此种要求。在此种情况下，该案的做法在投资仲裁中并不具有普遍意义，且该案的判决时间较早，早期的投资仲裁庭并未采用区分管辖权和可受理性问题的做法；随着仲裁实践的不断发展，在 2011 年后裁决的案件中逐渐对两者进行了区分。[⑥]

可能有反对观点认为，如果仲裁庭对案件缺乏管辖权，即前述在争端发生后进行“国籍筹划”的“滥用程序”情形下，仲裁庭就无须或无权对可受理性问题做出判断。但笔者认为，第一，虽然在无管辖权的前提下讨论可受理性问题，并不会改变仲裁庭驳回管辖的结果；但仲裁双方对于是否构成“滥用程序”存在相反的观点，仲裁庭就有必要针对这一法律争议做出回复，定分止争，且裁定无管辖权驳回依据的是管辖权不存在，而裁定无可受理性驳回依据的是管辖权的不当行使，二者存在一定区别，双重审查也为驳回管辖权的裁决结果提供更为充分的依据。ST－AD v. Bulgaria 案就在认定仲裁庭无管辖权后，依然单独认定了“滥用程序”问题。[⑦] 第二，如前文所述，“国籍筹划”型“滥用程序”滥用的是“一般投资仲裁权”，而非“特定投资仲裁权”；取得仲裁管辖

---

① See Europe Cement Investment & Trade S. A. v. Republic of Turkey, ICSID Case No. ARB(AF)/07/2, Award, 13 August 2009, para. 16; Cementownia “Nowa Huta” S. A. v. Republic of Turkey, ICSID Case No. ARB(AF)/06/2, Award, 17 September 2009, para. 151. ST－AD GmbH v. Republic of Bulgaria, PCA Case No. 2011－06(ST－BG), Award on Jurisdiction, 18 July 2013, para. 53; Philip Morris Asia Limited v. Commonwealth of Australia, PCA Case No. 2012－12, Award on Jurisdiction and Admissibility, 17 December 2015, para. 9; Phoenix Action, Ltd. v. Czech Republic, ICSID Case No. ARB/06/5, Award, 15 April 2009, para. 40; Pac Rim Cayman LLC v. The Republic of El Salvador, ICSID Case No. ARB/09/12, Decision on Jurisdiction, 1st June 2012, Part 1－Page 4, 1. 17; Tidewater v. Venezuela, ICSID Case No. ARB/10/5, Decision on Jurisdiction, 8 February 2013, para. 48.

② See Reneé Rose Levy & Gremcitel SA v. Republic of Peru, ICSID Case No ARB/11/17, Award, 9 January 2015, para. 195; Pac Rim Cayman LLC v. The Republic of El Salvador, ICSID Case No. ARB/09/12, Decision on Jurisdiction, 1st June 2012, para. 2. 110; Tidewater v. Venezuela, ICSID Case No. ARB/10/5, Decision on Jurisdiction, 8 February 2013, para. 198; Abaclat & others v. Argentine Republic, ICSID Case No ARB/07/5, Decision on Jurisdiction And Admissibility, 4 August 2011, para. 655; Philip Morris Asia Limited v. Commonwealth of Australia, PCA Case No. 2012－12, Award on Jurisdiction and Admissibility, 17 December 2015, para. 588.

③ See Philip Morris Asia Limited v. Commonwealth of Australia, PCA Case No. 2012－12, Award on Jurisdiction and Admissibility, 17 December 2015, para. 527; Reneé Rose Levy & Gremcitel SA v. Republic of Peru, ICSID Case No. ARB/11/17, Award, 9 January 2015, para. 182.

④ See ST－AD GmbH v. Republic of Bulgaria, PCA Case No. 2011－06(ST－BG), Award on Jurisdiction, 18 July 2013, Table of Contents.

⑤ See Phoenix Action, Ltd. v. Czech Republic, ICSID Case No. ARB/06/5, Award, 15 April 2009, paras. 114, 142, 145.

⑥ 从案件的裁决时间看，对管辖权和可受理性问题进行区分的做法普遍发生在 2011 年后。

⑦ See ST－AD GmbH v. Republic of Bulgaria, PCA Case No. 2011－06(ST－BG), Award on Jurisdiction, 18 July 2013, Table of Contents.

权是实施“国籍筹划”型“滥用程序”的目的，而非认定“国籍筹划”型“滥用程序”的前提条件。[①] 投资者滥用“一般投资仲裁权”的意图和行为是客观事实，并不因案件是否有管辖权而改变。即使仲裁庭裁定无管辖权，也应当单独认定投资者是否构成了“国籍筹划”型“滥用程序”。

（二）“国籍筹划”型“滥用程序”的认定因素

“国籍筹划”型“滥用程序”作为一项可受理性问题，一旦投资者构成“滥用程序”，就不能再要求法律给予保护。[②] 因此“滥用程序”的认定关系到仲裁案件申请双方的切身利益。下文将说明仲裁庭认定该可受理性问题时所考察的要素。一般而言，裁定“滥用程序”的门槛很高。[③] 目前有“客观标准”说（objective test）和“客观目的”说（objective purpose）[④]，两种认定方法都注重“客观”因素的考察。笔者认为，虽然判断“滥用程序”的依据都是客观事实，但这并不意味着主观目的在认定过程中不重要，否则有可能误判表面符合客观要素但主观无滥用目的的案件。本文认同部分学者提出的兼采主客观要素的观点，[⑤]即构成“滥用程序”必须有“滥用程序”的目的且实施了“滥用程序”的行为，达到“主客观相统一”。仲裁庭在裁决书中并不会具体说明其推理路径，笔者主张在具体认定“滥用程序”的过程中，应先考察客观要素，如果符合客观要素则可以推定申请方主观存在滥用目的，同时注意考察能够证明不具有滥用目的的相反证据，最终结合主客观要素综合判断是否构成“滥用程序”。

1. 认定“国籍筹划”型“滥用程序”的客观要素

“国籍筹划”型“滥用程序”在客观上的表现为：因国籍不适格而不具有提起仲裁资格的原始投资者在可预见争端但争端未具体化之前，或争端已经实际发生后，向适格国籍的受让方转让了股份，并由受让方利用特定的IIA，针对该争端提起投资仲裁索赔。可提取的客观要素包括：股份转让双方的仲裁资格、权益转让的相关时间、争端的“可预见性”三个方面。对于在争端发生不久前通过“国籍筹划”“滥用程序”的案件，需要同时考虑这三个要素，对于在争端发生后进行“国籍筹划”的“滥用程序”案件，不需要考察争端的“可预见性”。

（1）股份转让双方的仲裁资格

“国籍筹划”型“滥用程序”的前提是相同的：原始投资者，即资产重组中股份的出让方不具有适格的仲裁国籍，不能满足属人管辖的要求，也因此无法利用IIA提起投资仲裁，具有“国

---

① 需要说明的是，有学者认为“如果没有权利，就没有权利的滥用”，申请方滥用程序性权利的前提是，其享有进入该国际司法机构的程序性权利，即享有管辖权是“滥用程序”的前提。但构成“滥用程序”只需滥用“一般投资仲裁权”即可，并不以享有“特定投资仲裁权”（管辖权）为前提。See Yuka Fukunaga, *Abuse of Process under International Law and Investment Arbitration*, ICSID Review – Foreign Investment Law Journal 33, 2018, p. 183 – 185.

② 参见郑斌：《国际法院与法庭适用的一般法律原则》，韩秀丽、蔡从燕译，法律出版社2012年版，第126页。

③ See Reneé Rose Levy & Gremcitel SA v. Republic of Peru, ICSID Case No ARB/11/17, Award, 9 January 2015, para. 186.

④ See Duncan Watson & Tom Brebner, *Nationality Planning and Abuse of Process: A Coherent Framework*, ICSID Review – Foreign Investment Law Journal 33, 2018, p. 319.

⑤ See Duncan Watson, Tom Brebner, “Nationality Planning and Abuse of Process: A Coherent Framework”, ICSID Review – Foreign Investment Law Journal 33, 2018, p. 319. 该文作者认为需要满足以下两个要素，第一个是客观要素，第二个是主观要素：(1)重组发生在一个具体争端客观上已经具体化或可以预见的时候；(2)原告主观上意图通过重组该争端来确保该争端得到条约保护。

籍筹划”的迫切需要。原始投资者不具有适格国籍的原因有三种情况:原始投资者是被诉国国民、[①]原始投资者母国与东道国没有签订 IIA、[②]原始投资者母国与东道国签订的 IIA 中不包含 ISDS 机制。[③] 为了达到进入投资仲裁的目的,股份受让方的国籍国与东道国必须签订了含有投资仲裁条款的 IIA。因此,第一个应当考察的因素是股份转让和受让双方的国籍,以及各自国籍国与东道国 IIA 的签署情况和投资仲裁条款的内容,判断转让双方的仲裁资格,从而明确投资者是否有实施“国籍筹划”进而“滥用程序”的原始动机。然而仲裁资格这一要素在讨论中常常被学者所忽略,似乎视为默认情况,[④]但该要素是逻辑推理中必不可少的一环。

(2)股份转让的相关时间

“国籍筹划”型“滥用程序”的投资者往往在东道国政府已经公布一些不利信息,争端很可能发生时,或在东道国已经采取违约措施导致争端实际发生后,产生“滥用程序”的意图。[⑤] 投资者利用他国的 IIA 仲裁条款的行为,具有时间上的紧迫性和临时性。因此,第二个考察的客观要素是时间要素,包括与争端有关的不利信息发布的时间、股份转让的时间和争端实际发生的时间。[⑥] 这三个时间要素间有前后关系,且通常时间间隔很短。例如 Europe Cement v. Turkey 和 Cementownia v. Turkey 案转让时间为 2003 年 5 月 30 日,与争端发生时间 2003 年 6 月 12 日间隔不足一个月。[⑦] Rose Levy v. Republic of Peru 案股份的实际转让发生在 2007 年 10 月 9 日,引发

---

① 例如 Europe Cement v. Turkey 和 Cementownia v. Turkey 两案,原始投资者 Kemal Uzan 先生是土耳其本国人,无法在国际投资仲裁机构对母国提起仲裁,申请方从原始投资者处受让了有关公司的股份,出让投资者的东道国国籍使得该投资争端一开始就不具有“国际”特征。See Europe Cement Investment & Trade S. A. v. Republic of Turkey, ICSID Case No. ARB(AF)/07/2, Award, 13 August 2009, para. 27; Cementownia “Nowa Huta” S. A. v. Republic of Turkey, ICSID Case No. ARB(AF)/06/2, Award, 17 September 2009, para. 15.

② 在 Philip Morris v. Australia 案中,原始投资者 PM Brand 为瑞典国籍,瑞典并未与澳大利亚签订双边投资协定(Bilateral Inuestment Treaty, BIT),香港公司 PM Asia(索赔人)借助集团的内部重组从瑞典籍公司受让了 PM Australia 的全部股权,并基于香港特区政府与澳大利亚签订的 BIT 向澳大利发出索赔通知。See Philip Morris Asia Limited v. Commonwealth of Australia, PCA Case No. 2012 - 12, Award on Jurisdiction and Admissibility, 17 December 2015, paras. 5, 6. Mihaly v. Sri Lanka 和 Banro v. Congo 两个案件原投资者母国都为加拿大,加拿大并没有与东道国斯里兰卡、刚果缔结 IIA。在争端已经发生后,两案的原投资者 Mihaly 和 Banro Resource 分别将相关权益转让给两个美国公司,试图借助美国投资者的国籍优势,根据美国与东道国的投资协定提起仲裁。See Mihaly International Corporation v. Democratic Socialist Republic of Sri Lanka, ICSID Case No. ARB/00/2, Award, 15 March 2002, paras. 11 - 12; Banro American Resources, Inc. and Société Aurifère du Kivu et du Maniema S. A. R. L. v. Democratic Republic of the Congo, ICSID Case No. ARB/98/7, Award, 1 September 2000, para. 5.

③ 在 Philip Morris v. Australia 案中,投资者没有选择通过其在美国的子公司利用美国与澳大利亚的自由贸易协定提起仲裁,也是因为在该 IIA 中并没有 ISDS 机制。参见黄世席:《国际投资仲裁中的挑选条约问题》,载《法学》2014 年第 1 期。

④ See Duncan Watson & Tom Brebner, *Nationality Planning and Abuse of Process: A Coherent Framework*, ICSID Review - Foreign Investment Law Journal 33, 2018, p. 302 - 329. Also see Utku Topcan, *Abuse of the Right to Access ICSID Arbitration*, ICSID Review - Foreign Investment Law Journal 29, 2014, p. 627 - 647.

⑤ 例如在 Cementownia v. Turkey 案中,申请人坦率地承认他担心“政府至少会单方面拿走这些公司的输电权”,他“想保护我们的利益”。而他保护自己利益的方式就是,将自己的股份转让给一家外国公司,而他的家族公司反过来控制了这家外国公司。申请方具有“滥用程序”的原始动机。See Cementownia “Nowa Huta” S. A. v. Republic of Turkey, ICSID Case No. ARB(AF)/06/2, Award, 17 September 2009, para. 117.

⑥ See Utku Topcan, *Abuse of the Right to Access ICSID Arbitration*, ICSID Review - Foreign Investment Law Journal 29, 2014, p. 641. 确定争端实际发生的时间和跨度在实践中存在一定的难度。东道国造成损害的措施有时是“一次性行为”,有时是一种“持续性行为”,不同的政府措施下确定争端具体发生时间的方法不同,但这并非本文讨论的重点,在此不做赘述。

⑦ See Europe Cement Investment & Trade S. A. v. Republic of Turkey, ICSID Case No. ARB(AF)/07/2, Award, 13 August 2009, paras. 2, 84; Cementownia “Nowa Huta” S. A. v. Republic of Turkey, ICSID Case No. ARB(AF)/06/2, Award, 17 September 2009, paras. 3, 16.

争议的事件发生在2007年10月18日，相差不过9天。① 与不具有“滥用程序”目的的Autopista v. Venezuela案的1年半间隔和ConocoPhillips v. Venezuela案的两年间隔相比，在时间上明显更具紧迫性。② 除非有其他相反的证据予以证明，否则很难说这只是一种巧合，更可能是投资者有意的安排。除此之外，由于转让的紧迫性，有的受让方（如果是公司）是临时成立的，因此，还可以依据受让方的注册时间进行辅助判断。③

（3）“国籍筹划”时争端的“可预见性”

在Philip Morris v. Australia案中仲裁庭判断，在索赔人受让股权之前，澳大利亚国内就早已存在执行烟草简易包装措施（plain packaging measures）的争论，至少在2010年4月29日澳大利亚总理发布改革公告后就可以预见未来会发生投资争端。④ 认定争端的“可预见性”需要探讨“可预见性”的客体、判断“可预见性”的标准以及“可预见性”的程度三个维度。

第一，“可预见”的客体通常是指未来某一特定的具体“争端”（a specific future dispute），而不仅仅是“争议”（controversy），⑤即投资者能够预见东道国某些特定措施和法令对其投资利益可能会造成损害，并可能演变成具有法律意义的投资“争端”。第二，虽然各个案例中并没有进行明确的讨论，但笔者认为，在考虑转让股份时，对于争端是否具有“可预见性”，仲裁庭应当采用一个“理性经济人”的标准进行推论，即一个理性的投资者，在转让时根据已有的信息，在多大程度上能够判断未来具体争端发生的可能性。第三，一般来说，转让时间与争端实际发生时间的间隔越近，投资者能获得的判断未来情势的信息就越多，争端“可预见性”程度就越高。⑥ 不同仲裁庭在认定“滥用程序”时要求的“可预见”程度是不同的。例如Pac Rim Cayman v. El Salvador案仲裁庭认为“预见未来发生某一特定争端的可能性非常高”（a very high probability），而不仅仅是可能发生争议（not merely as a possible controversy）时才构成滥用程序；⑦该标准为判断滥用程序划定了一条明确的分界线。Reneé Rose Levy v. Republic of Peru案仲裁庭也引用了前案，裁定确信受让人Levy女士在受让时有“很高的可能性”能预见争端的发生。⑧ 以上两个案件都采用“高度可能性”标准对“可预见性”进行测试。而Tidewater v. Venezuela案仲裁庭则认为“合理地预见”

① See Reneé Rose Levy & Gremcitel SA v. Republic of Peru, ICSID Case No ARB/11/17, Award, 9 January 2015, paras. 89, 91.

② Autopista v. Venezuela案转让股份的时间为1998年8月28日，争端发生的时间为2000年3月8日。See Autopista Concesionada de Venezuela, C. A. v. Bolivarian Republic of Venezuela, ICSID Case No. ARB/00/5, 27 September 2001, paras. 26, 33. ConocoPhillips v. Venezuela案转让股份的时间为2005年8月11日，2007年1月8日，总统宣布了新的国有化措施，投资者于2007年1月31日通知东道国存在争端。See ConocoPhillips v. Venezuela, ICSID Case No ARB/07/30, Decision on Jurisdiction and the Merits, 3 September 2013, paras. 140, 199, 201.

③ 例如ConocoPhillips v. Venezuela案，股份受让公司CPZ于2005年7月26日在荷兰注册成立，Conoco Orinoco Inc. 公司为其唯一股东，2005年7月27日，Conoco Orinoco Inc. 将其在Conoven Holding Ltd.（Petrozuata Association 50.1%股权的间接所有者）的所有权转让给CPZ，但这并不能作为判断“滥用程序”的独立证据，只能作为其他因素的辅助佐证。该案最终不构成“滥用程序”。

④ See Philip Morris Asia Limited v. Commonwealth of Australia, PCA Case No. 2012 - 12, Award on Jurisdiction and Admissibility, 17 December 2015, para. 569.

⑤ See Pac Rim Cayman LLC v. The Republic of El Salvador, ICSID Case No. ARB/09/12, Decision on Jurisdiction, 1st June 2012, para. 2.99.

⑥ See Reneé Rose Levy & Gremcitel SA v. Republic of Peru, ICSID Case No ARB/11/17, Award, 9 January 2015, para. 187.

⑦ See Pac Rim Cayman LLC v. The Republic of El Salvador, ICSID Case No. ARB/09/12, Decision on Jurisdiction, 1st June 2012, para. 2.99.

⑧ See Reneé Rose Levy & Gremcitel SA v. Republic of Peru, ICSID Case No ARB/11/17, Award, 9 January 2015, para. 191.

(reasonably foreseeable)即可,[①]并不要求达到高度的可预见性。ConocoPhillips v. Venezuela 案并没有提出"可预见性"程度的要求,[②]但使用了类似的措辞,表示申请方在重组时没有产生或"不可能"(in prospect)产生所谓的投资仲裁权。[③] 虽然不同仲裁庭对"可预见性"的程度要求不同,但最低要求必须是"合理地预见",而非"有可能预见",总体来看还是采用了较为严格的标准。这是因为只有在对"争端"具有较高程度的"可预见性"时,才能合理地推论申请方具有"滥用程序"的原始动机。

2. 认定"滥用程序"的主观要素

如果符合以上"滥用程序"的客观要素,则可以推定仲裁申请方具有"滥用程序"的主观恶意,即通过资产重组变更投资所有者的国籍,以弥补属人管辖缺陷,获得本不享有的进入投资仲裁机制的权利,为投资损害寻求充分的救济。在认定仲裁申请方"滥用程序"的主观故意时,仲裁庭还会考察"滥用程序"意图是否为投资者实施"国籍筹划"的主要目的,以及能证明其投资者并非意在"滥用程序"的证据。

除了确认投资者实施"国籍筹划"的主观意图包括"滥用程序"外,部分仲裁庭还倾向于考察其"滥用程序"目的是否为主要目的,尤其是争端发生后实施"国籍筹划"的情况下,除了"滥用程序",投资者可能还存在其他转让目的。如在 Phoenix Action v. Czech Republic 案中,仲裁庭认为获得进入投资仲裁的权利是转让股份的"唯一目的";在 Mobil v. Venezuela 案中仲裁庭提出滥用目的是"主要目的";在 Pac Rim Cayman v. El Salvador 案中滥用目的被认定为"主导目的";而 Tidewater v. Venezuela 案,似乎认为只需确认存在该滥用动机,即可不考虑是否存在税收优化的目的。[④] 从多数情况来看,"滥用"的意图仍然是"国籍筹划"型"滥用程序"投资者的主要目的。

3. "滥用程序"的相反证据

申请方是否能提交其他能够证明其不存在"滥用程序"意图的证据,排除申请方的主观恶意,阻却客观行为的违法性,也是影响案件裁决结果的关键因素之一。例如股权交易的实质、业务的真实性质、[⑤]是否有其他合理的经济和商业理由、后续的资本投入等。[⑥] 目前在争端发生不久前进行"国籍筹划"的案件,还没有申请方能够提出排除其主观恶意的证据。但在争端发生后提起仲裁程序前进行"国籍筹划"的 Mobil v. Venezuela 案中的申请方则被认定为不存在"滥用"意图。

该案主要在以下三个方面提出了相反的证据。第一,与 Autopista v. Venezuela 案的情况不同,该案的投资者不存在将股份转让的事由提交东道国批准的合同义务,但出让方并没有隐瞒该

---

① See Tidewater v. Venezuela, ICSID Case No. ARB/10/5, Decision on Jurisdiction, 8 February 2013, para. 197.

② See Utku Topcan, *Abuse of the Right to Access ICSID Arbitration*, ICSID Review – Foreign Investment Law Journal 29, 2014, p. 647. 该文认为 ConocoPhillips 案认定"可预见"的门槛要比其他案件低一些,只需在重组时,争端必须是"有可能的"即可。而回顾 ConocoPhillips 案原文,仲裁庭似乎并非此意。

③ See ConocoPhillips v. Venezuela, ICSID Case No ARB/07/30, Decision on Jurisdiction and the Merits, 3 September 2013, paras. 279, 280.

④ See Ascensio H., *Abuse of Process in International Investment Arbitration*, Chinese Journal of International Law 13, 2014, p. 774.

⑤ See Duncan Watson & Tom Brebner, *Nationality Planning and Abuse of Process: A Coherent Framework*, ICSID Review – Foreign Investment Law Journal 33, 2018, p. 316. Also see Matthew Skinner, Cameron A. Miles & Sam Luttrell, *Access and Advantage in Investor – state Arbitration: The Law and Practice of Treaty Shopping*, The Journal of World Energy Law & Business 3, 2010, p. 281 – 282.

⑥ See Baumgartner J., *The Significance of the Notion of Dispute and Its Foreseeability in an Investment Claim Involving a Corporate Restructuring*, The Journal of World Investment & Trade 18, 2017, p. 212.

事实，而是将转让股份的情况通知了委内瑞拉政府，且后者并没有对重组提出任何异议。[①] 第二，2005 年 12 月（已存在未决争端），Mobil Venezolana 与其合作伙伴承诺向项目投资约 13 亿美元，2006 年的投资额为 8900 万美元，并再次确认打算于 2007 年 1 月继续进行该项投资。东道国对这些后续资本的投入也无异议。第三，在投资者转让股份后，东道国又实施了新的国有化措施，仲裁庭认为其重组是针对未来的争端，而非已存在的争端。[②] 可见，除上文中提及的主观要素外，考察申请人"滥用程序"的主观"滥用"恶意时，投资者是否主动告知国籍筹划的情况，以及东道国对投资者"国籍筹划"的表态，也是重要的考量因素，东道国无异议代表了其默示同意的态度。争端存在后，申请人在东道国持续的资本投入能够表明投资者长期投资和发展的意向以及为东道国经济作出积极贡献的主观意愿，而非仅仅是为了获得仲裁的程序性利益进行临时的"国籍筹划"。第一次争端发生后，投资者产生了利用投资仲裁机制保护自身利益的意识与紧迫需求，但申请人并未将索赔的范围扩大至第一次争端遭受的损失，表明投资者没有获得不适当管辖权利益的目的。投资者将求偿的时间范围限缩于股份转让后发生的第二次争端，所追求的是一种适当的管辖利益，不仅使索赔能满足属时管辖权的需要，也表明申请人在转让投资时不存在"滥用程序"的目的。

四、我国政府应对"国籍筹划"型"滥用程序"的因应之策

"国籍筹划"型"滥用程序"源于当前 IIA 网络的碎片化，有观点认为，解决该问题需要各国在一个多边投资框架内成立一个常设投资法院。[③] 但在当前的 ISDS 机制改革中，多边投资法院和常设多边上诉机制两种改革方案还没有形成最终的结果，多边投资法院的设想也面临最大的改革难度，很难在短时间内通过 ISDS 机制改革彻底解决"滥用程序"问题。[④] 因此，我国作为世界第二大外国直接投资流入国，[⑤]在未来的一段时间内仍有可能面临"国籍筹划"型"滥用程序"带来的诉累，有必要寻求更为经济、有效的因应之策。根据上文的分析，笔者认为我国政府可以在新 IIA 缔结、旧 IIA 修改以及投资合同的订立中，明文规定"善意原则""禁止滥用权利""禁止滥用程序"原则；并在投资仲裁中积极主张属物、属时管辖异议和"滥用程序"的可受理性异议，以遏制投资者滥诉。

（一）在缔约阶段运用"善意原则"和"禁止滥用程序"原则

1. 将"善意"纳入"投资"或"投资者"的定义中

现有的大多数 IIA 都采用较为宽泛的"投资"和"投资者"定义，[⑥]通常并没有对适格的"投资"或"投资者"规定"善意"要素，保护的争端范围过大且不合理，应当采用更加精细和严格的定

---

① See Venezuela Holdings B. v. & others (formerly Mobil Corporation and others) v. Bolivarian Republic of Venezuela, ICSID Case No. ARB/07/27, Decision on Jurisdiction, 10 June 2010, para. 192.

② See Venezuela Holdings B. v. & others (formerly Mobil Corporation and others) v. Bolivarian Republic of Venezuela, ICSID Case No. ARB/07/27, Decision on Jurisdiction, 10 June 2010, paras. 202 – 207.

③ See Baumgartner J., *Treaty Shopping in International Investment Law*, Oxford University Press, 2016, p. 239.

④ See Baumgartner J., *Treaty Shopping in International Investment Law*, Oxford University Press, 2016, p. 240.

⑤ See UNCTAD, *World Investment Report* 2021, p. 5 – 7, https://unctad.org/system/files/official – document/wir2021_en.pdf, Jun. 29, 2022. Also see UNCTAD, *World Investment Report* 2022, p. 9 – 21, https://unctad.org/system/files/official – document/wir2022_en.pdf, Jun. 29, 2022.

⑥ See UNCTAD, *International Investment Agreements and Their Implications for Tax Measures: What Tax Policymakers Need to Know*, p. 14, https://unctad.org/system/files/official – document/diaepcbinf2021d3_en.pdf, Sep. 28, 2021.

义。在 Phoenix v. Czech 案中,仲裁庭自行要求一项合格的“投资”应当是“善意投资的资产”。虽然该“投资”标准后来被其他法庭所否认,①但是这给东道国带来的启示是:在缔结条约或签署投资合同时应当考虑明确将“善意”因素纳入“投资”的定义中,使其成为属物管辖问题。在 Saluka v. Czech 案中,东道国控告申请方“缺乏善意或滥用权利”,因此,并非一个真正的或合法的“投资者”,也是将“善意”整合入“投资者”的定义中,将“禁止滥用程序”原则的适用转化为属人管辖问题。② 将“善意”纳入“投资”和“投资者”的定义中,具有诸多益处。第一,在没有明文规定的情况下,只有极少数的仲裁庭会主动在“投资”或“投资者”的定义中使用作为一般国际法原则的“善意原则”。明文规定的“善意”要求不仅是仲裁庭在行使权力时的条文依据,同时也是对仲裁庭施加的审查义务。第二,此举能将“国籍筹划”导致的“滥用程序”问题统一转化为管辖权问题处理,在管辖权确认的阶段就能有效拦截具有不当“国籍筹划”意图、滥用“一般投资仲裁权”的案件,遏制未来的恶性“滥用程序”行为。第三,避免了“滥用程序”属于管辖权或可受理性问题的争议。正如部分学者所持观点,“如果各法庭充分认同只有‘善意’投资才能受到国际投资协议的保护,并且始终适用‘善意’要求,那么就没有必要将‘滥用程序’原则与投资协议下的管辖权要求分开适用”③。

2. 在缔约时明文规定“禁止滥用程序”

在投资仲裁中,仲裁庭是否有权基于“滥用程序”驳回管辖权请求存在一定的争议。有学者认为,为防止对国家制定条约的自主权造成损害,“禁止滥用程序”理论本身无法作为拒绝管辖权的一般性依据。④ 笔者认为,除了在“投资”或“投资者”定义中添加“善意”的要求,我国政府也可以选择在缔结新 IIA、修改旧 IIA 或签订投资合同时,直接增加关于“禁止滥用程序”的明确规定。

事实上,已经有国家正在实践这种方案,即直接在 IIA 中要求仲裁庭拒绝管辖投资者基于“滥用程序”提起的仲裁案件。例如《欧盟与新加坡自由贸易协定》、⑤《跨大西洋贸易和投资伙伴关系协定》中的“反规避”(Anti - circumvention)提案、⑥《欧盟与加拿大全面经济贸易协定》⑦均明确:如果投资者在获得或控制投资时,争端已经发生或有可能发生,且投资者是为了获得“特定投资仲裁权”,仲裁庭应当拒绝管辖。我国政府也可以选择参照以上的条约文本明文规定“禁止滥用程序”,这种做法同样可以赋予仲裁庭基于“滥用程序”排除可受理性问题的明确权利,有效地减少或避免诉累。

---

① See Saba Fakes v. Turkey, ICSID Case No ARB/07/20, Award, 14 July 2010, para. 112.

② See Saluka Investments BV (The Netherlands) v. Czech Republic, PCA Case No. 2001 - 04, Partial Award, 17 March 2006, para. 231.

③ Yuka Fukunaga, *Abuse of Process under International Law and Investment Arbitration*, ICSID Review - Foreign Investment Law Journal 33, 2018, p. 208.

④ See Voon T., Mitchell A. & Munro J., *Legal Responses to Corporate Manoeuvring in International Investment Arbitration*, Social Science Electronic Publishing, 5, 2014, p. 62.

⑤ 参见《欧盟与新加坡自由贸易协定》(EU - Singapore Free Trade Agreement)投资章节第二章第 3.7.5 条,https://eur - lex. europa. eu/resource. html? uri = cellar:55d54e18 - 42e0 - 11e8 - b5fe - 01aa75ed71a1.0002.02/DOC_2&format = PDF#page = 12, Jun. 29, 2022。

⑥ 参见《跨大西洋贸易和投资伙伴关系协定》(Transatlantic Trade and Investment Partnership)投资章节第 15 条,https://trade. ec. europa. eu/doclib/docs/2015/november/tradoc_153955. pdf, Jun. 29, 2022。

⑦ 参见《欧盟与加拿大全面经济贸易协定》(Comprehensive Economic and Trade Agreement)投资章节第 8.18 条,https://eur - lex. europa. eu/legal - content/EN/TXT/PDF/? uri = CELEX:22017A0114(01)&from = EN, Jun. 29, 2022。

(二)在仲裁程序中积极主张管辖权和可受理性异议

IIA 和投资合同的签订或修改是一项耗时的工作,在应诉时,如果现有 IIA 文本还未作出上述规定,我国政府可分别提出与“国籍筹划”相关的属物、属时管辖权异议和“滥用程序”的可受理性异议,使案件无法进入实质审理阶段。

1. 积极主张属物、属时管辖权异议

如前文所述,基于“滥用程序”目的的“国籍筹划”行为可能会使“投资”的属性发生改变。当前国际投资法正出现国家“回归”的现象,要求强化国家规制权、探讨投资者与东道国利益的平衡。[①] 在此种背景下,仲裁庭可能会重新调整投资者与国家间的天平倾斜度,对“投资”的特征采用更为严格的认定方式,从而有机会成功挑战“国籍筹划”型“滥用程序”案件的属物管辖权。因此,我国政府在应对“国籍筹划”型“滥用程序”时,可以积极主张资产重组导致案件不符合属物管辖规定的异议。此外,针对在争端已经存在后进行资产重组的此类“滥用程序”案件,我国政府还可以主张其不符合属时管辖权的要求。从现有案例的裁决结果看,仲裁庭对此达成了较为一致的观点。因此,主张属时管辖权异议成功的可能性较大。

2. 积极主张可受理性异议

不论在争端发生不久前可预见争端时进行“国籍筹划”,还是争端发生后进行“国籍筹划”,只要构成了“滥用程序”,都将导致案件失去可受理性,无法进入实质审理阶段。例如,可预见争端时进行“国籍筹划”的 Europe Cement v. Turkey 案和 Cementownia v. Turkey 案,仲裁庭认为投资者间未发生真实交易,即使发生了真实交易,股权的转让也并非善意的,而是为了故意制造“国际管辖权”,将国内纠纷转化为国际投资纠纷,构成滥用诉讼程序。[②] 最终,两个案件的仲裁庭都排除管辖权的行使。Philip Morris v. Australia 案也属于可预见争端型案件,仲裁庭认定重组的决定性原因并非商业原因,而主要是为了启动投资仲裁。仲裁庭裁定受让人“滥用权利”,仲裁庭无权对该争端行使管辖权。[③] 在争端发生后进行“国籍筹划”的 ST – AD v. Bulgaria 案,仲裁庭认为索赔人投资的主要目的是获得初始投资者无权获得的国际管辖权,这种投资是“非善意”的。[④] 法庭有责任不保护这种滥用投资仲裁制度的行为,[⑤]仲裁庭接受了东道国基于“滥用程序”的异议。[⑥] Phoenix Action v. Czech 案仲裁庭也表达了相同的观点。[⑦] 可见,通过主张“滥用程序”阻止仲裁庭行使管辖权是避免诉累的有效途径。我国政府可积极要求仲裁庭认定投资者构成“滥用程序”,并对相关的主客观要素积极举证,尤其是与“国籍筹划”有关的时间点、“国籍筹划”时争端的“可预见性”、申请方“滥用程序”的主观恶意等要素。

---

① 参见杨希:《国际投资法中的国家“回归”趋势——兼评我国〈外商投资法〉中的规制权》,载《海南大学学报(人文社会科学版)》2021 年第 1 期。

② See Cementownia “Nowa Huta” S. A. v. Republic of Turkey, ICSID Case No. ARB(AF)/06/2, Award, 17 September 2009, para. 117.

③ See Philip Morris Asia Limited v. Commonwealth of Australia, PCA Case No. 2012 – 12, Award on Jurisdiction and Admissibility, 17 December 2015, paras. 535 – 588.

④ See ST – AD GmbH v. Republic of Bulgaria, PCA Case No. 2011 – 06(ST – BG), Award on Jurisdiction, 18 July 2013, para. 421.

⑤ See ST – AD GmbH v. Republic of Bulgaria, PCA Case No. 2011 – 06(ST – BG), Award on Jurisdiction, 18 July 2013, para. 423.

⑥ See ST – AD GmbH v. Republic of Bulgaria, PCA Case No. 2011 – 06(ST – BG), Award on Jurisdiction, 18 July 2013, para. 431.

⑦ See Phoenix Action, Ltd. v. Czech Republic, ICSID Case No. ARB/06/5, Award, 15 April 2009, paras. 142, 143, 144.

五、结语

在国际投资仲裁中,"国籍筹划"型"滥用程序"是不具有适格国籍的投资者为了获得不正当的投资仲裁管辖权和案件可受理性而滥用"一般投资仲裁权"的行为。在管辖权认定方面,在"国籍筹划"型"滥用程序"案件中,不能通过资产重组使受让方从缺乏"特定投资仲裁权"的原始投资者处有效地继受"特定投资仲裁权"。仲裁申请方可能面临属物和属时管辖权质疑,具体的管辖权认定情况因案而异,但在可预见争端时进行基于资产重组的"国籍筹划"有可能使受让方获得"特定投资仲裁权"。在可受理性问题方面,在没有明确的 IIA 文本规定的前提下,仲裁庭应当将"国籍筹划"型"滥用程序"视为可受理性问题。构成"国籍筹划"型"滥用程序"应当同时具有"滥用"的意图和"滥用"行为,需要综合考察相关的主客观要素。我国政府在未来一段时间内仍有可能面临此类问题,故应当在缔约时和仲裁程序中都积极运用"善意原则"和"禁止滥用程序"原则,为仲裁庭拒绝管辖提供明确的指引,对投资者施加限制,防止投资者滥用仲裁机制。

Study on the "Nationality Planning" Type of "Abuse of Process" in International Investment Arbitration

Zeng Fangbing

Abstract: In international investment arbitration, there are often cases of abusing the procedural rights of investment arbitration through nationality planning. The essence of such cases is to abuse the "general right to investment arbitration" in an attempt to obtain and exercise the "specific right to investment arbitration" (arbitration jurisdiction and admissibility). "Nationality planning" cannot lead to derivative acquisition of "specific investment arbitration rights" and whether investors can obtain the rights originally depends on the time of "nationality planning". The "abuse of process" resulting from "nationality planning" should be deemed as an admissibility issue. In the process of identifying "abuse of process", the arbitral tribunal needs to comprehensively examine subjective and objective factors, including the *ratione personae* of the nationality planning parties, relevant time points, the "predictability" of the dispute, the intention of "abuse of process", and whether there is evidence to refute "abuse of process". For these kinds of cases, China should actively use the principle of "abuse of process" in the process of contracting and arbitration to stop investors from abusing investment arbitration mechanism.

Key Words: abuse of process; nationality planning; jurisdiction; admissibility; investment arbitration right

ICSID 自主性与国际公共职能的拓展

王桂玲*

内容摘要　国际法学界将 ICSID 的属性界定为单一的国际投资争端仲裁机构，但其本质是政府间具有独立法人资格的国际组织。国际组织根据国家的偏好和预期对国际制度会进行相应调整，但是并不能据此就简单认为国际组织是国际制度消极的实施客体。国际组织 ICSID 凭借自身优势在 20 世纪 80 年代资源相对稀缺的国际投资治理领域拓展公共政策职能，本文从能力、意愿、时机三个维度探究其职能拓展的原因及途径。

关键词　ICSID　国际组织自主性　ICSID 秘书处　国际公共政策职能

随着国际政治经济局势变化，国际投资争端解决中心(International Centre for Settlement of Investment Disputes，ICSID)原秘书长 Shihata 将 ICSID 重新定义为“国际公共政策的有效工具”，明确表示扩大 ICSID 职能，从建立相关“仲裁和调解制度”扩展为有助于改善全球投资环境、为投资者与国家之间以及国家与国家之间建立相互信任关系的国际组织，由于 ICSID 具有投资争端解决“去政治化”特质，能有效地增强外国投资者到发展中国家进行直接投资的信心。① 国际法学界将 ICSID 的属性界定为单一的国际投资争端仲裁机构，但其本质是政府间具有独立法人资格的国际组织。国际组织根据国家的偏好和预期对国际制度会进行相应调整，但是并不能据此就简单认为国际组织是国际制度消极的实施客体。作为具有广泛影响力和代表性的国际投资仲裁机构，ICSID 在国际投资治理进程中扮演着重要角色。二十世纪八九十年代以来，它不仅在国际投资争端解决领域扩大活动范围和活动影响，在国际经济发展和各国国际投资立法等领域亦发挥了不可或缺的作用，实现了国际公共政策职能的拓展。本文从能力、意愿和时机三个维度出发，尝试构建一个分析框架，探寻 ICSID 公共政策职能拓展的原因及路径，以期更好地审视与理解 ICSID 秘书处的行为逻辑及其对国际投资治理体系的影响。

一、能力维度

国际组织的权威源于其掌握的专业信息和专业知识。国际组织的影响力程度基于其核心授权的专业技术权威。作为政府间国际组织的 ICSID 是一个独立的国际行为体，依据《解决国家和他国国民之间投资争端公约》(以下简称《ICSID 公约》)规定，其核心职能是管理投资者与国家之间的投资争端。ICSID 运用专业知识解决国际投资合作中的问题，这无形中也使其增加了权威性。时任秘书长的 Shihata 宣称“ICSID 是与其他商业或国际争端解决机构不同的专业投资争端

* 王桂玲，就职于广东司法警官职业学院，法学博士，研究方向为国际经济法、经济法。

① See ICSID Annual Report，1984.

解决组织"[①]。其专业性表现为以下几方面内容。

第一,ICSID 仅受理投资者与国家间直接因投资而产生的法律争端。Shihata 肯定《ICSID 公约》中"投资"定义的模糊性,是公约作为"明智预防措施"灵活性的体现。[②] ICSID 需要根据 ICSID 用户和各方的务实需求,适应投资者与东道国之间合作形式的变化,这有助于提高 ICSID 相应制度的有效性和灵活性。[③]

第二,ICSID 非营利性特质。由于 ICSID 是在世界银行的财政支持下建立和运营的组织,仲裁和调解业务并不是 ICSID 财政预算的主要来源。为了体现 ICSID 与利润为导向仲裁机构的重大区别,Shihata 承诺将争议成本"降至最低",避免出现类似其他营利机构为多获取服务费用而制定一些不正当制度性激励措施的问题。因此,Shihata 明确 ICSID 绩效评价标准不能以案件登记数量、审理周期或案件受理费用为量化指标,作为具有预防和解决争端功能的 ICSID,受案量是错误的评价指标。在 ICSID 成立的最初几年,超过一半的仲裁程序以友好协商解决终结,这一事实很明显证明 ICSID 制度是有效的投资争端制度。[④]

第三,强调 ICSID 仲裁员、调解员的专业性。Shihata 认为,ICSID 能否成为全球专业权威性的争端解决机构关键在于仲裁员和调解员的专业知识储备程度。为此,秘书长 Shihata 致力于扩大专家网络,提高专家的专业能力,于是强调各成员国提交给 ICSID 的"仲裁员名册的专家名单"所列人员须具备专业资质、丰富的实践经验和较高声望。[⑤] ICSID 规定要求仲裁员不得与争端当事方存有利益关系,必须公正裁决,[⑥]成员指派仲裁和调解人员应具有高度的道德品质,并且在法律,商业,工业或金融领域有公认的资格。[⑦] 据 1987 年《ICSID 新闻》报道,ICSID 共组成 19 个仲裁庭和 2 个特设委员会,已任命了代表 14 个国家的 63 名仲裁员,仲裁员职业主要是律师,其余为 2 名建筑师和 2 名海事专家。[⑧]

第四,细化 ICSID 仲裁规则。1984 年,Shihata 责令对 ICSID《仲裁程序规则》进行修订,这是自公约生效以来 ICSID 秘书处对其进行的第一次大规模修改。这次修订主要是针对 ICSID 早期仲裁实践中出现的问题提出的解决方案,Shihata 称 1984 年改革"为其注入更大程度的灵活性"[⑨]。修改规则内容主要有:临时措施、预付款以支付仲裁费用、听证会、会议记录保存以及 SG

---

① Ibrahim F. I. Shihata, *Remarks on the Obstacles Facing ICSID's Proceedings and International Arbitration in General*, ICSID NEWS, 1986.

② See ICSID, ICSID Annual Report, 1984.

③ See Ibrahim F. I. Shihata, *Towards a Greater Depoliticization of Investment Disputes: The Roles of ICSID and MIGA*, ICSID Review, Vol. 1, No. 1, 1986, p. 1 – 25.

④ See Ibrahim F. I. Shihata, *Towards a Greater Depoliticization of Investment Disputes: The Roles of ICSID and MIGA*, ICSID Review, Vol. 1, No. 1, 1986, p. 1 – 25.

⑤ See ICSID, *Composition of ICSID Tribunals*, ICSID NEWS, 1987.

⑥ ICSID《仲裁程序规则》第 6 条第 2 款规定,依据准据法,仲裁员在双方当事人间公正裁判,并且除解决投资争端公约和依其指定的条例、规则之决定外,拒不接受来自任何方面的有关仲裁的指示或报酬。在此附上有关本人过去和现在职业以及与当事者双方的其他关系(如系存在)之声明书。

⑦ 《ICSID 公约》第 14 条规定:a. 指派在小组服务的人员应具有高度的道德品质,并且在法律、商务、公约或金融方面有公认的资格,他们可以被信赖做出独立的判断。对仲裁员小组的人而言,在法律方面的资格尤其重要。b. 主席指派在小组中服务的人员时,还应适当注意保证世界上各种主要法律体系和主要的经济活动方式在小组中具有代表。

⑧ See ICSID, *Composition of ICSID Tribunals*, ICSID NEWS, 1987.

⑨ Antonio R. Parra, *The Development of the Regulations and Rules of the International Centre for Settlement of Investment Disputes*, ICSID Review Foreign Investment Law Journal, No. 1, 2007, p. 61.

出席听证会的时间安排。其中最引人注目的是临时措施规则的细化。依据《ICSID 公约》第 47 条的规定,ICSID 仲裁庭对当事人提起的临时措施享有管辖权。但对于《ICSID 公约》第 26 条规定①中的“救济”是否包括临时措施,《ICSID 公约》则没有明确具体规定,这在仲裁实践中引发歧义。理论界中围绕该问题有“广义说”和“狭义说”的争论。“广义说”认为,投资争端“去政治化”是公约主要特征,旨在平衡投资者与东道国利益,强调排除东道国救济;而“狭义说”则认为 ICSID 管辖权不应排除国内法院接受援助的权利。② 在仲裁实践中两种对立学说也被不同仲裁庭采用。在国际海运代理公司诉几内亚案(MINE v. Guinea)③中,瑞士日内瓦法院支持了临时措施“广义说”理论并于 1985 年 12 月裁决:ICSID 对临时措施拥有排他的管辖权,东道国内国法院无权对此作出裁决。而 1983 年 10 月,在 ICSID 受理的大西洋特里顿公司诉几内亚仲裁案(Atlantic Triton v. Guinea)④中,仲裁庭接受“狭义说”理论,裁决:ICSID 管辖权并不排除当事方向内国法院寻求救济。针对相同案情,不同仲裁庭作出了不同裁决,这对 ICSID 仲裁制度的专业性提出挑战,所以 1984 年《仲裁程序规则》新增的第 39 条第 5 款规定⑤,旨在巩固 ICSID 的自足系统,并将其制度与国内法院的审查脱钩,以提高 ICSID 的专业权威。

第五,重新定位仲裁裁决撤销制度价值。《ICSID 公约》第 53 条规定,⑥仲裁裁决撤销制度是 ICSID 内部控制制度,对已生效的瑕疵裁决予以撤销的救济手段。但在《ICSID 公约》颁布后到 1984 年近 20 年的时间,由于 ICSID 受理案件较少,没有撤销申请案件,所以该制度未发挥作用。之后由于克劳科纳公司诉喀麦隆案和阿姆科公司诉印度尼西亚案专门委员会的两次撤销裁决引发公众关注,尤其是学术界对该制度展开了激烈的讨论。⑦ Paulsson 认为,两个撤销裁决对 ICSID 产生重大影响,ICSID 相应制度的优点就在于自足性,它排除外部复审救济程序,但现在由于裁决随时可能会被撤销导致使用该制度解决投资争端的频率大大降低。⑧ Reisman 教授对 ICSID 制度的未来表示担忧,他认为“一个可行且有用的争议解决工具正处于危险之中,因为它的控制系统已失去控制”⑨。时任 ICSID 秘书长的 Broches 曾指出,公约起草人设计的撤销制度属于一种特殊的补救措施,拒绝将撤销制度……转为上诉制度。⑩ 在此背景下,ICSID 采取了两项措施保障 ICSID 制度的权威。其一,Shihata 干预仲裁庭,强烈主张撤销裁决制度仅适用于重大程序瑕疵;其二,ICSID 行政理事会主席指定专门委员会委员,其中至少一名仲裁员是已经参加过前委员会

---

① 《ICSID 公约》第 26 条规定,除非另有说明,双方当事人同意交付 ICSID 仲裁,应视为同意排除其他任何救济办法。

② 参见陈安:《国际投资争端仲裁:“解决投资争端国际中心”制度研究》,复旦大学出版社 2001 年版,第 191 页。

③ See International Nominees Establishment(MINE) v. Republic of Guinea, ICSID CaseNo ARB/84/4.

④ See Atlantic Triton Co. v. People's Revolutionary Republic of Guinea, ICSID Case No. ARB/84/1.

⑤ ICSID《仲裁程序规则》第 39 条第 5 款规定:经双方当事人同意并在书面协议中作出规定,本规则不禁止双方当事人在仲裁程序开始前或在仲裁期间,请求任何司法机构或其他机构采取保全措施以保全相应的权益。这款规定说明,如果仲裁当事方试图向非“中心”机构寻求如临时措施之类的救济,应有双方当事人的书面同意。

⑥ 《ICSID 公约》第 53 条规定,ICSID 中心仲裁庭的裁决是终局性的,当事人不得就裁决提起上诉或寻求其他救济。

⑦ 相关内容有:Christoph Schreuer, *Commentary on the ICSID Convention*, ICSID Review Foreign Investment Law Journal, Vol. 13, 1998, p. 518; Marc Sturzenegger, *ICSID Arbitration and Annulment for Failure to State Reasons*, Journal of International Arbitration, No. 9, 1992, p. 178; Bjoern Pirrwitz, *Annulment of Arbitral Awards Under Article 52 of the Washington Convention on the Setdement of Investment Disputes between States and Nationals of Other States*, Tezas International Law Journal, No, 1. 1988, p. 73 – 116。

⑧ See Jan Paulsson, *ICSID's Achivemnets and Prospects*, ICSID Review – Foreign Investment Law Journal, No, 6, 1991, p. 388.

⑨ W. Michael Reisman, *The Breakdown of the Control Mechanism in ICSID Arbitration*, Duke Law Journal, No. 4, 1989, p. 765.

⑩ See A. Broches, *Observations on the Finality of ICSID Awards*, ICSID Review Foreign Investment Law Journal, No. 6, 1991, p. 321 – 378.

的成员,以保障裁决的一致性。[①] Shihata 在 1988 年《ICSID 年度报告》中明确指出,如果仲裁实践中当事人滥用撤销制度将会导致 ICSID 制度受到冲击,建议行政理事会修改考虑修订现行的《仲裁规则》,明确地把"撤销原裁决"程序作为特殊的例外来对待,保障 ICSID 制度的自足性。[②] 由于对前两项废止决定的学术舆论压力以及中心随后采取的行动,ICSID 制度被校准为更具有自足性的制度,增强了 ICSID 专业性权威。但是,这次事件仍然给 ICSID 带来了负面影响,在此期间,国际投资协定中出现了投资争端可以提交国际刑事法院或 SCC 受理的条款。

第六,构建认知共同体。ICSID 与美国仲裁协会国际争议解决中心、国际商会仲裁院等商业仲裁机构签订仲裁设施合作协议[③],自 1983 年以来,ICSID 赞助三方联合主办一年一度的国家商事仲裁问题学术研讨会[④],赞助国际发展法学院[⑤]开展的国际投资仲裁专家教育计划。[⑥] 与此同时,秘书处为加强理论研究和传播有关 ICSID 活动的信息,提高社会认知,分别出版了《ICSID 公约立法史》(4 卷集)、《世界各国投资法汇编》(10 卷集)、《投资条约汇编》(2 卷集)、《ICSID 新闻》(ICSID NEWS)和《ICSID 评论:外国投资法学刊》(*ICSID Review—Foreign Investment Law Journal*)等书刊,其中《ICSID 评论:外国投资法学刊》影响力最大,该评论于 1986 年 4 月创刊,致力于成为 ICSID 实践和国际投资信息和分析的来源。[⑦]上述措施有助于 ICSID 建立一个从业者社区,使有关人员可相互交流职业经验、专业知识和思想观念,形成认知共同体,促进 ICSID 制度扩散。

第七,为提高 ICSID 职能和效率,ICSID 与其他国际商事仲裁机构开展互助协作。根据《ICSID 公约》第 63 条[⑧],ICSID 先后与墨尔本澳大利亚国际商务仲裁中心、悉尼澳大利亚解决商务争端中心、新加坡国际仲裁中心、巴林海湾合作委员会商务仲裁中心等签订合作协议。ICSID 受理的有关仲裁案件在当地开庭审理,多次开展合作,方便当事人,提高了 ICSID 制度效率,也扩大了 ICSID 制度的国际影响力。

二、意愿维度

Shihata 理念的变化及对国际投资争端机制间竞争的回应是 ICSID 职能拓展的主观动因,ICSID 致力于通过问题联系途径将理念转化为实践行动。

1. 对机制竞争的回应与行动理念的变化是其职能拓展的主观动因

在意愿维度上,国际组织有拓展非核心职能的动机和构想,这既来源于对机制竞争的被动回应,也源自其自身行动理念的变化。

ICSID 在国际投资争端解决领域逐渐面临大量国际商事仲裁机构及区域投资协定争端解决机制的挑战和冲击,导致其为维护自身权威与合法性开始对其职能与行动领域的创新,以实现差异化发展。

---

① See ICSID,ICSIDAnnual Report,1984.

② See ICSID,ICSID Annual Report,1988.

③ ICSID 与其他国际商事仲裁机构的合作协议中约定授权 ICSID 秘书长有权为特别仲裁条款框架内的仲裁机构指定仲裁员。

④ http://icsid. worldbank. org,2019 - 02 - 19.

⑤ 国际发展法学院是根据荷兰法律于 1983 年建立的一个非政府间国际组织,其宗旨是帮助发展中国家律师提高谈判签约的能力和在发展援助、外国投资、国际贸易及其他国际商业活动等领域担任商业顾问的能力。

⑥ See ICSID,*ICSID Assists IDLI in Organizing an Arbitration Course*,ICSID NEWS,1985,p. 13.

⑦ See ICSID,ICSID Annual Report,1986.

⑧ 《ICSID 公约》第 63 条规定,经当事人双方同意,有关的仲裁程序可以在 ICSID 中心以外的其他公私仲裁机构的所在地进行。

道义性权威主要体现为ICSID秘书处作为规范传播的倡导者,利用“去政治化”和改善全球投资环境传播ICSID制度的好处,构建国家和投资者的认知。Barnett和Fennimore认为,道义性权威使国际组织自身显得非政治化和不偏不倚,他们成为国际社会共同价值的拥护者而不是特定利益的拥护者,因此它们看起来是超越政治的,并且从它们的行动中获得了支持。① ICSID作为限制权力合法框架的概念是由中立的国际组织名义实现的,ICSID制度也同时被视为中立、自主和非国家化的制度,从资本输入的发展中国家来看,适用该制度比外交保护或第三国法院解决投资争端更加公平。②

在Shihata领导下,ICSID不再囿于争端解决制度,而是“去政治化”的国际投资争端解决机构,将投资争端解决制度的国家化与政治化隔绝的法律规制方式。Shihata声称,ICSID具有平衡不对称的国家权力,限制国家采用外交保护手段干涉他国内政的功能。③ 在20世纪80年代债务危机使发展中国家和拉美国家开始积极吸引外国直接投资的大背景下,Shihata强调ICSID制度具有“去政治化”功能,这与主张卡尔沃主义的拉美国家产生了共鸣。Shihata认为,ICSID是“卡尔沃主义的优秀解决方案”,能有效鼓励外国直接投资并制止投资者母国“滥用外交保护”。④ Shihata又再次明晰《ICSID公约》条款“去政治化”的价值体现,⑤诸如《ICSID公约》第26条规定:缔约国可以要求用尽当地救济各种行政或司法补救办法寻求救济;第27条第1款规定:ICSID管辖争端禁止缔约方向国民提供外交保护;第42条第1款规定:仲裁庭应依据双方协议选择的法律规范处理争端,如无此协议,仲裁庭应适用争端当事国的缔约国法律(东道国法律)。

此外,为增强ICSID中立性,避免偏袒投资者或者东道国,Shihata要求所有缔约国,尤其是没有行使指派权的缔约国应当指派人员,保证仲裁员小组和调解小组的成员来源广泛,确保仲裁或调解机构能够代表投资过程中所有主要的利益方。

因此,截至1991年,即Shihata第一任期期满之时,拉美地区至少有10个国家签署《ICSID公约》,拉美国家对公约态度的转变正是对ICSID制度“去政治化”特质的有力回应。

2. 借关联问题实现拓展职能的意愿

当ICSID秘书处具有拓展非核心意愿的动机和构想之后,会通过问题关联实现目标。

秘书处对ICSID职能的重新界定,表明ICSID具有促进经济发展的作用,ICSID通过技术援助改善发展中国家的投资环境,有助于促进外国资本的流入。ICSID的国际公共政策职能得以扩展源于20世纪80年代末ICSID登记受理案件数量相对较少以及新自由主义经济政策的扩散,通过单边、双边以及多边方式开展技术援助。

20世纪80年代至90年代,世界银行的发展政策发生转变,开始致力于帮助发展中国家建立有利于经济发展的市场制度,尤其是在巴尔伯·康纳伯时任世界银行行长期间,他强调“经济发展无法在没有资本的情况下实现……”,发展中国家不会获得资本,除非他们提供足够的保证。

---

① 参见[美]迈克尔·巴尼特、[美]玛莎·尼莫尔:《为世界定规则:全球政治中的国际组织》,薄燕译,上海人民出版社2009年版,第33页。

② See Sergio Puig, *Emergence and Dynamism in International Organizations: ICSID, Investor - State Arbitration, and International Investment Law*, Georgetown Journalof International Law, Vol. 44, No. 2, 2013, p. 531 - 608.

③ See ICSID Annual Report, 1985.

④ See ICSID Annual Report, 1985.

⑤ See Ibrahim F. I Shihata, *ICSID and Latin America*, ICSID NEWS, 1984.

这意味着发展中国家在获得世界银行经济援助之前,需要完善本国的外国投资立法和对法规进行一些根本性的改革。

首先,ICSID 利用“国际投资法项目”积极向发展中国家提供修订国际投资协定和外国投资立法的技术援助。[①] ICSID 执行董事会报告表明,世界银行在 1965 年关于《ICSID 公约》的报告中特别建议东道国在其国内投资法中规定适用 ICSID 制度条款。世界银行认为,投资东道国可以直接在本国国内法中预先同意将投资争端提交 ICSID 调解或仲裁,而私人投资者的书面接受 ICSID 仲裁或调解就视为投资者“书面同意”。[②] 据 1981 年《ICSID 年度报告》记载,截至本行政年度共有 13 个国家国内法接受了 ICSID 管辖权(见表 1)。[③] 就法律效力而言,国内投资法预先同意 ICSID 仲裁,如果意思表示明确就可以视为国家单边要约行为,待外国投资者以某种形式表示同意后双方就构成《ICSID 公约》规定的“书面同意”。1987 年,在本国国内立法中直接规定将本国境内的涉外争端提交 ICSID 解决的发展中国家只有 10 多个,到了 1999 年有此类国内立法规定的国家已增至 30 多个。[④]

表 1　发展中国家国内法同意 ICSID 管辖的情况

国家	法规名称	时间	条款
阿富汗	第 72 号法令,外国和本国私人投资法	1967 年 2 月 20 日	第 19 条
贝宁	第 72 - 1 号法令,外国投资法典	1972 年 1 月 8 日	第 51 条
刚果	第 11 号法令,外国投资法	1973 年 4 月 26 日	第 41 条
埃及	第 43 号法令,外国投资法	1974 年 6 月 19 日	第 8 条
加纳	1973 年资本投资法	1973 年 1 月 9 日	第 11 条
马达加斯加	第 73 - 057 号法令,投资法	1973 年 9 月 19 日	序言
尼日尔	第 74 - 18 号法令,投资法典	1974 年 3 月 11 日	第 27 条
塞内加尔	第 74 - 06 号法令,达喀尔工业自由区	1974 年 4 月 22 日	第 31 条
苏丹	1980 年临时鼓励投资法案	1980 年 4 月 26 日	第 32 条
斯里兰卡	第 78 - 04 号,科伦坡经济委员会法	1978 年 1 月 31 日	第 26 条
突尼斯	第 69 - 35 号法令,投资法典	1969 年 6 月 26 日	第 20 条
上沃尔特	第 78 - 010 号命令,投资法典	1978 年 3 月 3 日	第 20 条
扎伊尔	第 69 - 032 号法令,投资法典	1969 年 6 月 26 日	第 30 条

资料来源:依据 1981 年 ICSID 相关信息整理。

其次,双边协定方面,Shihata 抓住这一历史关键点,主张“逐步发展管理国际投资法的法律”需要“健全的法律”以及“运作良好的仲裁司法机构”实施才能合理运行,建议国家缔结双边投资

① See ICSID Annual Report,1989;Parra Antonio,*Provisions on the Settlement of Investment Disputes in Modern Investment Laws, Bilateral Investment Treaties and Multilateral Instruments on Investment*,ICSID REVIEW International Investment Law,No,12,1997,p.287.

② See ICSID,*History of the Convention:Documents Concerning the Origin and the Formulation of the Convention in English*(Volume Ⅰ and Ⅱ,Parts 1 and 2),Washington DC:ICSID,1970,p.1077.

③ See ICSID Annual Report,1981.

④ See ICSID Annual Report,1999.

条约采用向 ICSID 提交投资争议的预先同意。[①] 20 世纪 90 年代,双边投资协定和区域协定在全球迅速扩散。仅在 20 世纪 90 年代,就签订了近 1600 项双边投资条约。[②] 区域贸易协定主要有《北美自由协定》(NAFTA)和《能源宪章条约》。在这些协定中,大多数双边投资协定和许多区域协定都包含投资者国家间的争端解决条款。例如,NAFTA 的第 1115 ~ 1138 条规定了 NAFTA 参与一方与另一参与方投资者之间争端的国际仲裁。根据 2002 年 ICSID 年度报告记载,Shihata 表示世界银行推动国际投资协定以及国际投资协定中的无国家同意 ICSID 解决争议条款成为国际投资法发展的新动力。[③]

最后,ICSID 还参与了经济合作组织倡导适用《多边投资协议》的活动,试图发展多边投资法典从而促进竞争,以积极竞争吸引外国直接投资。1985 年,《多边投资担保机构公约》(以下简称《MIGA 公约》)在汉城召开的世界银行年会上被正式通过。多边投资担保机构(MIGA)和 ICSID 这两个国际组织同属于世界银行集团。它们的宗旨和目的都是鼓励和促进外国投资流向发展中国家,促进世界经济发展。二者在组织机构上、最高权力机构的组成成员以及会员国资格上的规定都大致相同。ICSID 是通过受理和处断国际投资争议案件来为广大的国际投资者在投资中的政治风险提供法律保护的,而 MIGA 主要是通过直接承保各种政治风险来保护国际投资者的利益的。二者分别从不同的角度与途径对国际投资者进行了系统性的保护,起到了互补的作用。二者均切实地保护了国际投资者的权益、改善了国际投资环境。所以,在 MIGA 成立之初,ICSID 利用自己平台广泛传播 MIGA,建议 ICSID 成员积极加入 MIGA。1991 年,世界银行和国际货币基金组织联合设立的委员会准备制定一个多边投资整体法律框架,以促进国际直接投资活动,该项目由世界银行总裁指派的工作组承担,法律总顾问、国际金融公司和多边投资担保机构组成工作组。Shihata 积极与 MIGA、国际金融中心(International Finance Center,IFC)合作并于 1992 年提交报告,后来《外国直接投资待遇指南》得以通过。Shihata 认为,《外国直接投资待遇指南》中的文本内容与它们提交的报告完全一致,而且获得全体成员国同意并受到国际商会等商业组织的称赞,这足以证明取得了重大成功。[④]

三、时机维度

1. 国际政治经济形势变化为 ICSID 职能拓展提供有利时机。

早期国际投资领域出现治理失灵使该领域原有争端解决机制的治理效力遭受质疑,发展中国家长期敌视国际直接投资并尽力采用东道国救济方法,严重阻碍国际投资的自由流动。自 20 世纪 80 年代起,随着拉美债务危机爆发和冷战结束,发展中国家和转型国家转变对待外国投资敌视的态度,开始走上了利用外资发展国民经济的道路。为了提高或增强吸引对外直接投资的能力,各国不断采取措施改善其投资环境,加强对外资的保护。全球开始步入投资自由化时期,国际直接投资成为推动全球经济发展的引擎。发达国家对外直接投资累计余额从 1985 年的 6600 亿美元快速增长到 1995 年 25 143 亿美元,10 年期间快速上涨近 4 倍。1996 年,发达国家的

---

① See ICSID Annual Report,1984.

② See UNCTAD,World Investment Report 2000 Overview,UN,2000,p. 1.

③ See ICSID Annual Report,2002.

④ See Ibrahim F. I Shihata,*The World Bank Group's New Guidelines on the Treatment of Foreign Direct Investment*,ICSID NEWS,1993,p. 2.

对外投资总额达到创纪录的 50 870 亿美元。在此期间,一些发展中国家由于经济实力增强,也开始加入了对外直接投资的行列,实现了 510 亿美元的对外直接投资。①

2. 国际官僚理念变化。

1983 年 10 月,Shihata 被任命为世界银行法律总顾问和 ICSID 第三任秘书长。作为长达 17 年秘书长,他对 ICSID 以及 ICSID 制度发展有着重要的意义。作为哈佛大学法学院博士学位的国际法专家和在多个国际组织中具有高水平经验的外交官,Shihata 在世界银行和全球经济发展领域获得了普遍的支持和信任。在他上任第一年,对于如何发展 ICSID 制订了宏伟的计划②。Shihata 的政策选择确定了在其任期内 ICSID 追求的目标,即国际争端解决的专业化、国家间冲突的“去政治化”以及完善促进经济发展的制度工具。这些目标决定了 ICSID 将来采取的行动,这些行动又推动 ICSID 制度的扩散。

随着国际官僚秘书处利用专家权威和道义权威不断扩展 ICSID 的任务范围和逐渐提高 ICSID 的权威,使得 ICSID 仲裁制度从原有的投资契约仲裁制度扩展为投资条约仲裁制度,从在投资条约中无国家同意 ICSID 仲裁到扩大 ICSID“书面同意”来源,ICSID 登记案件数量呈现指数级增长,加入《ICSID 公约》的缔约国数量也逐年大幅上涨。

四、结语

政府间国际组织具有独立于成员国的组织利益,一旦组织成立后其在自主性的推动下具有最大化生存和扩大组织影响力利益的倾向。国际组织 ICSID 在国际投资治理领域拓展其公共政策职能产生了两方面影响:一方面,ICSDI 拓展非核心职能有力推动了 ICSID 仲裁制度的扩散,提高了其全球影响力,并帮助发展中国家进行国内投资法治建设,推动国际投资治理有序进行,进而促进全球经济增长。

另一方面,拓展非核心职能的实践也可能造成机制间竞争。鉴于资源和能力有限情形,国际组织过度地将职能扩张到非核心授权以外的议题领域,可能导致组织的专业知识和技能减弱,从而危及国际组织的专业性权威以及由此转化而来的权力。此外,国际组织盲目地扩展组织核心授权议题领域外的职能,可能会引发组织行政人员的专业能力的降低,增加组织扩展的成本。随着 ICSID 仲裁制度扩散,ICSID 登记受理案件数量呈急剧上涨态势,仅 2007 年 1 年内登记案件数量就达到 37 件,比 ICSID 前 30 年的总案件登记数量还要多。如果将案件受理量作为 ICSID 机构绩效量化指标话,ICSID 正处于黄金期。然而,随着 ICSID 知名度的提高、受理案件数量增长,社会公众对其中立性、专业性以及裁决正当性均质疑,ICSID 面临外部合法性危机的挑战。此外,在利益驱动下,其他国际商事仲裁机构开始纷纷涉足投资者与国家仲裁领域,ICSID 同时面临制度竞争压力。高速增长的案件数量与 ICSID 有限的组织能力之间的配合失当成为秘书处面临的另一个压力来源。为了维护 ICSID 专业权威和道义权威,ICSID 秘书处开始收缩权力,将其职能范围从原有的争端解决制度和公共政策工具缩减为国际投资争端管理机构,评价组织绩效的指标也转变为 ICSID 案件受理数量和仲裁制度运营效率。秘书处开始着手针对 ICSID 仲裁制度的程

---

① 数据来源:UNCTAD,https://unctadstat.unctad.org/wds/TableViewer/tableView.aspx? ReportId=96740,2019-05-29。

② See Brower Charles N., *Ibrahim Shihata and the Resolution of International Investment Disputes: The Masterful Missionary*, ICSID REVIEW Foreign Investment Law Journal, No.2, 2000, p.288-300.

序合法化、运行效率、组织内部结构进行改革,以符合其专业性目标。

ICSID Autonomy and the Expansion of International Public Function

Wang Guiling

Abstract: The international legal community defines ICSID as a single international investment dispute arbitration institution, but in essence, it is an international organization with an independent legal personality among governments. International organizations will adjust the international system according to the preferences and expectations of countries, but we cannot simply think that international organizations are the negative implementation objects of international systems. ICSID, an international organization, expanded its public policy functions in the field of international investment governance with relatively scarce resources in the 1980s by its advantages. The reasons and ways for its expansion in functions can be explored from three dimensions: ability, willingness, and opportunity.

Key Words: ICSID; autonomy of international organizations; ICSID Secretariat; international public policy functions

国际投资仲裁之公共政策困境

——以投资腐败案件为切入点

王　欣*

内容摘要　国际投资仲裁是保护国际投资的重要工具,但由于其"一案一裁"的特性,其裁决常被认为缺乏连贯性,在处理某类案件时,如涉及腐败的案件,具有明显的局限性。鉴于此,本文通过实证分析的方法,对现有涉及腐败的国际投资仲裁案件进行分析与评价,分析结果显示,(1)国际投资仲裁庭缺乏统一的证明标准;(2)但国际投资仲裁就腐败指控处理阶段上具有一定的统一性;(3)国际投资仲裁庭并不轻易认定腐败且常适用一般国际法、习惯国际法等原则。本文认为,上述现象的背后是国际投资仲裁和腐败治理之间的价值取向冲突,进而导致国际投资仲裁在公共政策方面出现困境。此外,本文认为国际投资仲裁的实践对我国"一带一路"倡议有启示作用。本文认为可通过制定统一的证据规则,在国际投资协定内吸收"反腐败条款",与其他腐败治理系统形成互动机制三种方式弥补当前国际投资仲裁公共政策的困境。

关键词　国际投资仲裁　腐败　公共政策　价值冲突　"一带一路"倡议

一、前言

在18世纪与19世纪国际投资仲裁机制(Investor – State Dispute Settlement,ISDS)产生以前,国际投资争端通常以武力和外交的方式解决。① 可以说,ISDS的产生是国际投资争端解决"法律化"的结果。但依据《关于解决国家与其他国家国民之间投资争端公约》(以下简称《华盛顿公约》)第25条,ISDS只能管辖一国与另一国国民之间因投资而产生的争议。换而言之,如果争议所涉事项不被认定为"投资",则投资者无法通过国际投资仲裁的程序寻求保护。Salini v. Morocco设立了四个衡量"投资"的标准:(1)金钱或资产的投入;(2)一定的持续时间;(3)风险因素;(4)对东道国经济发展作出贡献。② 嗣后实践在此基础上进而将善意原则(principle of good faith)纳入"投资"的含义中。③

近年来,ISDS常被认为未能平衡投资者私人利益保护与东道国公共政策的关系,出现过分保

---

* 王欣,浙江大学光华法学院博士后研究员,博士,主要从事国际经济法、网络法的研究。

① See Taylor St. John, *The Rise of Investor – State Arbitration: Politics, Law, and Unintended Consequences*, Oxford University Press, 2018, p. 54 – 55.

② See Salini Costruttori S. P. A. and Italstrade S. P. A. v. Kingdom of Morocco, Case No. ARB/00/4, Decision on Jurisdiction, paras. 51 – 58.

③ See Alex Grabowski, *The Definition of Investment under the ICSID Convention: A Defense of Salini*, Chicago Journal of International Law 15, 2014, p. 287, 300.

护投资者的现象,[①]有关腐败的案件的处理即为其中例证。现有研究认为,涉及腐败的国际投资仲裁案件存在(1)腐败的证明障碍;(2)处理腐败阶段不一[属于管辖权(jurisdiction)的问题还是可采性(admissibility)问题[②]];(3)腐败是否影响投资合法性的认定不一致;(4)重投资者责任、轻东道国责任的认定等障碍。[③] 本研究认为,这一现象实际是ISDS中存在识别公共政策的困境所导致的。

基于此,本文将通过实证研究的方法,分析国际投资仲裁庭处理涉及腐败国际投资仲裁案件的方式。本文的目的在于研究造成这一现象的可能原因以及解决方法。本文结构如下:第一部分为本文的研究背景;第二部分将从理论的角度分析"腐败"的含义以及反"腐败"作为公共政策的表现;第三部分将通过实证分析的方法,对已有涉及腐败的案件进行观察与分析;第四部分将对第三节的分析进行评价与提出对"一带一路"倡议的启示;第五部分为结语。

二、基本问题:"腐败"的定义与反"腐败"作为公共政策的表现

(一)"腐败"定义

截至目前,"腐败"并无统一的定义。约瑟夫·奈将"腐败"视为"因私人利益(个人、近亲、私人集团)获得金钱或地位而偏离公共角色正式职责;或违反关于行使某些类型私人影响力规则的行为"[④]。行为是否构成"腐败"涉及价值判断与衡量标准,而不以"全有"或"全无"的形式出现。[⑤] 因此,有研究将"腐败"分为"初级腐败"与"次级腐败":前者是指那些挑战政治治理但仍符合法律要求的行为,后者是指违反法律要求的行为,[⑥]但两者归根结底均是"滥用职权谋取私利"。[⑦] "腐败"的形式多样,难以穷尽,但基本形式见表1。

表1 "腐败"表现形式

名称	描述
贿赂(bribery)	明确交换金钱、实物礼物或恩惠以违反规则或支付在法律上应无成本或按非支付意愿的条件分配的福利,包括贿赂公职人员和商业贿赂私人公司代理人
索贿(extortion)	官员要求贿赂或提供好处,作为履行职责或违反规则的必要条件

① See Gus van Harten, *The Trouble with Foreign Investor Protection*, Oxford University Press, 2020, p. 9.

② "管辖权"决定仲裁庭就一个案件而言是否有裁判的权力;而"可采性"决定一个案件是否达到进入仲裁程序的要求。可参见Cameron A. Miles, *Corruption, Jurisdiction and Admissibility in International Investment Claims*, Journal of International Dispute Settlement, Vol. 3 No. 2, 2012, p. 329 – 369; Pierre – Marie Dupuy, *Preconditions to Arbitration and Consent of States to ICSID Jurisdiction*, In M. Kinnear, G. R. Fischer, J. M. Almeida, L. F. Torres & M. U. Bidegain (eds.), *Building International Investment Law: the First 50 Years of ICSID* (Chapter 16); The Netherlands: Kluwer Law International, 2016。

③ 参见宋俊荣:《论腐败指控对国际投资仲裁的影响——基于"一带一路"沿线国家案例研究》,载《国际法研究》2022年第3期。

④ J. S. Nye, *Corruption And Political Development: A Cost – Benefit Analysis* American Political Science Review 61, 1967, p. 417, 419.

⑤ 参见银红武:《国际投资仲裁反腐实践中的文化挑战及其法治因应》,载《湖南师范大学社会科学学报》2022年第3期。

⑥ See Herbert H. Werlin, *Revisiting Corruption: With A New Definition* International Review of Administrative Sciences 60, 1994, p. 547, 550.

⑦ See *What Is Corruption?* (Transparency International), https://www.transparency.org/en/what-is-corruption, accessed 13 August 2022.

续表

名称	描述
互惠(exchange of favors)	用违反一项规则换另一项
裙带关系(nepotism)	雇用家庭成员或关系密切的人,而不是更合资质但无关的申请人
任人唯亲(cronyism)	在与工作相关的决策中,优先考虑某个群体的成员而不是其他群体的成员
司法欺诈(judicial fraud)	基于对法官的威胁或上述任何类型腐败所作出的裁判而非基于案件事实
会计欺诈(accounting fraud)	关于销售或利润的故意欺骗
公共服务欺诈(public service fraud)	任何破坏提供公共服务法律要求的活动,即使没有行贿
挪用公款(embezzlement)	雇员从雇主那里盗窃
利用影响力谋利(influence peddling)	在政府中利用自己的决定权向有关方索取贿赂或好处
利益冲突(conflicts of interest)	在自己决定的政策的效应中获得个人利益

注:See Susan Rose – Ackerman and Bonnie J. Palifka, *Corruption And Government: Causes, Consequences, And Reform*, Cambridge University Press, 2016, p. 8 – 11。

根据上述示例可知,"腐败"为一个综合概念(umbrella concept),①需在实践中结合个案判断。与此同时,随着政治、经济与社会的发展,"腐败"出现了许多新形态。比如,公职人员利用信息差,即利用"未公开信息所蕴含的经济价值……直接获取低风险甚至是无风险的收益"②。因此,一者无法对"腐败"下穷尽性的定义,二者是定义本身并不足以识别与认定"腐败"行为。

(二)反"腐败"作为公共政策的表现

毋庸置疑,"腐败"会给社会带来负面影响。现有研究认为,"腐败"的消极影响包括:削弱可持续发展目标、经济损失与低效、贫穷与不平等、公私领域运作失灵、基础设施建设失败、国家实力下降等。③ 因此,几乎所有国家均将反"腐败"作为公共政策,即"政府选择做或不做的任何事情",④且该种选择具有国内强制性。与此同时,结合国际社会自 1970 年以来有关反"腐败"的国际合作可知,反"腐败"已"国际化"为国际公共政策。⑤ 当前,反"腐败"的国际公共政策主要通过三类机制得以实施:(1)公约;(2)多边银行制裁;(3)软法。ISDS 并不属于(传统意义上)打击腐败的国际机制,⑥但其以投资保护的方式促进与强化了国际腐败治理,弥补了由于过分依赖公权力主体打击犯罪而导致对国际经济活动自由化与便利化造成阻碍的不足;因此,该机制常被视为

① See Cecily Rose, *International Anti – Corruption Norms: Their Creation and Influence On Domestic Legal Systems*, Oxford University Press, 2015, p. 7.

② 毛昭晖、朱星宇:《新型腐败的特征与类型——警惕传统型腐败向新型腐败的嬗变》,载《理论与改革》2022 年第 4 期。

③ See *Anti – Corruption Module 1 Key Issues: Effects of Corruption* (United Nations Office on Drugs and Crime, 2019), https://www.unodc.org/e4j/en/anti – corruption/module – 1/key – issues/effects – of – corruption.html, accessed 14 August 2022.

④ See Thomas R. Dye, *Understanding Public Policy* (Pearson 2017) 1.

⑤ 参见万鄂湘:《论国内公共政策的国际化》,载《法学评论》1990 年第 4 期。

⑥ 据世界银行估计,每年 30 万亿(美元)中 1 万亿(美元)被用于贿赂[2010 年 5 月 31 日,在法国巴黎举行的经合组织(OECD)会议上,美国司法部部长在其致辞中提及]。参见 https://www.justice.gov/opa/speech/attorney – general – holder – delivers – remarks – organisation – economic – co – operation – and(最后访问日期:2019 年 10 月 22 日)。现有研究认为,腐败会造成诸多负面效应,包括抑制外国投资、降低公共支出的效能、扭曲资源配置、降低经济增长水平等。参见 Shang – Jin Wei, *Corruption in Economic Development: Beneficial Grease, Minor Annoyance, or Major Obstacle?*, World Bank Policy Research Working Paper, 2048 (1999), p. 8; Axel Dreher & Thomas Herzfeld, *The Economic Cost of Corruption: A Survey and New Evidence*, In Annals of the IVth Global Forum on Fighting Corruption, Brasillia, Brazil, 7 – 10 June, 2005, p. 263 – 292。

对行政/刑事手段打击腐败的重要补充与平衡。① 然而,在国际法碎片化的语境下,ISDS 如无法与其他主要机制形成功能互动,则无法达到反“腐败”目标。国际社会存在“众多相互促进和相互渗透的小社会”,各种机制不同的诉求引发了权威与控制的决定(策),并相互作用与影响。② 然而,由于每一决策过程的目标均是将各自价值最大化,③如机制之间存在利益分配冲突、机制关联收益不一与无法管理不确定性,则会阻碍两者间的有效互动。④

三、实证分析

本文所使用的案件源于牛津国际投资争议仲裁数据库⑤、联合国贸易和发展会议(UNCTAD)投资争端解决案件数据库⑥与国际投资争端解决中心(ICSID)的案件库⑦。经过筛选⑧,发现自 1966 年 ISDS 建立以来,共出现 58 个涉及腐败国际投资仲裁案件(时间跨度为 1998 ~ 2016 年)⑨。首先,由东道国提出腐败指控的案件有 34 起,由投资者提出腐败指控的案件有 23 起,另有一起是由非当事方提出,占比分别为 58.62%、39.66% 与 1.72%⑩。与此同时,由投资者提出腐败指控案件的基本情形为:投资者认为东道国国内存在的腐败现象对其投资利益造成了侵害;因此,违反了条约项下公平与公正待遇⑪的义务,如出现拒绝司法(denial of justice)等。相较之下,东道国提出腐败抗辩的理由包括:(1)投资者为进入东道国市场而(通过第三方)对东道国公职人员实施腐败行为;(2)为获得特许权而对东道国公职人员实施腐败行为;(3)投资运营过程中涉嫌腐败。为保证研究的客观性,结合既有研究发现(见本文第一部分),本文设定五个变量,分别为(1)案件状态;(2)腐败提出主体;(3)仲裁庭处理阶段;(4)腐败认定与否;(5)证明标

---

① See Tamar Meshel, *The Use and Misuse of the Corruption Defence in International Investment Arbitration*, Journal of International Arbitration, Vol. 30 No. 3, 2013, p. 271.

② 参见[美]哈罗德·D. 拉斯韦尔、[美]迈尔斯·S. 麦克道格尔:《自由社会之法学理论——法律、科学和政策的研究》,王贵国总审校,法律出版社 2013 年版,第 117 ~ 118 页。

③ See Eisuke Suzuki, *The New Haven School of International Law: An Invitation to A Policy—Oriented Jurisprudence*, 1 Yale J. Int'l L. (1974).

④ Robert O. Keohane and David G. Victor, The Regime Complex For Climate Change(2011)9 Perspectives on Politics 7, 8.

⑤ 参见 https://oxia.ouplaw.com/#(最后访问日期:2019 年 11 月 11 日)。

⑥ 参见 https://investmentpolicy.unctad.org/investment-dispute-settlement(最后访问日期:2019 年 11 月 11 日)。

⑦ 参见 https://icsid.worldbank.org/en/Pages/cases/AdvancedSearch.aspx(最后访问日期:2019 年 11 月 11 日)。

⑧ 本文通过检索“corruption”“corrupt”“bribery”“bribe”这 4 个关键词对案例进行初步提取。在获取初步结果后,通过人工判别的方式剔除不相关裁决(award)或决定(decision)。人工剔除的标准包含以下三项:(1)案件中出现的“腐败”或“贿赂”表述是否为仲裁参与方(投资者、东道国、案外第三人)提出的指控;(2)不属于 ICSID《仲裁程序规则》第 50(3)(b)(ii)条的情形;(3)不包括“欺诈”(fraud)。

⑨ 以东道国地区为标准,分布情况为:北美洲(6)、非洲(12)、南美洲(11)、欧洲(10)以及亚洲(19)。北美洲:美国(1)、特立尼达和多巴哥(1)、格林纳达(1)以及哥斯达黎加(3);非洲:埃及(3)、肯尼亚(2)、刚果民主共和国(1)、刚果共和国(1)、坦桑尼亚(1)、津巴布韦(1)以及几内亚(3);南美洲:巴拿马(1)、阿根廷(2)、墨西哥(1)、秘鲁(3)、厄瓜多尔(2)、玻利维亚(1)以及委内瑞拉(1);欧洲:罗马尼亚(1)、乌克兰(1)、斯洛伐克(1)、北马其顿(1)、希腊(1)、保加利亚(1)、匈牙利(1)、摩尔多瓦(1)以及克罗地亚(2);亚洲:巴基斯坦(3)、菲律宾(2)、吉尔吉斯斯坦(2)、哈萨克斯坦(3)、柬埔寨(1)、乌兹别克斯坦(3)、孟加拉国(1)、印度尼西亚(2)、老挝(1)以及马尔代夫(1)。

⑩ 有过往研究认为,投资者极少提出腐败指控,但本研究的统计结果显示这一判断具有偏差。参见 Mohamed Abdel Raouf, *How Should International Arbitrators Tackle Corruption Issues?*, ICSID Review - Foreign Investment Law Journal, Vol. 24 No. 1, 2009, p. 116 - 136。

⑪ 还有一类案件是:东道国国内腐败现象猖獗,为打击腐败,东道国展开腐败调查;而该调查侵害了申诉人(投资者)的权益,进而引起争端。参见 MMEA and AHSI v. Senegal(ICSID Case No. ARB/15/21)。囿于本文研究范围,此类案件未予囊括。

准;并利用 SPSS 软件对这五个变量进行相关性分析(见表 2)①。

表 2　相关性分析

		变量一:案件结果/状态	变量二:谁提出腐败指控	变量三:仲裁庭处理阶段	变量四:是否认定出现腐败	变量五:证明标准
变量一:案件结果/状态	Pearson 相关性	1	00.155	-0.207	0.581**	0.054
	显著性(双侧)	/	0.247	0.119	0.000	0.689
变量二:谁提出腐败指控?	Pearson 相关性	0.155	1	-0.476**	0.149	0.197
	显著性(双侧)	0.247	/	0.000	0.265	0.138
变量三:仲裁庭处理阶段	Pearson 相关性	-0.207	-0.476**	1	-0.204	-0.060
	显著性(双侧)	0.119	0.000	/	0.125	0.652
变量四:是否认定出现腐败	Pearson 相关性	0.581**	0.149	-0.204	1	-0.031
	显著性(双侧)	0.000	0.265	0.125	/	0.819
变量五:证明标准	Pearson 相关性	0.054	0.197	-0.060	-0.031	1
	显著性(双侧)	0.689	0.138	0.652	0.819	/

注:**表示在 0.01 水平(双侧)上显著相关。

根据表 2 的数据可知,案件的结果/状态(变量一)(待决、有利于投资者、有利于东道国、不利于任一方)与是否认定腐败(变量四),提出腐败指控的主体(变量二)与仲裁庭处理腐败指控的阶段(变量三)(管辖、实体以及可采性)分别存在强相关性②;而其余变量之间无显著相关性。此外,在本文 50 个已作出裁决的案件中③,21 个案件的裁决结果有利于投资者,28 个案件的裁决结果有利于东道国,剩余 1 个案件的结果是不利于任一方(具体分布见图 1)。

根据图 1 的分布可知,提出腐败指控的主体并不明显影响仲裁庭的态度。这一现象表明,即使涉及腐败的案件具有一定的特殊性,国际投资仲裁庭仍沿袭其平衡两方冲突利益的传统④。在上述初步观察的基础上,本文将对仲裁庭对腐败的处理阶段(管辖、可采性或实体阶段),仲裁庭对腐败的证明标准,以及仲裁庭对腐败的认定这三个变量及相关案例进行深入分析。

---

① 为满足 SPSS 的格式需求,所有的变量内容均通过数值表示。变量一:有利于投资者、有利于东道国、不利于任一方以及待决分别设定为 0、1、2、3;变量二:投资者、东道国与非当事方分别设定为 0、1 与 2;变量三:未处理、管辖、实体以及可采性分别设定为 0、1、2、3;变量四:不认定、认定以及没有进行认定分别设定为 0、1、2;变量五:未说明/无形式证明规则、"clear and convincing"(确切和令人信服的)标准、"beyond reasonable doubt"(排除合理怀疑)标准、"preponderance of evidence"(优势证据)或"balance of probabilities"(盖然性权衡)标准与"reasonable certainty"(合理确信)标准分别设定为 0、1、2、3、4。

② 提出腐败指控的主体与仲裁庭处理腐败指控的阶段呈现负相关或与数值设定有关。

③ 有 8 个待裁决案件,分别是 Chevron & TexPet v. Ecuador(II)(PCA Case No. 2009 - 23)、Niko Resources(Bangladesh)Ltd. v. Bangladesh Petroleum Exploration Company et al.(ICSID Case No. ARB/10/11 & ICSID Case No. ARB/10/18)、Ampal - American & others v. Egypt(ICSID Case No. ARB/12/11)、MOL v. Croatia(ICSID Case No. ARB/13/32)、Kim & others v. Uzbekistan(ICSID Case No. ARB/13/6)、Infinito Gold v. Costa Rica(ICSID Case No. ARB/14/5)、BSG v. Republic of Guinea(ICSID Case No. ARB/14/22)与 Bridgestone v. Panama(ICSID Case No. ARB/16/34)。

④ 在 Kim & others v. Uzbekistan(ICSID Case No. ARB/13/6)与 Cortec Mining v. Kenya(ICSID Case No. ARB/15/29)案件中,仲裁庭亦适用比例性原则(principle of proportionality)评价腐败,以求腐败与损害之间的均衡。参见 Piero Bernardini, *Reforming Investor - State Dispute Settlement: The Need to Balance Both Parties' Interests*, ICSID Review - Foreign Investment Law Journal, Vol. 32 No. 1, 2017, p. 38 - 57。

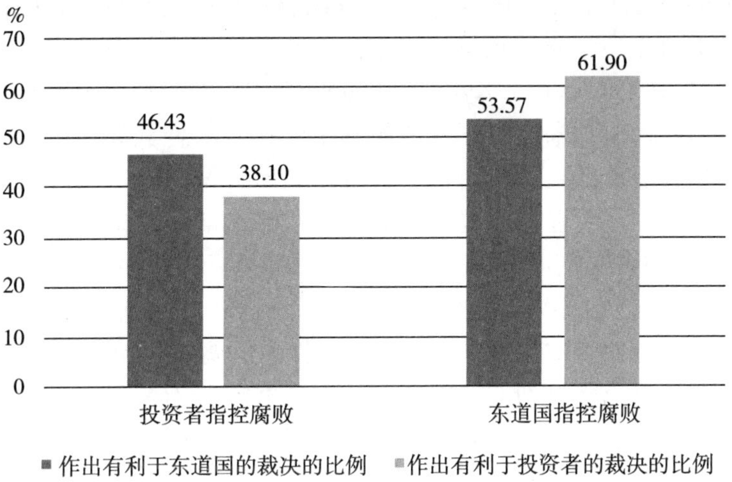

图 1　腐败指控与裁决结果

(一) 腐败的处理阶段

总体而言,国际投资仲裁庭可以依据腐败指控的提出主体分别选择在管辖、可采性或者实体阶段处理案件中腐败指控(具体分布情形可见图 2)。

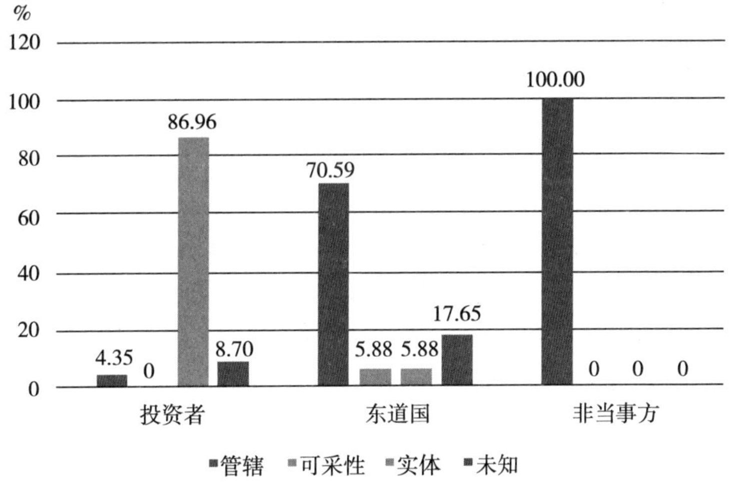

图 2　腐败处理维度分布比例

注:"未知"是指由于东道国变更、放弃腐败抗辩或案件程序本身等原因,导致仲裁庭未进一步验证裁量或尚未进行裁量。如在 Azurix v. Argentina(I)(ICSID Case No. ARB/01/12)一案中,东道国曾提起腐败抗辩,并在国内启动调查程序,但后续再无相关消息返回仲裁庭;在 Bridgestone v. Panama(ICSID Case No. ARB/16/34),鉴于该案的进程,尚未得知进一步的情形。在本文选取的 58 个案件中,有一起是由非当事方提出腐败的案件,即 Infinito Gold v. Costa Rica(ICSID Case No. ARB/14/5),仲裁庭将其置于管辖阶段处理,因此比例显示为 100%。

根据图 2 的信息可知,通常如若提出腐败指控的是投资者,大部分的仲裁庭会在实体阶段根据投资者的主张以及提供的证据,决定另一方是否存在与投资损害直接相关的腐败行为,进而检视东道国是否存在违反如公平与公正待遇等合同或条约义务的情形;如若提出腐败抗辩的主体是东道国,超过半数的国际投资仲裁庭会在管辖阶段处理腐败问题。然而,上述一般情况存在例外情形,且第二种情形略有历史性变化。第一,在提出腐败指控的是投资者的情况下,东道国(公职人员)腐败行为与案件中所主张的投资损害之间是否具有因果关系是决定仲裁庭是否处理腐败指控的重要因素。如在 Petrobart v. Kyrgyz Republic 案中,投资者认为腐败是东道国的国家与公共机关内部的普遍现象,但却未提出证据证明其主张;因此,仲裁庭在后续裁量阶段并未再对东道国腐败的指控进行裁量。第二,即使投资者可以提出证据证明东道国(公职人员)的腐败行为与其损害相关联,东道国亦可以利用这一主张提出管辖抗辩。比如,在 Methanex v. USA 案中,东道国认为投资者提出的腐败主张并不在《北美自由贸易协议》(NAFTA)第 1101 条[①]项下的保护范围内;因而提出管辖抗辩。第三,近年来(自 2012 年来),在腐败提出主体是东道国的案件中,部分国际投资仲裁庭开始转向在可采性阶段对案件中的腐败指控进行裁量。整体而言,在管辖阶段与可采性阶段是否应作区分这一问题上,仲裁庭并没有一致的立场。比如,Fraport v. Philippines(Ⅱ)[②]案中,仲裁庭认为无须区分管辖阶段与可采性阶段;而 Churchill Mining and Planet Mining v. Indonesia[③] 案中,仲裁庭则认为管辖和可采性有明显区别[④]。明确认为腐败问题应在可采性阶段处理的仲裁庭有:Gavrilovic v. Croatia[⑤] 案,与 Churchill Mining and Planet Mining v. Indonesia 案,这两个案件的相同之处在于,仲裁庭均未在管辖阶段裁量投资合法性的问题,原因在于仲裁庭认为争端中的投资者与投资均为《ICSID 公约》第 25 条项下的适格投资者与适格投资[⑥]。但是,两个案件的仲裁庭持不同的推理方式与态度:由于 Gavrilovic v. Croatia 案中,东道国提起可采性抗辩的依据是仲裁机构条款而不是投资非法,故仲裁庭认为投资者仍然可以启动保护伞条款寻求投资保护;因而,东道国有关非法投资的指控会转化为实体问题。相较之下,Churchill Mining and Planet Mining v. Indonesia 案的仲裁庭则认为投资者未尽注意义务,故意忽略投资许可程序中出现的违法现象,违反国际公共政策,因而不具有可采性。由此可知,Gavrilovic v. Croatia 案的仲裁庭采取保守的态度,仅在当事方主张的范围内进行裁量,优先保护投资者利益。而 Churchill Mining and Planet Mining v. Indonesia 案的仲裁庭则持相反态度,赋予法律秩序与合法性更多的权重。这一现象亦印证了已有研究就仲裁庭并非严格适用 Salini 标准的主张。第四,即使提出腐败抗辩的主体是东道国,亦有小部分仲裁庭选择在实体阶段处理腐败指控[⑦]。但该类案件的仲裁庭并无统一的考量:在 Malicorp v. Egypt 案(该案为合同之诉)中,仲裁庭认为基于仲裁协议自治原则(principle of autonomy of the arbitration agreement)与应当给予投资者实质

① 该条是有关条约适用范围的规定:(1)缔约另一方的投资者;(2)缔约方境内缔约另一方投资者的投资;(3)关于第 1106 ~ 1114 条项下缔约方境内的所有投资。

② 参见 Fraport v. Philippines(Ⅱ)(ICSID Case No. ARB/11/12)案。

③ 参见 Churchill Mining and Planet Mining v. Indonesia(ICSID Case No. ARB/12/40 and 12/14)案。

④ Jan Paulsson 认为,如果是决定某一案件是否适合由特定仲裁庭审理,则该问题为管辖问题;若决定某一案件是否应被审理,则为可采性问题。参见 Jan Paulsson, *Jurisdiction and Admissibility*, *Global Reflections on International Law*, Commerce and Dispute Resolution, 2010, p. 601 - 617。

⑤ 参见 Gavrilovic v. Croatia(ICSID Case No. ARB/12/39)案。

⑥ 在合法性是否为适格投资者与投资的要素这一方面,有仲裁庭明确表示应将合法性作为其中要素。如 Fraport v. Philippines(I)一案的仲裁庭表示,仲裁庭不是要决定一项罪行,而是要决定……是否符合菲律宾法律以及是否满足德国与菲律宾双边投资协定中"投资"的要求。参见 Fraport v. Philippines(I)(ICSID Case No. ARB/03/25)仲裁裁决第 399 段。

⑦ 参见 Malicorp v. Egypt(ICSID Case No. ARB/08/18)与 Al Warraq v. Indonesia 案。

求偿的权利(不应预设腐败的存在)这两个原因,东道国的腐败指控应置于实体阶段裁量。[①] 相较之下,在 Al Warraq v. Indonesia 案中,由于投资者与东道国相互指控对方存在腐败情形,因此仲裁庭决定在实体阶段裁量腐败指控。除上述情形外,Kim and others v. Uzbekistan[②] 案中,仲裁庭认为腐败处理阶段应根据时间节点判断:如若投资前实施腐败行为,则影响管辖问题;如若投资后实施腐败行为,则应将行为置于实体阶段处理。[③] 这一做法的理据或正如 Fraport v. Philippines (Ⅰ)案中 Bernardo M. Cremades 的主张:如果将东道国对投资者的腐败指控视为管辖问题,而将投资者对东道国的腐败指控视为实体问题,则无疑使东道国处于更为优势的地位。[④] 通过上述分析可知,整体而言,国际投资仲裁在腐败处理阶段这一方面形成了一定的规约。同时,这一现象亦表明先例(precedent)对后续同类案件的处理具有"事实上"(*de facto*)的约束力。[⑤]

(二)腐败的证明

虽然既有的国际投资仲裁的相关规则中鲜有详细具体有关证据与证明的规定,但国际投资仲裁会依据"事实上"(*de facto*)的证据规则对案件中各方所主张的事实进行裁判。[⑥] 就举证责任而言,仲裁庭遵循"谁主张,谁举证"(*onus probandi incumbit actori*)的原则。[⑦] 但如果负有举证责任的一方提出了达到初步证据(prima facie evidence)[⑧]标准的证据,可能会出现举证责任转移的情形。如果举证责任转移,提出相反主张的一方则需提出相反证据进行对抗。[⑨] 源自英美法系的"初步证据"有两种标准可供裁判者做参照[⑩]:(1)只要满足履行举证责任的要求,即建立"初步证据";(2)"初步证据"要能建立支持其主张的推定(presumption)——若另一方对这一主张进行反驳,则需提出相反的证据,即证明责任转移。[⑪] 结合本文所收集的案件情形,国际投资仲裁庭主要采用第二种标准,如 Metal - Tech v. Uzbekistan 等案中,仲裁庭参照国际社会现有的腐败指标清单(亦称 red flags)[⑫]帮助其决定主张一方提供的证据是否达到"初步证据"的标准。与此同时,鉴于腐败的隐蔽性,仲裁庭并不会排除间接证据(circumstantial evidence)或必然降低间接证据的证

---

① 事实上,该案仲裁庭所指的实体问题与 Gavrilovic v. Croatia 以及 Churchill Mining & Planet Mining v. Indonesia 案中的可采性问题相似,因为 Malicorp v. Egypt 仲裁庭提到了案件的有效性(validity)。可参见 Malicorp v. Egypt 仲裁裁决的第 119 段。囿于本文研究范畴,在此不予深入探讨。

② 参见 Kim & others v. Uzbekistan(ICSID Case No. ARB/13/6)。

③ 参见 Kim & others v. Uzbekistan 仲裁裁决第 553 段。

④ 原文为:If the legality of the Claimant's conduct is a jurisdictional issue, and the legality of the Respondent's conduct a merits issue, then the Respondent Host State is placed in a powerful position。

⑤ See Richard C. Chen, *Precedent and Dialogue in Investment Treaty Arbitration*, Harvard International Law Journal, Vol. 60, 2019, p. 47 - 94.

⑥ 有小部分案件采用了国际律师协会(International Bar Association)通过的《国际仲裁取证规则》(IBA Rules on the Taking of Evidence in International Arbitration)。

⑦ 联合国国际贸易法委员会《仲裁规则》第 27 条第 1 款与《常设仲裁法院仲裁规则》第 27 条第 1 款阐明了这一原则。

⑧ 根据《元照英美法词典》,"初步证据"的定义为:"指表面上充分有效的证据,在法律上足以证明当事人的请求或答辩所依据的事实。但对方当事人可以提出反证加以反驳,在此情况下,审判人员应对各种证据进行综合比较与权衡。"

⑨ 参见 Karkey Karadeniz v. Pakistan(ICSID Case No. ARB/13/1)仲裁裁决中的第 496 段。

⑩ 参见黄丽萍:《国际投资仲裁中证明责任的概念辨析及倒置的创设》,载《武大国际法评论》2019 年第 4 期。

⑪ See Georg Nils Herlitz, *The Meaning of the Term Prima - Facie*, Louisiana Law Review, Vol. 55 No. 2, 1994, p. 391 - 408.

⑫ 世界银行等国际金融机构均设有腐败指标清单,参见 http://siteresources.worldbank.org/INTDOII/Resources/Red_flags_reader_friendly.pdf(最后访问日期:2019 年 11 月 4 日)。参见 Charles Kenny & Maria Musatova, "*Red Flags of Corruption*" *in World Bank Projects: An Analysis of Infrastructure Contracts*, The World Bank, 2010。

明力。如若一方仅能提供间接证据,仲裁庭亦会在此基础上进行推断(inference)①,这一做法沿袭自普通法域的司法实践,②且这一做法亦被其他国际争端解决机制(如国际商业仲裁与国家间争端解决)所采用。③

就证明标准适用而言,涉及腐败的国际投资仲裁案件可分为适用证明标准的案件与不适用证明标准的案件:(1)在58个案件中,有41个案件(70.69%)未说明证明标准或不采用形式证明标准,如在Gavrilovic v. Croatia案中,仲裁庭表明(就证据规则而言)"应适用国际争端解决的一般方法,即无形式证据规则"④。这一做法实际上等同于大陆法系的"内心确信"(inner conviction)⑤,即证据自由评价(1' appréciation libre de la preuve)⑥。与此同时,在Oostergetel v. Slovakia案中,仲裁庭表示,"国际仲裁既不是纠问制,即由仲裁庭为提出主张一方构建事实;也不是一个通过构建初步证据以依靠反对方进行抗辩的制度"⑦。(2)在其余16个采用证明标准的案件中⑧,共出现了四种不同的证明标准(见表3)。

表3 证明标准与适用仲裁案件

证明标准	案件数量	具体案件
"beyond reasonable doubt"(排除合理怀疑)	4	Thunderbird v. Mexico
		Bayindir v. Pakistan(ICSID Case No. ARB/03/29)
		AHCA v. Congo(ICSID Case No. ARB/05/21)
		NEXBIS PTY LTD v. Maldives(SIAC ARB No. 003 of 2014)

① 然而,在Liman Caspian Oil BV & NCL Dutch Investment BV v. Republic of Kazakhstan一案中,仲裁庭认为,"申诉人需要证明腐败……这不是一个推断的问题……"(Claimants have to prove corruption, [···]. [T]he issue is not one of inference)。参见Liman Caspian Oil BV & NCL Dutch Investment BV v. Republic of Kazakhstan(ICSID Case No. ARB/07/14)仲裁裁决第424段。此外,国际投资仲裁庭常将可以证明腐败等非法行为的间接证据称为"示警红旗"(red flags)。参见Carolyn B. Lamm, Brody K. Greenwald & Kristen M. Young, *From World Duty Free to Metal - Tech: A Review of International Investment Treaty Arbitration Cases Involving Allegations of Corruption*, ICSID Review - Foreign Investment Law Journal, 29, 2014, p. 328 - 349。此外,这类案件往往涉及三方主体,投资者、东道国以及中间人(intermediary)。如在World Duty Free Company Ltd. v. Kenya(ICSID Case No. ARB/00/7)案中,投资者是通过东道国(肯尼亚)一名商人的联络,与肯尼亚当时的总统会面并给予"献金"。

② 参见Roy D. Burns, *Weighing Circumstantial Evidence*, South Dakota Law Review, No. 2, 1957, p. 36 - 47。此外,部分普通法司法实践显示,直接证据与间接证据在证明力方面并无差别。参见United States v. Nelson, 419 F. 2d 1237(9th Cir. 1969)。

③ See Carolyn B. Lamm, Brody K. Greenwald & Kristen M. Young, *From World Duty Free to Metal - Tech: A Review of International Investment Treaty Arbitration Cases Involving Allegations of Corruption*, ICSID Review - Foreign Investment Law Journal, 29, 2014, p. 328 - 349; Aikaterini Florou, *Adverse Inferences and Penalty Default Rules in International Investment Arbitration: A Policy Approach to the Production of Evidence*, Journal of International Dispute Settlement, 10, 2019, p. 423 - 442.

④ 参见Gavrilovic v. Croatia仲裁裁决(ICSID Case No. ARB/12/39)第229段。原文为"...In the absence of mandatory rules as to how a tribunal should judge the probative value of evidence put before it, therefore, the Tribunal considers it appropriate to apply the general approach taken in international dispute settlement which is not characterized by formal rules of evidence"。

⑤ See Frédéric G. Sourgens, Kabir An Duggal & Ian A. Laird, *Evidence in International Investment Arbitration*, Oxford University Press, 2018, 5. 17 - 5. 21.

⑥ 在Flughafen Zürich v. Venezuela(ICSID Case No. ARB/10/19)、Gavrilovic v. Croatia(ICSID Case No. ARB/12/39)等案中均有所体现。

⑦ 原文为:International arbitration is not an inquisitorial system where the Tribunal establishes the facts for a denunciating party, nor a system where it is sufficient to make a prima facie case relying on the opponent to rebut that case。可参见Oostergetel v. Slovakia仲裁裁决的第148段。

⑧ 另有一件案件Bridgestone v. Panama(ICSID Case No. ARB/16/34),由于程序尚未进行到处理与腐败相关争点的阶段,尚不知仲裁庭的处理方式。

续表

证明标准	案件数量	具体案件
“clear and convincing”（确切和令人信服）	5	EDF v. Romania(ICSID Case No. ARB/05/13)
		Rumeli v. Kazakhstan(ICSID Case No. ARB/05/16)
		Fraport v. Philippines(Ⅱ)(ICSID Case No. ARB/11/12)
		Lao Holdings v. Laos(Ⅰ)(ICSID Case No. ARB(AF)/12/6)
		Karkey Karadeniz v. Pakistan(ICSID Case No. ARB/13/1)
“preponderance of evidence”（优势证据）/“balance of probabilities”（盖然性权衡）	4	Ampal – American and others v. Egypt(ICSID Case No. ARB/12/11)
		Chevron and TexPet v. Ecuador(Ⅱ)(PCA Case No. 2009 – 23)
		von Pezold and others v. Zimbabwe(ICSID Case No. ARB/10/15)
		Cortec Mining v. Kenya(ICSID Case No. ARB/15/29)
“reasonable certainty”（合理确信）[1]	3	Metal – Tech v. Uzbekistan(ICSID Case No. ARB/10/3)
		Getma International et al. v. Guinea(ICSID Case No. ARB/11/29)
		Tethyan Copper v. Pakistan(ICSID Case No. ARB/12/1)

[1]“合理确信”标准就某种意义而言也是证据自由评价的一种表现。

根据表3的信息可知，即使是中适用证明标准的案件，国际投资仲裁庭间也未就适用何种证明标准来衡量腐败指控达成共识。与此同时，就量化的角度而言，上述不同的证明标准分别为：“排除合理怀疑”需要95%以上的确信（刑事案件入罪标准）；“确切和令人信服”需要70%以上的确信；“优势证据”/“盖然性权衡”需要50%以上的确信；而“合理确信”是重构事实的阈值。由此可知，并非所有适用形式证明标准的仲裁庭都以刑事案件“排除合理怀疑”的标准衡量证据。综合以上两点，国际投资仲裁在腐败认定方面具有较大的灵活性且仲裁庭具有较大的自由裁量权。与腐败处理阶段的维度不同，先例并未对后续同类型案件产生很大的约束力；因此，国际投资仲裁在证据与证明方面尚未形成相对固定的内部规约。

（三）腐败的认定

总体而言，仲裁庭并不轻易认定投资中出现腐败，在本文研究的58个案件中，腐败指控仅在9个案件（15.52%）中得到了认定（见表4）。

表4　得到认定的案件

案件名称	案件编号	年份	状态
World Duty Free Company Ltd. v. Kenya	ICSID Case No. ARB/00/7	2000	已裁决
Fraport v. Philippines(Ⅰ)	ICSID Case No. ARB/03/25	2003	已裁决
Lemire v. Ukraine	ICSID CASE No. ARB/06/18	2006	已裁决
Chevron and TexPet v. Ecuador(Ⅱ)	PCA Case No. 2009 – 23	2009	待裁决
Antoine Abou Lahoud and Leila Bounafeh – Abou Lahoud v. Democratic Republic of the Congo	ICSID Case No. ARB/10/4	2010	已裁决

续表

案件名称	案件编号	年份	状态
Metal - Tech v. Uzbekistan	ICSID Case No. ARB/10/3	2010	已裁决
Getma International et al. v. Guinea	ICSID Case No. ARB/11/29	2011	已裁决
Lao Holdings v. Laos(Ⅰ)	ICSID Case No. ARB(AF)/12/6	2012	已裁决
Churchill Mining and Planet Mining v. Indonesia	ICSID Case No. ARB/12/40 and 12/14	2012	已裁决

尽管结合表2可知,证明与腐败认定之间并不存在显著的相关性;但由于腐败具有隐蔽性,因此,腐败认定率低也可能与提出证据困难以及证明困难相关联。比如,在 Petrobart v. Kyrgyz Republic 案中,投资者提出腐败是东道国普遍存在的一种现象,但却无法提供相关证据证明其损害是腐败造成的,而使得仲裁庭未予考虑其主张;在 Methanex v. USA 案中,其中一个投资者主张,加利福尼亚州通过立法禁止售卖甲基叔丁基醚(methyl tertiary - butyl ether)(投资者的主营业务)致其损失,与此同时,投资者指出,立法禁止售卖甲基叔丁基醚与美国加利福尼亚州官员(Gray Davis)接受选举赞助相关,但仲裁庭认为在加利福尼亚州政治事件的广义语境下,单凭加利福尼亚州官员接受选举捐赠并不能证明存在腐败①。

此外,由于大部分的国际投资协定中都不含有与腐败(贿赂)相关的条款②,因此,仲裁庭常在腐败认定过程中援引原则(见图3)。

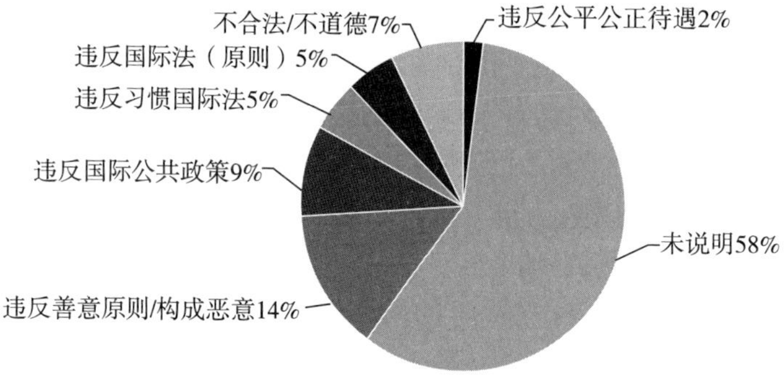

图3　腐败认定的法律适用分布情形

---

①　虽然情形有所不同,在 World Duty Free Company Ltd. v. Kenya(ICSID Case No. ARB/00/7)案中,东道国亦是处在哈兰贝(Harambee)运动的背景下,但是仲裁庭依旧认定申诉人向时任总统的肯尼亚提供的“捐赠”为贿赂。本文认为,在某些政治与文化背景下,合法与非法之间的界限并不分明。

②　联合国贸易和发展会议国际投资协定数据库的数据显示,现仅有45份国际投资协定或包含投资的自由贸易协定包含反腐败条款。以双边投资协议(Bilateral Investment Treaty,BIT)签署时间为排列(从早到晚,最早签署于2007年),分别是:柬埔寨 - 日本 BIT、日本 - 老挝 BIT、日本 - 乌兹别克斯坦 BIT、日本 - 秘鲁 BIT、印度 - 日本 EPA、日本 - 巴布亚新几内亚 BIT、哥伦比亚 - 日本 BIT、日本 - 科威特 BIT、欧盟 - 伊拉克合作协定(未生效)、伊拉克 - 日本 BIT、贝宁 - 加拿大 BIT、哥伦比亚 - 哥斯达黎加 FTA、日本 - 莫桑比克 BIT、危地马拉 - 特尼达与多巴哥 BIT、加拿大 - 洪都拉斯 BIT、日本 - 缅甸 BIT、太平洋联盟附加议定书(哥伦比亚、秘鲁、墨西哥、智利)、喀麦隆 - 加拿大 BIT、加拿大 - 尼日利亚 BIT(未生效)、欧盟 - 乌克兰联盟协定、欧盟 - 格鲁吉亚联盟协定、欧盟 - 摩尔多瓦联盟协定、澳大利亚 - 日本 EPA、加拿大 - 塞尔维亚 BIT、加拿大 - 韩国 FTA、日本 - 哈萨克斯坦 BIT、加拿大 - 塞内加尔 BIT、加拿大 - 马里 BIT、加拿大 - 科特迪瓦 BIT、日本 - 乌拉圭 BIT、日本 - 乌克兰 BIT、日本 - 蒙古国 EPA、韩国 - 新西兰 FTA、布基纳法索 - 加拿大 BIT、加拿大 - 几内亚 BIT、日本 - 安曼 BIT、巴西 - 哥伦比亚 BIT(未生效)、巴西 - 智利 BIT(未生效)、欧盟 - 哈萨克斯坦 EPCA(未生效)、伊朗 - 斯洛伐克 BIT、TPP(未生效)、巴西 - 秘鲁 ETEA(未生效)、加拿大 - 蒙古国 BIT、尼日利亚 - 新加坡 BIT(未生效)、摩洛哥 - 尼日利亚 BIT(未生效)。参见 https://investmentpolicy. unctad. org/international - investment - agreements(最后访问日期:2019年11月11日)。

根据图3可知，超过半数的案件在认定腐败时未说明援引了何种法律，而在剩余说明了援引依据的案件中则无统一做法。一方面，这一结果验证了前述学者指出的可适用法律依据不一的情况[①]；另一方面，这一结果亦显示了国际法的碎片化[②]。与此同时，尽管当前国际上已有多种反腐败机制[③]，但仅有 Thunderbird v. Mexico、Sistem Muhendislik Insaat Sanayi ve Ticaret A. S. v. Kyrgyz Republic、Al Warraq v. Indonesia 与 Laos v. Laos 等案中的仲裁庭提到了《联合国反腐败公约》或/与《经合组织打击在国际商业交易中贿赂外国公职官员公约》，以及 Kim and others v. Uzbekistan 案中的仲裁庭明确适用了“示警红旗”的方法验证是否存在腐败。通过上述现象可推知，国际投资仲裁在反腐败领域与其他机制缺乏互动——仲裁庭通常仅在与当事双方直接相关的事项与可适用法律（原则）的范围内行使其裁量权。上述现象均表明，ISDS 并未完全承认反“腐败”为国际公共政策，且国际仲裁庭并不完全认为其有实施反腐败国际公共政策的责任。

四、ISDS 之公共政策困境与对“一带一路”倡议的启示

（一）ISDS 之公共政策困境

综合上文的观察分析，本文认为参与者间以及参与者与全球社群过程间的价值冲突是国际投资仲裁处理涉及腐败案件出现诸多问题的深层原因。第一，这一价值冲突在国际投资仲裁机制创立伊始即已存在。国际投资仲裁形成于国家间的“同意”（consent）[④]——国家作为参与者通过谈判与妥协建立了国际投资争端解决机制[⑤]、国家通过缔结/加入投资协定“同意”在未来发生（国家与投资者）争端时将案件交由国际投资仲裁庭解决以及国家通过认可或/与执行裁决“同意”受约束（可回溯国际投资争端解决机制的设立意旨[⑥]）。因此，尽管国际投资仲裁具有中立性[⑦]，但其在实施“权威与控制过程”中实际上是在利用（作为参与者的）国家的权能对抗另一方参与者（投资者）——即使国家间所形成的“同意”使争端解决合法化并对国家主权进行了一定的

---

① See Carolyn B. Lamm, Brody K. Greenwald & Kristen M. Young, *From World Duty Free to Metal – Tech: A Review of International Investment Treaty Arbitration Cases Involving Allegations of Corruption*, ICSID Review – Foreign Investment Law Journal, Vol. 29 No. 2, 2014, p. 328 – 349.

② 参见何志鹏：《“良法”与“善治”何以同样重要——国际法治标准的审思》，载《浙江大学学报（人文社会科学版）》2014年第3期。

③ 最主要的是不同国际组织的公约及其项下配套工作组与国际金融制裁程序。前者（以时间早晚为序列）包括《美洲反腐败公约》（the Inter – American Convention Against Corruption）、《打击涉及欧共体或欧盟成员国官员的腐败公约》（the Convention on the fight against corruption involving officials of the European Communities or officials of Member States of the European Union）、《经合组织打击在国际商业交易中贿赂外国公职官员公约》（the Convention on Combating Bribery of Foreign Public Officials in International Business Transactions）、《欧洲理事会关于腐败的刑法公约》（Criminal Law Convention on Corruption）、《欧洲理事会关于腐败的民法公约》（Civil Law Convention on Corruption）、《关于预防与打击腐败的非洲联盟公约》（African Union Convention on Preventing and Combating Corruption）与《联合国反腐败公约》（United Nations Convention Against Corruption）。后者是2010年4月9日，非洲开发银行（African Development Bank）、亚洲开发银行（Asian Development Bank）、欧洲复兴开发银行（European Bank for Reconstruction and Development）、美洲开发银行（Inter – American Development Bank）与世界银行（World Bank）通过共同签署《共同执行制裁决定协议》（Agreement for Mutual Enforcement of Debarment Decisions [AMEDD]）建立的腐败和欺诈（fraud）制裁机制。

④ See Guiguo Wang, *Consent in Investor – State Arbitration: A Critical Analysis*, Chinese Journal of International Law, Vol. 13 no. 2, 2014, p. 335 – 361.

⑤ See Andreas F. Lowenfeld, *The ICSID Convention: Origins and Transformation*, Georgia Journal of International and Comparative Law, Vol. 38 No. 1, 2009, p. 47 – 61.

⑥ 参见《ICSID 公约》序言部分。

⑦ See Georges R. Delaume, *The ICSID and the Banker*, International Financial Law Review, Vol. 2 No. 10, 1983, p. 9 – 13.

限制[①],故仲裁庭的决策过程仍受制于国家。第二,在国际投资仲裁这一机制运作的过程中(仍以投资腐败为语境),仲裁庭在平衡政治、经济与社会实效这三个维度的过程中[②],亦没有明显地向社会实效倾斜。与此同时,国际投资仲裁亦未通过制定程序性规则,弥补这一缺陷。虽然仲裁庭可以在作为"特别法"(*lex specialis*)的协定或合同(规则)缺失或无效[③]的情况下,援引习惯国际法等法律依据;但由于这一权利非为参与者所赋予,因而仲裁庭的行为可视为"非法"。进而,如若仲裁庭超越权限行使权力(利),这一行为亦会通过"自我修正性"活动[④]予以纠正[如国际投资仲裁的撤销机制(annulment)]或受外部其他决策过程制裁(如裁决得不到承认与执行)。在此背景下,为避免因超越权限而遭到制裁,仲裁庭往往采取保守和含糊的方式处理腐败。第三,国际投资仲裁决策行为的保守与含糊与当前不断扩张的跨国反腐败治理[⑤]形成了反差。因此,作为参与者与决策者的国际投资仲裁庭尽管会与外部形成互动,但其仍需先满足自身的诉求。

(二)对"一带一路"倡议的启示

本文认为,ISDS 涉及腐败案件的实践对我国的"一带一路"倡议有启示意义。"一带一路"倡议提出近 9 年以来,许多项目被参与国以腐败为由中止甚至终止[⑥],尽管"一带一路"反腐败可以通过双边如刑事互助等安排实现;然而,由于程序与认知的差异(如两国公权力机构对"腐败"采不同的解释),公权力机构为主导的反腐败行动并不必然可以完全满足腐败治理的需求。相较之下,国际投资仲裁的腐败治理虽不具有刑事制裁的震慑力,但只要仲裁庭认定一方实施腐败行为,则行为者需要承担不利裁决与声誉受损进而影响经济利益的后果。鉴于此,无论对于投资者或是东道国而言,任一方均会通过内部"自我纠正"活动,避免出现腐败行为(现象)从而起到预防与遏制投资腐败的作用[⑦]。同时,利用国际投资仲裁实施腐败治理,亦可抵销一部分因一国打击腐败而对他国主权的侵蚀。本文认为,结合"一带一路"的语境,可从三个维度弥合当前的价值冲突:(1)使用统一的证据规则并采用统一的证明标准;(2)通过在国际投资协定中引入反腐败条款,规则化实施腐败行为的责任;(3)与其他国际反腐败机制相协调。

首先,尽管国际投资仲裁庭尚无法就腐败的证明程序和规则达成共识,但可通过借鉴一些"软法"程序规则,如《国际仲裁取证规则》[⑧]、《国际仲裁程序有效行为规则》,或/与一些其他国际

---

① See Horia Ciurtin, *Paradoxes of (Sovereign) Consent: On the Uses and Abuses of a Notion in International Investment Law*, in Baltag C. (ed.), ICSID Convention after 50 Years: Unsettled Issues, The Netherlands: Wolters Kluwer, 2017, p. 41 – 123.

② See Wenhua Shan & Peng Wang, *A Matrix Analytical Framework for Investment Disputes and Their Settlement*, ICSID Review – Foreign Investment Law Journal, Vol. 33 No. 3, 2018, p. 629 – 652.

③ 依据是《维也纳条约法公约》(Vienna Convention on the Law of Treaties [VCLT])第 53 条。

④ 参见[美]哈罗德·D. 拉斯韦尔、[美]迈尔斯·S. 麦克道格尔:《自由社会之法学理论——法律、科学和政策的研究》,王贵国总审校,法律出版社 2013 年版,第 312 页。

⑤ 参见邵沙平:《国际法治的新课题:国家控制跨国公司犯罪的权责探析》,载《暨南学报(哲学社会科学版)》2012 年第 10 期;赵骏、吕成龙:《〈反海外腐败法〉管辖权扩张的启示——兼论渐进主义视域下的中国路径》,载《浙江大学学报(人文社会科学版)》2013 年第 2 期。

⑥ 如马来西亚暂停了部分"一带一路"项目。参见《马来西亚下令暂停中国"一带一路"重要工程,停工原因却秘而不宣》,载东博社网,http://dy.163.com/v2/article/detail/DLUSHHRA0512DAHC.html(最后访问日期:2019 年 11 月 12 日)。

⑦ See Sergio Puig, *No Right Without a Remedy: Foundations of Investor – State Arbitration*, University of Pennsylvania Journal of International Law, Vol. 35 Issue 3, 2013, p. 829 – 861.

⑧ 根据《国际仲裁取证规则》第 9 条第 1 款的表述,证明标准应为"证据自由评价",即无形式证明标准。本文在此不探讨不同证明标准对案件实质影响的问题;问题的关键在于是否具有统一的证据规则,而不在于采用何种规则。

组织制裁程序的相关规则,如世界银行集团的制裁程序规则①,结合"一带一路"倡议参与国相关国内法与司法实践,形成"一带一路"投资争端解决的腐败证明与认定规则。适用统一的证明规则可在一定程度上提高案件结果的可预见性,限制仲裁庭的自由裁量权与通过程序部分弥合国际投资仲裁与腐败治理的价值冲突②。

其次,通过在国际投资协定中引入"反腐败条款",规则化实施腐败行为的责任的做法可部分消弭国家对国际投资争端解决的影响。当前,只有为数不多的国际投资协定中包含"反腐败条款",且可根据文字表述分为强拘束力型与弱拘束力型两种。如《澳大利亚—日本经济伙伴关系协定》中规定,"缔约方应当保证存在刑事或行政惩罚手段以防止政府采购过程中出现腐败现象"③则为强拘束力型"反腐败条款"。相较之下,《加拿大—贝宁促进和相互保护投资协定》在第16条"公司社会责任"中提到缔约方应鼓励其境内设立的公司自动吸收国际承认的公司社会责任标准至公司内部章程中,并以此起到反腐败的作用④,这一设计则为弱拘束力型"反腐败条款"。如若在作为"特别法"的投资协定中吸收"反腐败条款",则等同于(在不同程度上)赋予了国际投资仲裁庭进行腐败治理的权能⑤,进而部分消弭当前国际投资调整规则碎片化的情形并形成事实上的多边治理。

最后,如前所述,国际投资仲裁是全球社会过程中的"小社会",因此,其效能在很大程度上依赖于其与全球社会过程以及其他"小社会"的协调互动情况。在"一带一路"的语境中,可以考虑将国际投资仲裁与国际金融机构的制裁机制进行协调⑥——两者不仅均涉及采购、招投标等领域,且两者均表现出一定的行政与(准)司法特征⑦;故这一协调亦是搭建桥梁、弥合价值冲突的重

---

① 其中包含《国际金融公司制裁程序》(Procedures: IFC Sanctions)、《多边投资担保机构制裁程序》(MIGA Sanctions Procedures)、《世界银行私营部门制裁程序》(World Bank Private Sector Sanctions Procedures)与《银行资助项目制裁程序与和解》(Procedure: Bank Procedure: Sanctions Proceedings and Settlements in Bank Financed Projects)。世界银行集团的制裁程序规则采用"more likely than not"("更有可能")的证明标准,该标准等同于上文的"优势证据"标准。参见陈一峰:《世界银行反腐败制裁机制与全球治理》,载《国际法研究》2015 年第 6 期。

② 通过统一证据规则的另一考量是在部分案件中(如 NEXBIS PTY LTD v. Maldives 等),东道国在仲裁程序启动前甚至是仲裁程序中开展国内刑事或行政调查程序,以调查争议案件中涉嫌腐败的现象。因此,证据规则亦需考虑是否应给予该类程序项下所收集证据或/与所作决定/裁决天然的证明力,以及是否应要求东道国证明其程序正当。

③ 原文为:Each Party shall ensure that criminal or administrative penalties exist to prevent corruption in its government procurement。参见 https://investmentpolicy. unctad. org/international - investment - agreements/treaty - files/3058/download(最后访问日期:2019 年 11 月 7 日)。

④ 原文为:Each Contracting Party should encourage enterprises ... voluntarily incorporate internationally recognized standards of corporate social responsibility in their practices and internal policies, ... These principles address issues such as ... anti - corruption。参见 https://investmentpolicy. unctad. org/international - investment - agreements/treaty - files/438/download(最后访问日期:2019 年 11 月 7 日)。

⑤ 大部分的国际投资协定中都包含"遵守东道国法律"的条款("in accordance with host state law" clauses);但事实上,投资者往往不清楚其应遵守东道国何种法律以及"法律"的涵摄范围。参见 Stefan Mbiyavanga, *Improving Domestic Governance Through International Investment Law: Should Bilateral Investment Treaties Learn from International Anti - Corruption Conventions*?, OECD Global Anti - Corruption & Integrity Forum, 2017。

⑥ 对"一带一路"大力支持的亚洲基础设施投资银行(Asian Infrastructure Investment Bank)亦设计有"禁止行为政策"(Policy on Prohibited Practices)对(自然人或/与法人的)胁迫行为、串通行为、腐败行为、欺诈行为、滥用资源行为与妨碍行为进行制裁。该机制与世界银行的制裁机制存在一定的联系。参见 https://www. aiib. org/en/policies - strategies/_download/policy - on - prohibited - practices/policy_on_prohibited_practices. pdf(最后访问日期:2019 年 11 月 30 日)。

⑦ See Gus Van Harten & Martin Loughlin, *Investment Treaty Arbitration as a Species of Global Administrative Law*, European Journal of International Law, 17, 2006, p. 121 - 150;参见陈一峰:《世界银行反腐败制裁机制与全球治理》,载《国际法研究》2015 年第 6 期。

要手段。

五、结语

本文采用实证分析的方法,对国际投资仲裁中涉及腐败的案例进行了观察与分析。本文认为国际投资仲裁中出现的对腐败认定的困难与不统一体现了其未能与其他反腐败国际机制形成互动的问题,故其并未能完全承认反腐败机制作为国际公共政策的地位,这一点也与两者意图实现的价值不同有关。本文认为现有实践中的情形对"一带一路"倡议有启示作用,在此基础上,本文提出三点建议:(1)使用统一的证据规则并采用统一的证明标准;(2)通过在国际投资协定中引入反腐败条款,规则化实施腐败行为的责任;(3)与其他国际反腐败机制相协调。

The Conundrum of Public Policy in International Investment Arbitration

—A Study of Corruption Cases

Wang Xin

Abstract: International investment arbitration serves as an important instrument for international investment protection, but its awards are often criticized as inconsistent due to its case specific mandates, which give rise to inefficiency in dealing some kinds of cases, e. g. cases involving in corruption. This study will apply empirical analysis on observing and appraising international investment arbitral cases whose parties alleged corruption. The analytical result shows that (1) there is no consensus on standard of proof among tribunals of international investment arbitration; (2) tribunals reach consensus on when to deal with claims of corruption; (3) tribunals are conservative to affirm corruption claimed by either party and tribunals tend to apply general principles of international law or/and customary international law. This article considers that value conflicts between international investment arbitration and governance of corruption lead to the aforementioned situations which further cause the conundrum of public policy of international investment arbitration. Furthermore, the current situations may enlighten the "Belt and Road Initiative". In this regard, this study proposes that formulating uniform rules of evidence; integrating "anti – corruption clause" in international investment treaties; establishing interactive regime(s) between international investment arbitration and other anti – corruption forums are three feasible approaches to mitigate the conundrum of public policy.

Key Words: international investment arbitration; corruption; public policy; value conflicts; the "Belt and Road Initiative"

聚焦大湾区

粤港澳大湾区临时仲裁中临时措施的相互执行问题
——现状与展望

张　桉*

内容摘要　关于内地与港澳特区临时仲裁中的临时措施能否获得相互执行,有三个核心问题需要分析。第一,《仲裁法征求意见稿》并没有直接规定临时措施可以适用于临时仲裁程序,但临时仲裁程序中的当事人可以直接向法院提出申请,而且内地的临时仲裁规则与《仲裁法征求意见稿》已经开始授予仲裁庭作出决定的权力。第二,虽然港澳特区法院不仅允许内地临时仲裁当事人直接向其申请采取临时措施,而且承认内地临时仲裁庭的临时措施。但前者有两项安排限制申请主体,后者取决于《仲裁法征求意见稿》对仲裁庭临时措施域外执行的态度。第三,在港澳特区临时仲裁庭申请内地协助执行临时措施问题上,两项安排排除了临时仲裁的适用,也限制了港澳特区仲裁庭临时措施的域内执行,这是有待改进的。

关键词　保全　临时措施　跨境司法协助　临时仲裁

一、问题的提出

2021 年 7 月 30 日,《仲裁法(修订)(征求意见稿)》(以下简称《仲裁法征求意见稿》)"千呼万唤始出来"。本次修改亮点颇多,如新增"专设仲裁庭"制度,①第一次在法律层面上承认临时仲裁制度,这意味着我国临时仲裁制度正在从自由贸易区"有限"开放走向与国际仲裁相接轨的道路,"独挑大梁"的机构仲裁将不再作为我国《仲裁法》唯一认可的仲裁形式。从法律移植的角度看,这是我国在特定领域试图建立中国特色的临时仲裁制度的新起点。②《仲裁法征求意见稿》的另一亮点是新增行为保全和紧急仲裁员制度,将仲裁保全与其他临时措施整合至"临时措施"一节,③首次在法律层面上赋予仲裁庭采取临时措施的决定权。④

临时措施(interim measures)最早见于 1976 年联合国国际贸易法委员会《仲裁规则》(以下简

---

* 张桉,上海海事大学法学院 2021 级硕士研究生,本科毕业于西南政法大学,研究方向:国际仲裁、海商法。

① 《仲裁法征求意见稿》(2021 年)第 91 ~93 条。

② 参见刘晓红、冯硕:《对〈仲裁法〉修订的"三点"思考 ——以〈仲裁法(修订)(征求意见稿)〉为参照》,载《上海政法学院学报(法治论丛)》2021 年第 5 期。

③ 《仲裁法征求意见稿》(2021 年)第 43 ~45 条。

④ 《仲裁法征求意见稿》(2021 年)第 47 ~48 条。

称《贸法会规则》)。[①] 2006 年联合国国际贸易法委员会《国际商事仲裁示范法》(以下简称《贸法会示范法》)进行修订时,新增仲裁庭临时措施制度的章节。[②] 我国《仲裁法》称临时措施称为“保全”,《仲裁法征求意见稿》将名称改为“临时措施”。无论是哪种用词,其性质和特点大致是相同的:第一,都在争议解决之前采取;第二,都是暂时性的;第三,如果不采取可能给对方当事人造成损害。[③]

2020 年 10 月发布的《深圳建设中国特色社会主义先行示范区综合改革试点首批授权事项清单》提出“建设粤港澳大湾区国际仲裁中心”。[④] 针对粤港澳大湾区“一国两制三法域”的特点,推动大湾区跨境争议解决机制的融合,是实现这一清单目标的重要举措。临时仲裁与临时措施均是国内仲裁与国际接轨的重要环节。在港澳特区临时仲裁已有多年历史,内地亦开始尝试临时仲裁的背景下,明确临时仲裁中临时措施的适用以及跨境执行程序,可以增加粤港澳大湾区司法协助的深度与广度。

关于临时仲裁中的临时措施能否在内地与港澳特区之间获得相互执行,有三个值得讨论的问题:第一,在现有法律框架下,内地临时仲裁程序能否适用临时措施;第二,港澳特区法院能否执行内地临时仲裁中的临时措施;第三,内地法院能否协助港澳特区临时仲裁中临时措施的执行。本文围绕这三个话题展开讨论。

二、临时措施在内地临时仲裁中的可适用性

(一)立法与司法对临时仲裁中采取临时措施的态度

虽然《仲裁法征求意见稿》拟在内地开放临时仲裁(专设仲裁庭),但是对于临时措施能否适用于临时仲裁制度,《仲裁法征求意见稿》并没有在“涉外仲裁的特别规定”这一节中有明确规定,也没有在“临时措施”这一节规定限制范围。笔者只能结合“临时措施”与“涉外仲裁的特别规定”两节作体系解释。“临时措施”这一节中第 49 条第 2 款规定了指定紧急仲裁员的主体是仲裁机构,[⑤]而临时仲裁程序是不在机构的主持或监管下进行的,[⑥]国际通行的临时仲裁规则《贸法会规则》也只是规定“指定机构”作协助工作。[⑦] 究竟第 49 条提及的“仲裁机构”是指机构仲裁程序中的“仲裁机构”,还是临时仲裁程序中的“指定机构”,明确这一问题关乎紧急仲裁员的适用程序,也关乎临时措施的适用程序。对比“涉外仲裁的特别规定”这一节中第 92 条的表述可知,《仲裁法征求意见稿》对临时仲裁中起协助作用的“仲裁机构”规定了确定程序,以当事人协议委托优

---

① 参见李晶:《国际商事仲裁中临时措施在中国的新发展——以民诉法修改和仲裁规则修订为视角》,载《西北大学学报(哲学社会科学版)》2014 年第 6 期。

② 参见鲍冠艺、黄伟:《论仲裁庭下达临时措施的执行——兼析〈示范法〉临时措施执行规则》,载陈忠谦主编:《仲裁研究》第 17 辑,法律出版社 2008 年版。

③ 参见联合国国际贸易法委员会《国际商事仲裁示范法》(2006 年)第 17A 条及《仲裁法征求意见稿》(2021 年)第 43 ~ 49 条。

④ 《深圳建设中国特色社会主义先行示范区综合改革试点首批授权事项清单》(2020 年 10 月)第 29 条。

⑤ 《仲裁法征求意见稿》(2021 年)第 49 条第 2 款规定:“仲裁庭组成前,当事人需要指定紧急仲裁员采取临时措施的,可以依照仲裁规则向仲裁机构申请指定紧急仲裁员……”

⑥ 参见[美]加里·B. 博恩:《国际仲裁:法律与实践》,白麟等译,商务印书馆 2015 年版,第 38 页。

⑦ 《联合国国际贸易法委员会仲裁规则》(2010 年)第 6 条。

先，以法院指定为补充。[①] 换言之，临时仲裁下起协助作用的“仲裁机构”不是法定的、唯一的，而是可选择的。就此，笔者得出如下结论：第 49 条中所指的“仲裁机构”是指机构仲裁程序中的仲裁机构，《仲裁法征求意见稿》下的紧急仲裁员制度仅适用于机构仲裁程序；第 49 条是“临时措施”这一节中的一条，并未做特别说明。因此，立法者在制定这一节时可能仅考虑到了机构仲裁程序，并未考虑到临时仲裁程序。

2022 年 2 月 25 日公布的最高人民法院《〈关于内地与澳门特别行政区就仲裁程序相互协助保全的安排〉的理解与适用》提到“排除临时仲裁程序”，对此的说明是“提供仲裁保全协助时，仲裁裁决尚未作出，一旦保全错误，涉及对另一方当事人的救济”[②]。可以看出，最高人民法院在对待临时措施在临时仲裁程序中的应用问题上仍是持谨慎态度的。

（二）临时仲裁当事人申请法院采取临时措施的路径

自 1991 年《民事诉讼法》起申请仲裁保全程序是先由当事人将申请书提交仲裁机构，然后由仲裁机构将保全申请书转交至法院，最后由法院作出保全裁定，如该法第 258 条规定由涉外仲裁机构将当事人的财产保全申请“提交”法院裁定。[③] 此后，2007 年《民事诉讼法》[④]、2013 年《民事诉讼法》[⑤]、2023 年《民事诉讼法》[⑥]、2017 年《仲裁法》[⑦]及《仲裁法征求意见稿》[⑧]，在条文表述上使用的词语均是“提交”，而非“转交”。立法表述容易使实践产生误解，似乎不是由仲裁当事人提起保全申请，而是仲裁机构作为主体代当事人向人民法院提起保全申请。这种误解使得人民法院往往会要求仲裁机构在仲裁保全中做更多的工作，比如将财产保全裁定发给仲裁机构。[⑨] 实践中，申请保全措施的主体只能是当事人或利害关系人，不能是仲裁机构，仲裁机构仅仅起到转交申请保全文书的作用。由仲裁机构向人民法院转交申请保全文书，是直接或间接地向人民法院证明，申请保全的当事人已经在仲裁机构向有关对象提起了仲裁申请，人民法院可以据此作出保全裁定，[⑩]以防止当事人向人民法院申请虚假仲裁保全。由于没有仲裁机构管理临时仲裁程序，申请文书无法由仲裁机构向法院转交，这便成了临时仲裁中执行临时措施亟待解决的难处。

值得注意的是，2012 年对《民事诉讼法》进行修订时增加第 101 条规定[⑪]，紧急情况下，利害关系人可以在提起诉讼或申请仲裁前向法院申请采取保全措施。该条明确规定了仲裁当事人可

---

① 《仲裁法征求意见稿》（2021 年）第 92 条第 1 款规定：“专设仲裁庭仲裁的案件，无法及时组成仲裁庭或者需要决定回避事项的，当事人可以协议委托仲裁机构协助组庭、决定回避事项。当事人达不成委托协议的，由仲裁地、当事人所在地或者与争议有密切联系地的中级人民法院指定仲裁机构协助确定。”

② 《〈关于内地与澳门特别行政区就仲裁程序相互协助保全的安排〉的理解与适用》，载中华人民共和国最高人民法院网 2022 年 2 月 25 日，https://www.court.gov.cn/zixun-xiangqing-347161.html。

③ 《民事诉讼法》（1991 年）第 258 条规定：“当事人申请采取财产保全的，中华人民共和国的涉外仲裁机构应当将当事人的申请，提交被申请人住所地或者财产所在地的中级人民法院裁定。”

④ 《民事诉讼法》（2007 年）第 256 条。

⑤ 《民事诉讼法》（2013 年）第 272 条。

⑥ 《民事诉讼法》（2023 年）第 289 条。

⑦ 《仲裁法》（2017 年）第 28 条。

⑧ 《仲裁法征求意见稿》第 47 条。

⑨ 参见高菲：《中国临时仲裁实务指南》，法律出版社 2017 年版，第 312 页。

⑩ 参见高菲：《中国临时仲裁实务指南》，法律出版社 2017 年版，第 313 页。

⑪ 《民事诉讼法》（2023 年）第 104 条规定：“利害关系人因情况紧急，不立即申请保全将会使其合法权益受到难以弥补的损害的，可以在提起诉讼或者申请仲裁前向被保全财产所在地、被申请人住所地或者对案件有管辖权的人民法院申请采取保全措施……”

以在提起仲裁前向法院申请保全，仲裁当事人享有与诉讼当事人同等的申请保全的权利。[①] 因为仲裁机构在当事人提起仲裁前尚未参与审理，所以可以推出，当事人向法院申请保全并不必须通过仲裁机构进行转交，临时仲裁中的当事人亦可以根据这条规定直接向人民法院申请保全措施。虽然我国仲裁立法与立法草案没有规定临时仲裁中可以适用临时措施，但是法律也没有作出禁止性规定。临时仲裁程序中的当事人可以依据《民事诉讼法》直接向人民法院申请临时措施。当事人是对自身利益最积极的维护者，法律允许其自行向法院申请采取临时措施，这可以避免仲裁机构作为中间者拖延转交申请文书造成不必要的时间浪费。另外，《海事诉讼特别程序法》在2000年就已对海事纠纷的仲裁前财产保全有所规定，[②]因临时仲裁是海事仲裁的主流方式，该规定理应适用于临时仲裁。如果《民事诉讼法》与《海事诉讼特别程序法》关于仲裁前保全的规定所体现的原则与精神是一致的，那么就有理由相信，《民事诉讼法》对仲裁前保全的规定同样适用于临时仲裁程序。[③]

司法实践亦开始认可当事人向法院自行递交保全申请的做法，以提升保全效率。上海金融法院于2020年受理了首起香港仲裁程序中申请人向内地法院申请财产保全的案件。[④] 该案认可了香港仲裁程序中的申请人自行提交保全申请的做法，允许申请人将保全申请书连同仲裁机构或者办事处的转递函或证明函自行提交给法院。上海金融法院在接收申请后，根据香港特别行政区政府律政司提供的联系方式向香港国际仲裁中心核实情况，最终成功保全了被申请人的包括车辆、银行存款、公司股权在内的多项财产。

（三）临时仲裁规则对仲裁庭临时措施的尝试

经过上述分析可知，在临时仲裁程序中，由当事人直接申请法院采取临时措施，是法律所允许的。但法院是否会受理且作出临时措施，《仲裁法》及《仲裁法征求意见稿》尚未作出明确表示，目前仍是未可知的。在没有上位法的明确规定下，法院可能会基于公权力“法无授权即禁止”原则，认为自身没有这项权力而拒绝当事人的申请。因此，对于临时仲裁而言，通过仲裁庭直接作出临时措施是对当事人直接申请法院采取临时措施的有益补充，仲裁庭作出的临时措施需要法院强制执行亦是同理。

《仲裁法征求意见稿》发布之前，我国对临时措施发布主体的立法思维是法院本位主义，[⑤]仅有几家仲裁规则突破性地赋予仲裁庭作出临时措施的权力。[⑥] 2017年，我国第一部临时仲裁规则《横琴自由贸易试验区临时仲裁规则》（以下简称《横琴规则》）第13条“保全及其他临时措施”已经规定了财产保全、行为保全及证据保全这三种保全类型。[⑦]《横琴规则》亦探索性地允许仲裁庭作出决定。[⑧] 我国内地仲裁机构在尝试制定临时仲裁规则时，已经尝试设计临时措施，为申请人

---

① 参见江必新主编：《执行规范理解与适用：最新民事诉讼法与民诉法解释保全、执行条文关联解读》，中国法制出版社2023年版，第26页。

② 《海事诉讼特别程序法》第15条。

③ 参见郭晓文：《中国内地机构仲裁的发展与改革》，载《中国法律》2013年第1期。

④ 参见上海金融法院民事裁定书，(2020)沪74财保7号。

⑤ 参见黄凯绅：《仲裁临时保全措施及法院本位主义：法制变革上的建议》，载《交大法学》2019年第3期。

⑥ 《中国国际经济贸易仲裁委员会仲裁规则》(2012年)第21条第2项。《中国国际经济贸易仲裁委员会仲裁规则》(2015年)第23条第3项。《北京仲裁委员会仲裁规则》(2015年及2019年)第62条第1项。《中国(上海)自由贸易试验区仲裁规则》(2014年)第18~20条。

⑦ 《横琴自由贸易试验区临时仲裁规则》(2017年)第13条第1、2款。

⑧ 《横琴自由贸易试验区临时仲裁规则》(2017年)第13条第5款，载珠海国际仲裁院网。

提供有效救济，且在条文措辞上，明确赋予仲裁庭作出临时措施的权力。

然而，没有法律的授权，没有法院的协助执行，仲裁庭作出的临时措施决定是不具备强制执行力的。这种“软性制裁”依据的是当事人对仲裁规则的“概括同意”，只能依赖当事人自觉履行。① 杨良宜先生在对我国临时仲裁制度的构想中提到，长远的目标是发展与完善仲裁法律与强化法院职权，而不是任由仲裁机构自由发挥。② 1996 年《英国仲裁法》将法院“插手”仲裁的权力分为支持任务（supportive role）与监督任务（supervisory role），③前者包括法院对中间措施（interim measures）的协助，在对当事人产生重大影响或涉及当事人以外的对象的措施上，如变卖仲裁标的物，最终还是需要法院协助。④

《仲裁法征求意见稿》开始采用当事人自主选择法院或仲裁庭的并存模式。2022 年 3 月 18 日，中国海商法协会与中国海事仲裁委员会联合发布了中国海商法协会《临时仲裁规则》（以下简称《海商法临时仲裁规则》）与中国海事仲裁委员会《临时仲裁服务规则》，这是《仲裁法征求意见稿》颁布后首次的制定全国范围内适用的临时仲裁规则。《海商法临时仲裁规则》对临时措施的规定在第 23 条，其中第 3 款赋予了仲裁庭采取临时措施的权力以及请求方提供担保的义务。⑤除上述仲裁机构发布的仲裁规则外，一些争议解决机构也开始效仿《仲裁法征求意见稿》的做法，如由中国国际贸易促进委员会、中国国际商会等发起设立的国际商事争端预防与解决组织于 2022 年 3 月发布《国际商事争端预防与解决组织商事仲裁规则（征求意见稿）》，其中第 24 条赋予了仲裁庭作出临时措施的权力。总体上，《仲裁法征求意见稿》与《贸法会示范法》的理念保持一致，只是《仲裁法征求意见稿》赋予了当事人更大的选择空间，《贸法会示范法》⑥以仲裁庭发布为原则，当事人另有约定为例外。⑦ 内地对仲裁庭作出临时措施的认可终于从规则尝试延伸至立法趋势。对于临时仲裁而言，在立法层面承认法院对仲裁庭临时措施的协助职责，是保护当事人合法权益的有力措施。

三、港澳特区对境外临时仲裁中临时措施的协助

（一）香港特区对境外临时仲裁中临时措施的协助

机构仲裁与临时仲裁在香港仲裁实务中处于并存的地位。⑧ 2021 年，香港国际仲裁中心受理的 277 起仲裁案件中，有 183 起是机构仲裁案件。⑨ 以香港国际仲裁中心提供的数据为参考，大约有 1/3 的案件选用临时仲裁程序进行。根据《香港仲裁条例》第 2 条第 1 款⑩可知，该条例的适

① 参见高杨：《中国法下仲裁保全和临时措施制度之研究：现状、问题及新发展》，载陈福勇主编：《北京仲裁》第 116 辑，中国法制出版社 2021 年版。

② 参见杨良宜等：《仲裁法：从 1996 年英国仲裁法到国际商务仲裁》，法律出版社 2006 年版，第 370 页。

③ 参见杨良宜等：《仲裁法：从 1996 年英国仲裁法到国际商务仲裁》，法律出版社 2006 年版，第 183 页。

④ 参见杨良宜等：《仲裁法：从 1996 年英国仲裁法到国际商务仲裁》，法律出版社 2006 年版，第 795 页。

⑤ 《海商法临时仲裁规则》（2022 年）第 23 条第 3 款规定：“经一方当事人申请，仲裁庭依据所适用的法律或当事人的约定可以决定采取其认为必要或适当的临时措施，并有权决定由请求临时措施的一方当事人提供适当的担保。”

⑥ 《贸法会示范法》（2006 年）第 17 条第 1 款规定：“除非当事人另有约定，仲裁庭经一方当事人请求，可以准予采取临时措施。”

⑦ 参见徐伟功：《论我国商事仲裁临时措施制度之立法完善——以〈国际商事仲裁示范法〉为视角》，载《政法论丛》2021 年第 5 期。

⑧ 参见李剑强：《香港仲裁机构的临时仲裁及其启示》，载《北京仲裁》2006 年第 3 期。

⑨ 参见《案件统计—2022》，载香港国际仲裁中心网，https://www.hkiac.org/zh-hans/about-us/statistics。

⑩ 《香港仲裁条例》第 2 条第 1 款规定：“仲裁（arbitration）指不论是否由常设仲裁机构进行的任何仲裁。”

用对象既包括机构仲裁也包括临时仲裁。

《香港仲裁条例》第22B条第1款规定:“紧急仲裁员根据有关仲裁规则批给的任何紧急济助,无论是在香港或香港以外地方批给的,均可犹如具有同等效力的原讼法庭命令或指示般,以同样方式强制执行,但只有在原讼法庭许可下,方可如此强制执行。”第61条第1款对仲裁庭作出的临时措施作出了同样的认可性规定。可以看出《香港仲裁条例》对香港境外仲裁采取了包容的态度,香港法院可以依法执行香港境外仲裁庭或紧急仲裁员作出的临时措施。另外,《香港仲裁条例》第45条第2款又规定,香港境外仲裁中的当事人可以申请香港法院作出临时措施,①而不论仲裁地的仲裁庭或法院有没有权力作出同样的临时措施。综上,香港境外临时仲裁中仲裁庭或紧急仲裁员作出的临时措施可通过香港法院强制执行,仲裁当事人亦可以选择直接向香港法院申请作出临时措施。

在CSSC HUANGPU WENCHONG SHIPBUILDING CO LTD v. DRY BULK SERVICES LTD②案中,针对一起伦敦仲裁案件,原告申请资产冻结令(Mareva injunction),要求冻结为涉案船舶建造合同出具见索即付付款保函的保证人13 742 916美元的资产,最终法院支持了这一请求,冻结了被告在全球范围内的资产。香港法院否定了被告辩称的“不紧急”情况,认为被告商业信誉过低,有足够的风险,施行这一禁令是合理的。判决书援引了《香港仲裁条例》第45条及《香港高等法院条例》第21条,认为作出禁令既不需要仲裁庭的许可,也不需要被告的同意,且没有与在英国进行的仲裁程序相悖。涉案船舶建造合同规定,任何纠纷按照《伦敦海事仲裁员协会规则》,适用英国法律,在伦敦仲裁。因为伦敦海事仲裁员协会提供的是临时仲裁而非机构仲裁,③所以本案是一起香港境外临时仲裁案件成功申请香港法院协助采取临时措施的案件。

(二)澳门特区对境外临时仲裁中临时措施的协助

澳门新《仲裁法》于2020年5月4日正式生效。澳门新《仲裁法》在很大程度上借鉴了2006年版的《贸法会示范法》。在澳门新《仲裁法》出台之前,澳门采用双轨制的立法体制,澳门内部仲裁适用《内部仲裁法》,仲裁地在澳门之外的仲裁适用《涉外商事仲裁专门制度》④。虽然澳门仲裁立法同内地一样,对仲裁类型作本地仲裁与涉外仲裁两种区分,但无论是根据《涉外商事仲裁专门制度》⑤还是澳门《仲裁法》⑥,澳门对临时仲裁与机构仲裁都是采取一视同仁的态度。澳门仲裁法律条文仅规范仲裁庭与仲裁员,并不涉及仲裁机构。

《涉外商事仲裁专门制度》赋予了境外仲裁当事人向澳门法院申请保全的权利。⑦ 至于仲裁庭作出的临时措施,澳门法律在是当时未置可否的态度。但从新《仲裁法》第44条第1款开始,⑧澳门法院对境外仲裁的支持不再局限适用于当事人向法院提出申请,而是拓展至仲裁庭作出的

---

① 《香港仲裁条例》第45条第2款规定:“原讼法庭可应任何一方的申请,就已在或将会在香港或香港以外地方展开的任何仲裁程序,批给临时措施。”

② [2016] HKCU 3097.

③ 参见邓杰:《伦敦海事仲裁制度研究》,法律出版社2002年版,第17页。

④ 澳门《涉外商事仲裁专门制度》第1条第3款。

⑤ 澳门《涉外商事仲裁专门制度》第2条规定:“‘仲裁’一词指任何仲裁,不论仲裁工作之筹组是否交予一常设仲裁机构作出。”

⑥ 澳门《仲裁法》第2条第1项规定:“‘仲裁’:是指透过仲裁庭解决争议的方式,不论仲裁的管理是否由仲裁机构进行。”

⑦ 澳门《涉外商事仲裁专门制度》第9条。

⑧ 澳门《仲裁法》第44条第1款规定:“仲裁庭命令采取的临时措施应被确认为具有约束力,且除非仲裁庭另有裁决,在不影响下条规定的情况下,于任何国家或地区命令采取的临时措施应通过向法院提出申请加以执行。”

临时措施。[①] 换言之,仲裁地在澳门以外的临时仲裁中,仲裁庭作出的临时措施决定可向澳门法院申请执行。

四、内地临时仲裁申请港澳协助临时措施之分析

(一)当事人申请港澳法院采取临时措施的构想

2019年颁布的《关于内地与香港特别行政区法院就仲裁程序相互协助保全的安排》(以下简称《内地与香港仲裁保全安排》)第6条规定"内地仲裁机构管理的仲裁程序的当事人"可以向香港特别行政区高等法院申请保全,2022年颁布的《关于内地与澳门特别行政区就仲裁程序相互协助保全的安排》第5条对此作出了如出一辙的规定。根据这两项安排,能向香港和澳门法院申请保全协助只有内地机构仲裁程序中的当事人。两项安排限制了申请主体,内地临时仲裁中的当事人无法向港澳法院申请采取临时措施。

同样的司法协助障碍也出现在内地临时仲裁裁决在港澳地区的承认与执行中。早在2007年,最高人民法院《关于印发〈全国法院涉港澳商事审判工作座谈会纪要〉的通知》就明确了港澳临时仲裁裁决可以得到内地法院的协助执行,[②]但《关于内地与香港特别行政区相互执行仲裁裁决的安排》以及《内地与澳门特别行政区相互认可和执行仲裁裁决的安排》却没有对应地将内地临时仲裁裁决纳入港澳法院的执行范围,[③]且港澳回归之后,香港与澳门地区不再是政治意义上的独立个体,因此三地法院不能再依据《承认及执行外国仲裁裁决公约》(以下简称《纽约公约》)互相承认与执行临时仲裁裁决。由于本文讨论的主体不是仲裁裁决的承认与执行,对此问题不再赘述。不过,与内地临时仲裁裁决的域外执行困境不同的是,依据《香港仲裁条例》及澳门《仲裁法》,而非国际公约,内地临时仲裁中的临时措施依然可以获得港澳地区法院的协助执行。虽然两项安排限制了申请主体,但是港澳地区的法律均允许港澳境外临时仲裁中的临时措施获得当地法院的协助。如果未来内地全面认可临时仲裁,那么两项安排的主体限制也会随之逐步放开,内地临时仲裁中当事人可以直接向港澳法院申请采取临时措施,获得当地法院的协助。

(二)仲裁庭临时措施申请港澳法院执行的障碍

前文已经提到,在内地全面认可临时仲裁已成为大势所趋的当下,《仲裁法征求意见稿》考虑采纳仲裁庭临时措施的域内执行模式是为临时仲裁提供救济的重要举措,下一步便是考虑开放其域外执行模式。

虽然《仲裁法征求意见稿》第49条第1款[④]规定了国内仲裁当事人可以向有管辖权的外国法院申请执行临时措施,但没有写明此处提到的临时措施的发布主体是仲裁庭还是法院。从体系

---

① 参见包尹歆:《澳门仲裁法律制度的革新与展望——评澳门新〈仲裁法〉》,载《商事仲裁与调解》2020年第4期。

② 最高人民法院《关于印发〈全国法院涉港澳商事审判工作座谈会纪要〉的通知》第25条规定:"人民法院审理当事人申请撤销、执行内地仲裁机构作出的涉港澳仲裁裁决案件,申请认可和执行香港特别行政区、澳门特别行政区仲裁机构作出的仲裁裁决或者临时仲裁庭在香港特别行政区、澳门特别行政区作出的仲裁裁决案件,对于事实清楚、争议不大的,可以经过书面审理后径行作出裁定;对于事实不清、争议较大的,可以在询问当事人、查清事实后再作出裁定。"

③ 《内地与香港特别行政区相互执行仲裁裁决的安排》前言规定:"香港特区法院同意执行内地仲裁机构(名单由国务院法制办公室经国务院港澳事务办公室提供)依据《中华人民共和国仲裁法》所作出的裁决"。《关于内地与澳门特别行政区相互认可和执行仲裁裁决的安排》第1条规定:"……澳门特别行政区法院认可和执行内地仲裁机构依据《中华人民共和国仲裁法》在内地作出的民商事仲裁裁决。"

④ 《仲裁法征求意见稿》(2021年)第49条第1款规定:"临时措施需要在中华人民共和国领域外执行的,当事人可以直接向有管辖权的外国法院申请执行。"

解释的角度来看,《征求意见稿》第 46 条至第 48 条均有提到仲裁庭与法院两种主体发布的临时措施,所以第 49 条第 1 款提到的临时措施应当是允许这两种发布主体的。有矛盾的是,第 49 条第 2 款涉及的是紧急仲裁员采取的临时措施,于是第 1 款似乎又只针对仲裁庭发布的临时措施。[①] 不论立法对于该条指代对象是何者,立法者对于仲裁庭作出的临时措施已经表现出开放的执行态度。令人遗憾的是,由于该条文后半句提到的执行法院是"外国法院",该条文并不能适用于内地仲裁庭临时措施在港澳地区的执行问题上。

五、港澳临时仲裁申请内地协助临时措施之分析

(一) 司法解释对适用主体的限制与放宽

长期以来,我国内地法院并不对域外仲裁程序提供保全协助。[②] 然而,2019 年《内港仲裁保全安排》为内地与香港相互协助保全执行打开了"绿色通道":香港特区仲裁案件当事人可以向内地法院申请保全措施。[③] 这一安排的出台打破了内地法院拒绝执行域外仲裁临时措施的传统。该安排第 2 条对适用主体作出了如下限制:"本安排所称'香港仲裁程序'应当以香港特别行政区为仲裁地,并且由以下机构或常设办事处管理……"由此,该安排所提供的协助对象仅限于机构管理的仲裁。而且,不在由内地、香港双方确认的名单上的对象也不适用该安排。[④] 截至 2022 年 4 月 25 日,香港国际仲裁中心已就 72 份保全申请出具《受理函》(包括 68 份财产保全申请,2 份证据保全申请,2 份行为保全申请)。内地法院作出的 43 项裁定中,40 项裁定准许申请人在提供担保的前提下进行财产保全,3 项申请被驳回。[⑤]

《〈关于内地与澳门特别行政区就仲裁程序相互协助保全的安排〉的理解与适用》提到"排除临时仲裁程序""《内地与香港仲裁保全安排》排除了临时仲裁,本安排与其保持一致"。据此,临时仲裁程序中作出的保全裁定不能依据该安排得到承认与执行,内地与港澳特区的这两项安排均不适用于临时仲裁程序。

值得注意的是,最高人民法院《关于适用〈中华人民共和国海事诉讼特别程序法〉若干问题的解释》第 21 条第 2 款特别规定,外国海事仲裁案件的涉案财产在国内的,当事人可以向财产所在地的海事法院提出保全申请。[⑥] 该条并未特别限制仲裁方式仅有机构仲裁,因此临时仲裁理应在其适用范围内。实践中,宁波海事法院曾支持当事人于域外仲裁程序进行中向其提出的保全申请,法院在裁定书中写道:"申请人舟山某某海运股份有限公司因与被申请人 Han 某某就船舶买

---

① 参见徐伟功:《论我国商事仲裁临时措施制度之立法完善——以〈国际商事仲裁示范法〉为视角》,载《政法论丛》2021 年第 5 期。

② 参见高文杰:《中国仲裁保全和临时措施制度的立法缺位和建议》,载陈福勇主编:《北京仲裁》第 100 辑,中国法制出版社 2017 年版。

③ 《关于内地与香港特别行政区法院就仲裁程序相互协助保全的安排》第 3 条。

④ 参见《符合〈安排〉第二条第一款的资格的机构及常设办事处的联络方式》(截至 2021 年 9 月 13 日),载香港特别行政区政府律政司网,https://www.doj.gov.hk/sc/mainland_and_macao/pdf/list_of_institutions_sc。

⑤ 参见《两地仲裁保全安排:常见问题》,载香港国际仲裁中心网,https://www.hkiac.org/Arbitration/interim-measures-arrangement-faqs。

⑥ 最高人民法院《关于适用〈中华人民共和国海事诉讼特别程序法〉若干问题的解释》第 21 条第 2 款规定:"外国法院已受理相关海事案件或者有关纠纷已经提交仲裁,但涉案财产在中华人民共和国领域内,当事人向财产所在地的海事法院提出海事请求保全申请的,海事法院应当受理。"

卖合同纠纷在伦敦提起海事仲裁。”[①]虽然该裁定书中没有写明该案当事人采用的临时仲裁还是机构仲裁，但众所周知，伦敦海事仲裁员协会提供的是临时仲裁而非机构仲裁，[②]只有部分船舶建造纠纷案件会由伦敦国际仲裁院以机构仲裁的方式解决。[③] 因此该船舶买卖合同纠纷案所采用的仲裁方式极大可能是临时仲裁。另外，临时仲裁不仅是在英国，更是世界普遍采用的海事领域争议解决机制。[④] 无论是从文义解释还是目的解释的角度出发，司法解释都是为域外海事领域的临时仲裁打开了协助保全的窗口的。

司法解释作出了方向性指引，可以预见未来立法对于临时措施的协助问题，将逐步从海事领域放宽至商事领域，从机构仲裁扩展至临时仲裁。

（二）仲裁庭临时措施申请域内执行的困境与展望

上述两项安排虽然开拓性地允许港澳特区仲裁案件中的当事人向内地法院申请保全协助，[⑤]但是并未明确港澳特区仲裁庭临时措施的域内可执行性。这对于港澳特区临时仲裁案件的进行是十分不便的。相较于《仲裁法征求意见稿》对仲裁庭临时措施的放宽，两项安排仍然采用法院本位主义，亦是有待完善的。

首先，当事人选择仲裁解决纠纷有一大原因是，相较于诉讼，仲裁通常更快捷、更具效率。[⑥]如果依据两项安排向内地法院申请保全，港澳特区仲裁庭只负责出具证明函件，不对临时措施的申请是否满足标准进行实质性审查，[⑦]这便将审查义务全部交给了内地法院。相较了法院“从头”了解案情并审查保全申请，仲裁庭已经对案情有了初步的了解，由仲裁庭作出临时措施更能保证仲裁程序的便捷性与连贯性。[⑧] 当事人若要获得救济，最快捷的方式还是直接向仲裁庭申请保全并提供担保。

其次，根据《民事诉讼法》的规定，[⑨]在没有国际条约的情况下，我国承认与执行外国裁判文书、进行其他诉讼行为的依据是互惠原则。[⑩] 2021 年《全国法院涉外商事海事审判工作座谈会会议纪要》（以下简称《涉外海商会议纪要》）第 44 条提到互惠关系的认定：当本国民商事判决可以得到该国家法律的承认和执行，或该国已和中国达成互惠谅解，或两国通过外交途径作出互惠承

---

① 宁波海事法院民事裁定书，(2010) 甬海法仲保字第 1 号。

② 参见邓杰：《伦敦海事仲裁制度研究》，法律出版社 2002 年版，第 17 页。

③ 参见司玉琢、初北平、李垒：《我国海事仲裁的发展目标、困境及对策》，载《商事仲裁与调解》2020 年第 1 期。

④ 参见赖震平：《中国海事仲裁模式创新路径探索——临时仲裁在中国海事仲裁委员会的引入》，载《中国海商法研究》2015 年第 2 期。

⑤ 《关于内地与澳门特别行政区就仲裁程序相互协助保全的安排》第 3 条。《关于内地与香港特别行政区就仲裁程序相互协助保全的安排》第 2 条。

⑥ 参见[美]加里·B. 博恩：《国际仲裁：法律与实践》，白麟等译，商务印书馆 2015 年版，第 20 ~ 21 页。

⑦ 参见《两地仲裁保全安排：常见问题》，载香港国际仲裁中心网，https://www.hkiac.org/Arbitration/interim - measures - arrangement - faqs。

⑧ 参见周琦雄：《仲裁保全决定权分配在司法协助中的应用——兼评最高人民法院〈关于内地与香港特别行政区法院就仲裁程序相互协助保全的安排〉中保全决定权的分配模式》，载《仲裁研究》2021 年第 1 期。

⑨ 《民事诉讼法》第 293 条第 1 款规定：“根据中华人民共和国缔结或者参加的国际条约，或者按照互惠原则，人民法院和外国法院可以相互请求，代为送达文书、调查取证以及进行其他诉讼行为。”

⑩ 参见徐伟功：《我国承认与执行外国法院判决制度的构建路径——兼论我国认定互惠关系态度的转变》，载《法商研究》2018 年第 2 期。

诺，则可以承认两国法院存在互惠关系。① 互惠原则的表现形式有条约互惠、法律互惠与事实互惠。②《涉外海商会议纪要》第44条的第一种情况便是“法律互惠”的体现，即只要根据外国法院所在国的法律，中国法院的判决可以得到承认及执行，就应当认定两国存在互惠关系。2022年3月，经最高人民法院核准，上海海事法院承认并执行了英国高等法院和上诉法院的一份商事判决及法院相关命令。③ 这是我国人民法院首次基于互惠原则承认并执行英国的商事判决，体现了对《涉外海商会议纪要》精神的贯彻。④ 法院在裁判文书中写道：《民事诉讼法》在规定互惠原则时并没有将之限定为必须是相关外国法院先行承认我国法院民商事判决，我国法院作出的民商事判决可以得到该外国法院的承认和执行即可认为双方存在互惠。该案改变了中国司法实践长期将互惠关系限制解释为“事实互惠”的认识，是我国人民法院首例依据“法律互惠”原则承认英国法院商事判决的案件。⑤ 在仲裁临时措施的跨境执行问题上，虽然没有《纽约公约》这样的多边公约，但可以从上述《涉外海商会议纪要》与裁判案例中看到我国内地对于涉外司法协助更加开放和包容的态度倾向。港澳特区法律已经明确承认与执行境外仲裁庭的临时措施，我国内地法院通过“法律互惠”主动贯彻互惠原则，对港澳仲裁庭临时措施的域内执行表示认可与支持，是提升“一带一路”关系中国际兼容性的重要举措。

六、结语

2022年正值香港回归25周年、澳门回归23周年，粤港澳大湾区司法协助已成为仲裁界的热门话题。同时，《仲裁法征求意见稿》已将临时仲裁与临时措施纳入修订范畴。通过上述分析，笔者得出以下结论：

第一，虽然《仲裁法征求意见稿》并没有直接规定临时措施可以适用于临时仲裁，但是依据《民事诉讼法》，临时仲裁程序中的当事人可以直接向法院提出申请。临时仲裁规则亦开始尝试授予仲裁庭作出临时措施的权力，这与《仲裁法征求意见稿》的立法动向保持一致。

第二，根据港澳特区仲裁立法，当地法院不仅允许内地临时仲裁当事人直接向其申请采取临时措施，而且承认内地临时仲裁庭的临时措施，前者的申请虽能获得港澳特区法律的支持，但由于前述两项安排限制申请主体，申请可能仍面临现实障碍；后者能否实现取决于《仲裁法征求意见稿》能否允许内地仲裁庭的临时措施在域外（港澳特区）执行。

第三，在港澳特区临时仲裁申请内地协助临时措施问题上，内地与港澳特区的两项协助保全

---

① 《全国法院涉外商事海事审判工作座谈会会议纪要》第44条规定：“人民法院在审理申请承认和执行外国法院判决、裁定案件时，有下列情形之一的，可以认定存在互惠关系：(1)根据该法院所在国的法律，人民法院作出的民商事判决可以得到该国法院的承认和执行；(2)我国与该法院所在国达成了互惠的谅解或者共识；(3)该法院所在国通过外交途径对我国作出互惠承诺或者我国通过外交途径对该法院所在国作出互惠承诺，且没有证据证明该法院所在国曾以不存在互惠关系为由拒绝承认和执行人民法院作出的判决、裁定。人民法院对于是否存在互惠关系应当逐案审查确定。”

② 参见齐湘泉：《论法院判决、仲裁裁决域外承认与执行中的互惠原则》，载《中国国际私法与比较法年刊》2000年第3期。

③ 参见SPAR航运有限公司申请承认大不列颠及北爱尔兰联合王国高等法院[2015]EWHC 718(Comm)号民事判决及相关命令、大不列颠及北爱尔兰联合王国上诉法院[2016]EWCA Civ 982号民事判决及相关命令案，上海海事法院民事裁定书(2018)沪72协外认1号。

④ 参见张韵凝：《中国法院首次承认英国商事判决》，载微信公众号“商法CBLJ”2022年5月12日，https://mp.weixin.qq.com/s/fm-VSYLrSewdXKaCFixZ7A。

⑤ 参见杨文贵、罗依：《海通案例｜中国法院首次承认英国商事判决》，载微信公众号“海通律师事务所”2022年3月23日，https://mp.weixin.qq.com/s/mlNwEIJqnqT309JxsdRWJA。

安排既排除了临时仲裁的适用,又排除港澳特区仲裁庭临时措施的在内地执行,这对于大湾区临时仲裁协同发展而言是有待改进的。

Reciprocal Enforcement of Interim Measures in *Ad Hoc* Arbitration in the Guangdong – Hong Kong – Macao Greater Bay Area —Current Status and Prospects

Zhang An

Abstract: There are three core issues to analyse in relation to whether interim measures in *ad hoc* arbitrations between the Chinese Mainland, Hong Kong SAR, and Macau SAR can obtain reciprocal enforcement. Firstly, *The Arbitration Law of the People's Republic of China* (*Revised*) (*Draft for Public Comments*) does not directly provide that interim measures can be applied to interim arbitration proceedings, but parties in *ad hoc* arbitrations can apply directly to the courts, and the Mainland's *ad hoc* arbitration rules and the Draft have already begun to give the arbitral tribunal the power to make decisions. Secondly, the courts in Hong Kong SAR and Macau SAR not only allow parties in Mainland's *ad hoc* arbitrations to apply directly to them for interim measures, but also recognise interim measures issued by Mainland's *ad hoc* arbitral tribunals. However, the former has two arrangements limiting the application subject and the latter depends on the attitude of the Draft toward the extraterritorial enforcement of the arbitral tribunal's interim measures. Thirdly, on the issue of Hong Kong SAR and Macau SAR *ad hoc* arbitration applications for Mainland – assisted interim measures, the two arrangements exclude the application of *ad hoc* arbitration and restrict the intra – territorial enforcement of interim measures by arbitral tribunals in Hong Kong SAR and Macau SAR, which is subject to improvement.

Key Words: preservation; interim measures; cross – border judicial assistance; *ad hoc* arbitration

粤港澳大湾区国际商事仲裁快速程序规则建设

——现状、问题与对策

谭晰文*

内容摘要 《粤港澳大湾区发展规划纲要》明确提出了"完善国际商事纠纷解决机制,建设国际仲裁中心"的发展要求。快速仲裁程序作为克服传统仲裁诉讼化弊端的更为高效的程序机制,已为粤港澳大湾区主要仲裁机构仲裁规则所规定,在承载快速解决国际商事纠纷功能的同时,也面临与被视为国际商事仲裁基石的当事人意思自治原则冲突,以及透明度与可操作性不足等问题,影响了国际商事纠纷当事人对粤港澳大湾区仲裁机构的选择。故有必要在快速程序规则中实现效率与当事人意思自治之间的平衡,提供透明度高、可操作性强的国际商事仲裁快速程序规则,将粤港澳大湾区建成联动粤港澳、面向全世界的国际商事仲裁全球优选地。

关键词 国际商事仲裁 快速程序 效率 当事人意思自治

一、问题的提出

国际商事仲裁诉讼化趋势使其所具有的快速、便捷、费用低廉、裁决可执行度高等制度优势严重弱化,诉讼化趋势下的裁决过程冗长、费用高昂等系列问题降低了国际商事仲裁的效率,越来越难以满足国际商事纠纷当事人通过仲裁低成本、高效率解决纠纷的需求,为维持仲裁在国际商事纠纷解决机制中的首选地位,快速程序(Expedited Procedure)应运而生。① 快速程序的核心在于通过对传统仲裁程序的限制和简化,缩短仲裁时间、降低仲裁费用,②在国际商事仲裁中快速程序被越来越多地采用。1992 年,瑞士日内瓦工商会(Chamber of Commerce, Industry and Services of Geneva)制定了首个快速仲裁规则。此后,世界知识产权组织仲裁与调解中心(World Intellectual Property Organization Arbitration and Mediation Center)、瑞典斯德哥尔摩商会仲裁院(Arbitration Institute of the Stockholm Chamber of Commerce)、新加坡国际仲裁中心(Singapore International Arbitration Centre, SIAC)、美国仲裁协会(American Arbitration Association)、国际商会仲裁院(International Chamber of Commerce)等均引入了快速程序。③ 从快速程序的实际应用来看,其在广泛适用于国际商事仲裁的同时,也越来越多地面临当事人意思自治与仲裁机构规则

* 谭晰文:香港大学法律学院硕士研究生。

① 参见梁庭瑜:《国际商事仲裁快速程序之比较研究》,载《商事仲裁与调解》2021 年第 4 期。

② 参见邓杰:《论快速仲裁》,载《法制与社会发展》2000 年第 1 期。

③ 参见桑远棵:《国际商事仲裁快速程序:问题与完善》,载《国际商务(对外经济贸易大学学报)》2019 年第 5 期。

的冲突问题，如仲裁协议对三人仲裁的约定与独任仲裁庭的强制适用之间的矛盾与冲突等。[①]

在我国，中国国际经济贸易仲裁委员会（China International Economic and Trade Arbitration Commission）在1994年即规定了简易程序。此后，北京仲裁委员会（Beijing Arbitration Commission）、广州仲裁委员会（Guangzhou Arbitration Commission）、深圳国际仲裁院（Shenzhen Court of International Arbitration）等均对快速程序进行了规定。其中，中国国际经济贸易仲裁委员会、北京仲裁委员会、广州仲裁委员会等采用的是"简易程序"的提法，深圳国际仲裁院则采用了"快速程序"的提法。从对快速程序的规定以及其在实践中的应用来看，还存在快速程序规则不明确或不全面等问题，[②]影响了国际商事纠纷当事人对仲裁的选择。

2019年，中共中央、国务院印发《粤港澳大湾区发展规划纲要》，要求"完善国际商事纠纷解决机制，建设国际仲裁中心，支持粤港澳仲裁及调解机构交流合作，为粤港澳经济贸易提供仲裁及调解服务"[③]；2020年，中共中央《关于制定国民经济和社会发展第十四个五年规划和二〇三五年远景目标的建议》明确，"支持香港、澳门更好融入国家发展大局，高质量建设粤港澳大湾区"[④]；2022年，党的二十大强调，"深化香港、澳门同各国各地区更加开放、更加密切的交往合作"[⑤]，彰显在粤港澳大湾区建立高效的国际商事纠纷解决机制于粤港澳大湾区高质量协同发展的重大意义。为回应对高效率、低成本国际商事仲裁的需求，以及快速程序在适用过程中产生的问题和争议，2021年7月，联合国国际贸易法委员会（United Nations Commission On International Trade Law，UNCITRAL）通过并实施《贸易法委员会快速仲裁规则》草案（UNCITRAL Expedited Arbitration Rules，以下简称《快速仲裁规则》），并相应新增《贸易法委员会仲裁规则》（UNCITRAL Arbitration Rules）第1条第5款，[⑥]2021年12月9日，《快速仲裁规则》解释性说明（Explanatory Note）通过，为国际商事仲裁快速程序提供了一种更为高效且对当事人意思自治限制更小的规则范本。考察粤港澳大湾区国际商事仲裁规则对快速程序的规定，参考联合国《快速仲裁规则》的规定，提出完善粤港澳大湾区国际商事仲裁快速程序规则的对策建议，推进粤港澳大湾区建设，已成为理论研究应当关注的重要课题。

二、粤港澳大湾区国际商事仲裁快速程序既有规则之比较

粤港澳大湾区的主要仲裁机构，如广州仲裁委员会、深圳国际仲裁院[⑦]、珠海国际仲裁院

① 参见张卫彬：《快车道仲裁规则的比较及借鉴》，载《政法论丛》2010年第6期。

② 参见桑远棵：《国际商事仲裁快速程序：问题与完善》，载《国际商务（对外经济贸易大学学报）》2019年第5期。

③ 《中共中央、国务院印发〈粤港澳大湾区发展规划纲要〉》，载中国政府网2019年2月18日，http://www.gov.cn/zhengce/2019-02/18/content_5366593.htm#1。

④ 《中共中央关于制定国民经济和社会发展第十四个五年规划和二〇三五年远景目标的建议》，载《人民日报》2020年11月4日，第1版。

⑤ 习近平：《高举中国特色社会主义伟大旗帜 为全面建设社会主义现代化国家而团结奋斗——在中国共产党第二十次全国代表大会上的报告》，载《人民日报》2022年10月26日，第1版。

⑥ 《贸易法委员会仲裁规则》（2021年）第1.5条规定："在当事人同意的情况下，附录中的《快速仲裁规则》适用于仲裁。"载联合国国际贸易法委员会网站，https://uncitral.un.org/sites/uncitral.un.org/files/media-documents/uncitral/zh/21-07995_ebook_c.pdf。

⑦ 2021年按照中央文件要求同时加挂"粤港澳大湾区国际仲裁中心"名称。引自深圳国际仲裁院官方网站，http://www.scia.com.cn/home/index/aboutdetail/id/15.html。

(Zhuhai Court of International Arbitration)①、香港国际仲裁中心(Hong Kong International Arbitration Centre)等均对快速程序进行了规定,澳门世界贸易中心仲裁中心(World Trade Center Macau Arbitration Center)暂未对快速程序进行规定。对广州仲裁委员会、深圳国际仲裁院、珠海国际仲裁院、香港国际仲裁中心对快速程序的规定及其与联合国《快速仲裁规则》的规定进行比较(见表1),有助于厘清各仲裁机构快速程序规则可能存在的问题,为完善粤港澳大湾区国际商事仲裁快速程序规则提供具有客观性与说服力的支持。

表1　各仲裁规则对快速程序规定的比较

仲裁机构规则 快速程序规定	适用模式	适用金额	其他适用条件	仲裁庭的组成	裁决期限	程序转换
广州仲裁委员会仲裁规则(2023年)[1]	限额自动适用(当事人另有约定的除外)	不超过300万元人民币	1. 超过限额,当事人同意适用。 2. 无争议金额或争议金额不明确的,委员会决定	独任仲裁庭	仲裁庭组成后75日内	1. 当事人一致申请,或一方当事人申请其他当事人同意,或委员会、仲裁庭认为有必要。 2. 超过金额且当事人一致要求转换。 3. 超过金额仅部分当事人要求转换,委员会主任决定
深圳国际仲裁院仲裁规则(2022年)[2]	限额自动适用	不超过300万元人民币	1. 超过限额,当事人书面同意。 2. 当事人约定适用。 3. 争议金额不明确的,仲裁院决定	独任仲裁庭	1. 仲裁庭组成之日起2个月内。 2. 仲裁院决定延期	超过金额,经一方当事人请求或仲裁庭提议,仲裁院认为有必要
珠海国际仲裁院仲裁规则(2023年)[3]	(除非当事人另有约定)限额自动适用	不超过100万元人民币	1. 超过限额,双方当事人约定适用(争议金额较大、案情复杂疑难的案件除外)。 2. 无争议金额或争议金额不明确的,仲裁院决定	独任仲裁庭(仲裁院认为有必要由三名仲裁员组成仲裁庭的除外)	1. 国内案件:仲裁庭组成之日起2个月内。 2. 涉外案件:仲裁庭组成之日起4个月内。 3. 仲裁院决定延期	1. 仲裁庭认为有必要,或者双方当事人一致同意,仲裁院决定。 2. 超过金额,依一方当事人的申请或者仲裁庭的意见,仲裁院决定

① 又名横琴国际仲裁中心(Hengqin International Arbitration Center)。参见珠海国际仲裁院网,http://www.zcia.pro/list/38.html#nyner。

续表

仲裁机构规则快速程序规定	适用模式	适用金额	其他适用条件	仲裁庭的组成	裁决期限	程序转换
香港国际仲裁中心机构仲裁规则(2018年)[4]	一方当事人申请适用	不超过由中心设定并于仲裁通知提交之日公布于其网站上的金额	1. 各方当事人同意。 2. 出现极为紧急的情况	独任仲裁员，除非仲裁协议约定了三位仲裁员(中心应建议当事人将案件提交独任仲裁员，如当事人不同意，则案件应提交三位仲裁员)	1. 案件移交仲裁庭之日起6个月内。 2. 中心决定延期	经任何一方当事人请求，并在征求当事人和任何已被确认或指定的仲裁员意见后，中心可在考虑任何新出现的情况下决定不再适用简易程序
联合国贸易法委员会快速仲裁规则(2021年)[5]	当事人明确的意思表示	无	无	除非当事人另有约定，否则应设一名仲裁员	1. 仲裁庭组成之日起6个月内。 2. 可延长，但时间总长不得超过仲裁庭组成之日起9个月。 3. 仲裁庭认为9个月内有可能不能作出裁决的，应当提出最后的延长时限，只有各方在规定期限内均表示同意，延期才能获得通过	1. 当事人可在程序期间随时约定不再适用《快速仲裁规则》。 2. 应一方当事人请求，在特殊情况下，在邀请当事人发表意见后，仲裁庭可判定不再适用《快速仲裁规则》

[1]参见《广州仲裁委员会仲裁规则》，载广州仲裁委员会网2021年5月12日，https://www.gzac.org/zcgz/526。

[2]参见《深圳国际仲裁院仲裁规则》，载深圳国际仲裁院网，http://www.scia.com.cn/index.php/Home/index/rule/id/809.html。

[3]参见《珠海国际仲裁院仲裁规则(2023.3.1)》，载珠海国际仲裁委院网2023年3月1日，http://www.zcia.pro/info/7430.html。

[4]参见《2018香港国际仲裁中心机构仲裁规则》，载香港国际仲裁中心网，http://www.hkiac.org/zh-hans/arbitration/rules-practice-notes/hkiac-administered-2018。

[5]参见《〈贸易法委员会仲裁规则〉(2021年)〈贸易法委员会快速仲裁规则〉〈贸易法委员会投资人与国家间基于条约仲裁透明度规则〉》，载联合国国际贸易法委员会网，https://uncitral.un.org/sites/uncitral.un.org/files/media-documents/uncitral/zh/21-07995_eb ook_c.pdf。

表1的对比显示，粤港澳大湾区各主要仲裁机构有关快速程序的适用、仲裁庭的组成等规定有两个特点，一是各仲裁机构规定之间存在一定差异，二是与已经通过并实施的联合国《快速仲裁规则》的规定也存在一定差异。联合国《快速仲裁规则》作为关于国际商事仲裁快速程序规则

的国际性范本,对粤港澳大湾区国际商事仲裁快速程序规则的建设具有示范性意义,可进行必要的比较,以进一步完善粤港澳大湾区各仲裁机构的快速仲裁程序规则,构建满足国际商事纠纷的当事人对高效纠纷解决机制的需求的快速仲裁程序规则,打造联动粤港澳、面向全世界的国际商事仲裁中心,将粤港澳大湾区建成国际商事仲裁的全球优选地。

三、粤港澳大湾区国际商事仲裁快速程序既有规则可能的不足

参考已实施的联合国《快速仲裁规则》,比较粤港澳大湾区主要仲裁机构快速程序规则之间的差异,并结合大湾区国际商事仲裁快速程序规则适用的实际情形,粤港澳大湾区国际商事仲裁快速程序规则还面临如下几方面问题,需要加以完善。

(一)当事人意思自治原则在快速程序规则中适用不足

仲裁因当事人的协议而启动,唯有获得当事人的授权,仲裁庭才能对案件进行管辖,当事人意思自治被视为国际商事仲裁的基石,[①]是以自由价值为基本追求的国际商事仲裁价值体系的核心,[②]仲裁规则与当事人意思自治之间的冲突也是《承认及执行外国仲裁裁决公约》(the New York Convention on the Recognition and Enforcement of Foreign Arbitral Awards)(以下简称《纽约公约》)规定的司法机关拒绝承认及执行仲裁裁决的法定事由。作为克服传统仲裁诉讼化弊端、满足高效解决国际商事纠纷需求的制度设计,快速程序能否因追求效率而限制当事人的意思自治? 实践中,仲裁机构快速程序规则中所包含的追求效率的规定与当事人意思自治之间的冲突已经提出了警示。联合国《快速仲裁规则》回应了两者的紧张关系,从其规定来看,更多考虑了当事人意思自治的要求,如在快速程序的适用上,规定需有当事人合意,在仲裁庭的组成上,规定当事人可约定排除独任仲裁庭等,更加尊重了当事人的意思自治,宣示了快速仲裁规则的基本原则和价值追求。

比较以广州、深圳、珠海为代表的仲裁机构仲裁规则,在快速程序的适用、仲裁庭的组成等易引发仲裁协议与仲裁机构规则冲突的领域,仲裁机构的快速程序规则或多或少存在对当事人意思自治的限制,进而可能引发仲裁裁决的承认与执行风险。一是在快速程序适用的规定上,对当事人意思自治原则适用不足。从既有的快速仲裁规则来看,主要规定了符合限额要求自动适用、当事人可约定适用,以及仲裁委员会/仲裁院视情况决定适用三种情形,部分仲裁机构作了更为具体的规定,如广州仲裁委员会规定当事人可以约定的方式排除限额自动适用,珠海国际仲裁院规定对争议金额较大、案情复杂疑难的案件由仲裁院决定适用普通程序等。与联合国《快速仲裁规则》的规定相比,虽在一定程度上体现了对当事人意思自治的尊重,如对以约定方式排除限额自动适用以及当事人约定即可适用快速程序的规定等。但是,案件金额与案件的复杂程度并不必然关联,限额自动适用的仲裁规则可能与当事人通过仲裁协议所作的约定冲突,对限额自动适用无排除性规定、对当事人约定适用的例外规定以及由仲裁庭视情况决定适用快速程序等更是直接限制了当事人的意思自治。二是对快速程序下仲裁庭组成的规定,与当事人意思自治原则相悖。有关快速程序下仲裁庭的组成问题,既有的仲裁规则作了适用独任仲裁庭的规定,部分地方如珠海虽有例外规定,但将组成三人仲裁庭的决定权赋予仲裁院。快速仲裁程序下独任仲裁

① 参见朱若菡:《快速仲裁中强势独任仲裁员条款之检视》,载《上海对外经贸大学学报》2019 年第 5 期。
② 参见胡荻:《国际商事仲裁权研究》,华东政法大学 2014 年博士学位论文,第 15 页。

庭的当然适用有悖于当事人意思自治原则,在快速仲裁规则的设定上需要做更为审慎的考量。

香港国际仲裁中心作为全球最受欢迎的5大仲裁机构之一,在快速程序的适用上,采用的是单方申请模式,同时允许在各方当事人同意的情况下,以及出现极为紧急的情况下适用快速程序,与表1提到的广州、深圳、珠海等地仲裁机构的仲裁规则相比,更加尊重了当事人的意思自治。但是,与联合国《快速仲裁规则》规定的当事人合意适用相比,香港国际仲裁中心所作出的单方申请适用、各方当事人同意适用以及极为紧急情况下适用的规定还显得比较复杂,可就此做必要的考量与客观的评判,平衡快速程序规则与当事人意思自治的关系。

(二)快速程序规则的透明度及可操作性还待加强

联合国《快速仲裁规则》有关裁决的期限、快速程序转换为普通程序的规定等,体现出较高的透明度和较强的可操作性,便于当事人对快速程序的选择,也有利于实现快速程序下高效仲裁的价值选择。在作出裁决的期限上,联合国《快速仲裁规则》既规定了裁决作出的期限要求,同时又明确规定了可延长的时间总计为仲裁庭组成之日起9个月,如仲裁庭认为9个月内仍不能作出裁决,则应当提出最后的延长时限,或者只有各方在规定期限内均表示同意,延期才能获得通过,避免了期限被过度延长,有利于对快速仲裁程序效率的保障。在快速程序转换为普通程序上,联合国《快速仲裁规则》明确作出了两项规定,一是当事人可在程序期间随时约定不再适用快速程序,二是应一方当事人请求,在特殊情况下,在邀请当事人发表意见后,仲裁庭可判定不再适用快速程序,该规定不仅可操作性较强,也体现了对当事人意思自治的价值选择。

比较前文广州、深圳、珠海等地仲裁机构的仲裁规则,不难发现,在作出裁决期限的延长决定及程序转换等规定上,部分规定还较为笼统、模糊,可能对仲裁效率产生不利影响,规则的透明度及可操作性还待加强。一是在作出裁决的期限上,既有的仲裁规则对起算期与具体期限的规定是明确的,起算期均为仲裁庭组成后(或表述为仲裁庭组成之日起),裁决期限亦明确具体。如《广州仲裁委员会仲裁规则》规定具体到75天,《深圳国际仲裁院仲裁规则》为2个月,《珠海国际仲裁院仲裁规则》区分国内与涉外案件,分别为2个月和4个月;但在期限的延长上,或未做规定,或仅笼统规定特殊情况下有正当理由经仲裁院决定可适当延长,容易引发歧义与疑虑,缺乏必要的可操作性。二是在快速程序转换为普通程序上,各地既有的仲裁规则虽有规定,但当事人何时可申请转换,委员会或仲裁院决定的标准是什么,均未能在规则上有所体现,有别于联合国《快速仲裁规则》所作的规定,影响了快速程序规则的透明度和可操作性。粤港澳大湾区要打造国际化的商事仲裁中心,在快速程序规则的建设上,必须有为国际认可的、透明度高的、可操作性强的领先的程序规则,从而吸引国际纠纷当事人对大湾区仲裁机构的选择。

香港国际仲裁中心作为国际认可度高的仲裁机构,仲裁规则的透明度较高和可操作性较强毋庸置疑是其取得如今地位的重要的原因之一。比较香港国际仲裁中心2008年、2013年、2018年的仲裁规则,快速程序自2013年引入,2013年版与2018年版快速程序规则的区别在于对适用金额的规定,2013年版为不超过25亿港元,[①]2018年版为"不超过由HKIAC设定并于仲裁通知

① 《香港国际仲裁中心仲裁规则》(2013)第41.1.a条规定:"争议金额,即所有请求和反诉(或任何抵销答辩)金额之和,不超过25,000,000港币(贰仟伍佰万港币)。"参见香港国际仲裁中心网,http://www.hkiac.org/zh-hans/arbitration/rules-practice-notes/hkiac-administered-2013。

提交之日公布于其网站上的金额”,[①]可见,香港国际仲裁中心是根据国际商事仲裁实际适时调整其快速程序规则的。在有关裁决期限的规定上,2013年版与2018年版快速程序规则均规定为“除裁决被留置外,裁决应在HKIAC将案件移交仲裁庭之日起6个月内传送至当事人。特殊情况下,香港国际仲裁中心可延长此期限”。[②] 联合国《快速仲裁规则》已于2021年实施,必然会对国际商事纠纷仲裁快速程序规则产生重大影响,香港国际仲裁中心应当对此作出积极应对,相较联合国《快速仲裁规则》对延长快速仲裁裁决期限的明确规定,香港国际仲裁中心所作的“延长此期限”的规定还较为模糊,不利于满足当事人对效率的期许。

四、粤港澳大湾区国际商事仲裁快速规则建设:典型案例及其启示

实践中,司法机关对请求撤销SIAC援引其仲裁规则,强制适用独任仲裁庭进行仲裁的两个案件——AQZ诉ARA案与来宝公司诉信泰公司案,做出的不同裁决为我们提供了启示,联合国《快速仲裁规则》所诠释的效率与当事人意思自治相结合的价值理念,应当在快速仲裁程序规则中得到体现,快速仲裁规则的透明度与可操作性关系到仲裁裁决的承认与执行,粤港澳大湾区仲裁机构在进行快速程序规则建设时,可进行必要的参考和借鉴。

(一)典型案例:AQZ诉ARA与来宝公司诉信泰公司请求撤销仲裁裁决案

1. AQZ诉ARA请求撤销SIAC仲裁裁决案

AQZ(被申请人,注册地为新加坡的供应商)与ARA(申请人,印度贸易和航运集团的新加坡子公司)于2009年就两批单独的印度尼西亚非炼焦煤买卖合同进行协商,并以书面形式签署了第一份买卖合同,合同中第16条规定了应根据SIAC的仲裁规则,由三名仲裁员通过以英语进行的仲裁最终解决争议[“the dispute shall be finally settled by arbitration upon the written request of either party hereto in accordance with the rules of conciliation and arbitration of the Singapore International Arbitration Centre(SIAC)by three arbitrators in English Language”]。[③] 后双方就第二份买卖合同条款进行了口头约定。因AQZ未按第二份合同约定履行交付义务,ARA向SIAC申请仲裁并请求依据快速仲裁程序进行仲裁,SIAC批准了该申请并根据SIAC仲裁规则(2010年)第5.2(b)条款指定独任仲裁员,[④]AQZ提出对SIAC仲裁规则(2010年)的可适用性、由独任仲裁员依据照快速程序进行仲裁等问题保留异议权。SIAC最后裁定AQZ应当承担违约责任,AQZ诉至新加坡高等法院,以仲裁庭的组成与仲裁协议约定不符,属《纽约公约》规定的不予承认仲裁裁决的情形为由请求撤销该裁决。新加坡高等法院以快速仲裁规则对独任仲裁员的特殊规定优

---

① 《香港国际仲裁中心仲裁规则》(2018)第42.1.a条规定:“争议金额,即所有请求和反请求(或任何抵销答辩或交叉请求)金额之和,不超过由HKIAC设定并于仲裁通知提交之日公布于其网站上的金额。”参见香港国际仲裁中心网,http://www.hkiac.org/zh-hans/arbitration/rules-practice-notes/hkiac-administered-2018。

② 《香港国际仲裁中心仲裁规则》(2013)第41.2.f条规定:“裁决应在香港国际仲裁中心将案件移交仲裁庭之日起6个月内作出。特殊情况下,香港国际仲裁中心可延长此期限。”参见香港国际仲裁中心网,http://www.hkiac.org/zh-hans/arbitration/rules-practice-notes/hkiac-administered-2013。《香港国际仲裁中心仲裁规则》(2018)第42.2.f条规定:“除裁决被留置外,裁决应在HKIAC将案件移交仲裁庭之日起6个月内传送至当事人。特殊情况下,HKIAC可延长此期限。”参见香港国际仲裁中心网,http://www.hkiac.org/zh-hans/arbitration/rules-practice-notes/hkiac-administered-2018。

③ 参见《SIAC无视当事人约定三人仲裁庭而指定独任仲裁员进行快速仲裁不违反正当程序(新加坡案例)》,载北京理工大学国际争端预防和解决研究院网2019年11月12日,https://iidps.bit.edu.cn/gatsw/b167867.htm。

④ SIAC Rules 2010,Article5.2.b,“The case shall be referred to a sole arbitrator,unless the Chairman determines otherwise”.https://siac.org.sg/siac-rules-2010.

先于当事人对三人仲裁庭的一般约定为由，驳回了 AQZ 的撤销请求。

2. 来宝公司诉信泰公司请求撤销 SIA 仲裁裁决案

申请人新加坡来宝资源国际私人有限公司(Noble Resources International Pte. Ltd，以下简称来宝公司)作为买方与作为卖方的被申请人上海信泰国际贸易有限公司(以下简称信泰公司)于 2014 年签署《铁矿石买卖合同》，并约定同时适用《global ORE 标准铁矿石贸易协议》(以下简称《铁矿石标准协议》)，《铁矿石标准协议》第二部分第 16 条就争议解决的途径和方式作了规定，16.1 条款规定争议应根据当时有效的 SIAC 仲裁规则提交 SIAC 仲裁，16.1.1 条款规定仲裁庭应由三名仲裁员组成。[①] 因合同履行中的争议，来宝公司于 2015 年 1 月向 SIAC 申请仲裁并请求按照快速程序进行仲裁，SIAC 予以受理并致函信泰公司。信泰公司在回函中明确表示不同意来宝公司提出的快速程序申请，并要求组成三人仲裁庭。2015 年 2 月，SIAC 通知双方当事人已批准来宝公司根据 SIAC 仲裁规则(2013 年)提出的申请，[②]以快速程序由独任仲裁员仲裁此案，信泰公司再次致函明确表示"我方坚持反对独任仲裁员，并要求组成三人仲裁庭"[③]。4 月，SIAC 指定独任仲裁员审理该案。同年 8 月，SIAC 作出最终裁决，支持来宝公司的仲裁请求，责令信泰公司承担违约责任。2016 年，来宝公司诉请上海市第一中级人民法院承认并执行该裁决。上海市第一中级人民法院认为，因双方当事人已在仲裁协议中约定应由三名仲裁员组成仲裁庭，且未排除该组成方式在快速程序中的应用，SIAC 以独任仲裁员组成仲裁庭进行仲裁的方式违反当事人在仲裁协议中的约定。因此，裁定不予承认与执行该仲裁裁决。

(二)于粤港澳大湾区国际商事仲裁快速规则建设之启示

1. 效率与当事人意思自治应当兼顾

AQZ 诉 ARA 与来宝公司诉信泰公司两案的争议焦点均为当事人已事先在仲裁协议中明确约定仲裁庭的组成方式——三人仲裁庭，仲裁机构能否以仲裁规则有关快速程序的规定对抗当事人通过仲裁协议所作的约定，强制适用独任仲裁员？前述两个案件的裁决表明，新加坡高等法院持肯定意见，上海市第一中级人民法院持否定意见，司法机关的不同裁决在联合国国际贸易法委员会第六十九届会议关于仲裁快速程序的讨论中为各国所关注。[④] 此后 2021 年出台的联合国《快速仲裁规则》首次在传统仲裁规则中专门设置了一整套快速仲裁程序规则，明确规定当事人选择《贸易法委员会仲裁规则》并不代表《快速仲裁规则》的当然适用，《快速仲裁规则》的适用需

---

① 参见《来宝资源国际私人有限公司(Noble Resources International Pte Ltd)诉上海信泰国际贸易有限公司申请承认和执行外国仲裁裁决一案一审民事裁定书》，载中国裁判文书网 2018 年 9 月 28 日，https://wenshu.court.gov.cn/website/wenshu/181107ANFZ0BXSK4/index.html? docId=5MmTp2LPNjUCt5jq2BPq+cgnR7QzeeFnUo607bI2z3muNpBT+vVry5/dgBYosE2gdORFLznP7z1HDqVV9ro/4LfNcPEsJa88+unHKQ+d2HecdwIwFdsCN1cM2lwUxEWD。

② SIAC Rules 2013，Article5.2.b，The case shall be referred to a sole arbitrator，unless the President determines otherwise，https://siac.org.sg/siac-rules-2013.

③ 《来宝资源国际私人有限公司(Noble Resources International Pte Ltd)诉上海信泰国际贸易有限公司申请承认和执行外国仲裁裁决一案一审民事裁定书》，载中国裁判文书网 2018 年 9 月 28 日，https://wenshu.court.gov.cn/website/wenshu/181107ANFZ0BXSK4/index.html? docId=5MmTp2LPNjUCt5jq2BPq+cgnR7QzeeFnUo607bI2z3muNpBT+vVry5/dgBYosE2gdORFLznP7z1HDqVV9ro/4LfNcPEsJa88+unHKQ+d2HecdwIwFdsCN1cM2lwUxEWD。

④ 参见联合国国际贸易法委员会第二工作组(争议解决)第六十九届会议(2019 年 2 月 4 日至 8 日，纽约)《解决商事争议审议与快速仲裁有关的问题秘书处的说明》，参见联合国国际贸易法委员会网，https://documents-dds-ny.un.org/doc/UNDOC/LTD/V18/077/32/PDF/V1807732.pdf? OpenElement。

以当事人明确的意思表示为前提。[①] 在仲裁庭的组成上,亦明确规定了独任仲裁员制度并不强制适用,当事人的约定优先于独任仲裁员的自动适用,[②]从而将当事人的意思自治放在首位,在《快速仲裁规则》为当事人明确选择后,能够在规则预先设定好的快速程序中迅速解决纠纷,以此实现快速程序的高效性。因此,粤港澳大湾区仲裁机构在进行快速程序规则建设时,应当构筑起一套完整的兼顾效率与当事人意思自治的程序规则,以供当事人选择。

2. 快速程序规则透明度与可操作性的必要性

进一步分析 AQZ 诉 ARA 与来宝公司诉信泰公司两案所适用的快速程序规则,SIAC 分别适用的是 SIAC 仲裁规则 2010 年版与 2013 年版,两版均以第 5.2(b)条款规定了适用快速程序时,案件将由独任仲裁员审理,院长另行决定的除外,但两版的快速程序规则均没有进一步明确当事人对适用独任仲裁员进行仲裁异议时应如何处理,一定程度上导致了两案不同的承认与执行结果。SIAC 仲裁规则 2016 年版虽沿用了前述第 5.2(b)条款的规定,但新增了第 5.3 条款,规定当事人如果同意根据本规则进行仲裁,当案件根据本规则第 5 条规定的"快速程序"进行仲裁时,则第 5.2 条的规定应被视为当事人已经同意予以适用,即使其仲裁协议中有相反的约定。("By agreeing to arbitration under these Rules, the parties agree that, where arbitral proceedings are conducted in accordance with the Expedited Procedure under this Rule 5, the rules and procedures set forth in Rule 5. 2 shall apply even in cases where the arbitration agreement contains contrary terms.")[③]如果 AQZ 诉 ARA 与来宝公司诉信泰公司案中,SIAC 所依据的仲裁规则为 2016 年版的规定,则两案的承认与执行后果将有所不同,体现仲裁规则的透明度与可操作性的重要性。因此,粤港澳大湾区仲裁机构在设定快速程序规则时,应当对快速程序规则的透明度与可操作性做必要的保证,以使当事人在选择仲裁机构与仲裁规则时,对仲裁裁决的承认与执行后果有合理的预期,从而选择粤港澳大湾区仲裁机构进行仲裁。

五、粤港澳大湾区融合发展背景下国际商事仲裁快速程序规则建设的建议

从粤港澳大湾区国际商事纠纷实践来看,高效、便捷、低成本的仲裁程序仍为纠纷当事人解决纠纷的首选。粤港澳三地分属不同法域,既面临挑战,也具有独特的地域优势,粤港澳大湾区仲裁机构可通过完善快速程序规则,提供当事人所需的兼顾效率与当事人意思自治的透明度高、可操作性强的程序规则,打造全球优选的粤港澳国际商事仲裁中心。

(一)当事人意思自治与效率在快速程序规则中的兼顾

效率是国际商事仲裁快速程序诞生和快速发展的原因,也正是因为对效率的追求,"当事人意思自治"原则在快速仲裁规则中被限制甚至背离,导致仲裁裁决不被承认和执行,当事人高效

---

① 联合国《贸易法委员会快速仲裁规则》第 1 条规定:"凡当事人约定,一项确定的法律关系,不论是否为合同关系,彼此之间与此有关的争议应根据《贸易法委员会快速仲裁规则》("《快速规则》")提交仲裁的,此类争议应按照经本《快速规则》修订的《贸易法委员会仲裁规则》解决,并遵从当事人可能约定作出的修订。"参见联合国国际贸易法委员会网,https://uncitral. un. org/sites/uncitral. un. org/files/media - documents/uncitral/zh/21 - 07995_ebook_c. pdf。

② 联合国《贸易法委员会快速仲裁规则》第 7 条规定:"除非当事人另有约定,否则应设一名仲裁员。"参见联合国国际贸易法委员会网,https://uncitral. un. org/sites/uncitral. un. org/files/media - documents/uncitral/zh/21 - 07995_ebook_c. pdf。

③ SIAC Rules 2016, Article5. 3, "By agreeing to arbitration under these Rules, the parties agree that, where arbitral proceedings are conducted in accordance with the Expedited Procedure under this Rule 5, the rules and procedures set forth in Rule 5. 2 shall apply even in cases where the arbitration agreement contains contrary terms". https://siac. org. sg/siac - rules - 2016.

解决纠纷的期许落空。在两者极易产生纠纷的领域,仲裁机构的仲裁规则应当实现效率与当事人自治之间的平衡,三法域背景下的粤港澳大湾区仲裁机构尤其应当如此。应当在充分尊重当事人对快速仲裁程序选择的前提下,以预设的程序规则高效解决纠纷,实现效率与当事人意思自治的兼顾。

1. 快速程序的适用:当事人合意的适用模式

从广州、深圳、珠海、香港等湾区仲裁机构的仲裁规则来看,快速仲裁在以下三种情形下适用:限额自动适用、当事人合意适用以及仲裁机构决定适用。在限额自动适用的情形下,可能的败诉方和另一方很难在适用或排除适用上达成合意,双方意思表示的不一致容易导致以程序问题申请撤销仲裁裁决的局面。仲裁机构决定模式将适用快速程序的决定权赋予了仲裁机构,直接否定了当事人的意思自治,同样面临仲裁裁决被申请撤销的可能性。最能体现当事人意思自治的适用模式显属当事人合意,联合国《快速仲裁规则》采用了此种模式,规定只有在当事人意思表示明确的前提下方能适用快速程序,体现了明确的当事人意思自治的价值导向,维也纳国际仲裁中心等仲裁机构亦以当事人的合意为适用快速程序的唯一前提。[①] 粤港澳大湾区承载“完善国际商事纠纷解决机制,建设国际仲裁中心机构”的重要使命,[②]应当在快速程序追求效率的价值取向和当事人意思自治的仲裁原则之间先行探索,综合考量成本、效率、裁决的公正性及法院对裁决的承认与执行等多要素,采用当事人合意的适用模式,在充分尊重当事人意思自治的前提下,以预设的快速程序规则高效解决当事人之间的商事纠纷,实现效率与当事人意思自治的平衡。

2. 仲裁庭的组成:允许当事人约定排除的独任仲裁庭

根据广州、深圳、珠海、香港等湾区仲裁机构的仲裁规则,在仲裁庭的组成上,香港国际仲裁中心的仲裁规则允许当事人以约定的方式排除独任仲裁庭适用,广州、深圳、珠海均规定了适用快速程序的案件,由独任仲裁庭审理。[③] 仅从成本和效率上来看,适用独任仲裁庭能够以更低的成本取得更高的效率,符合快速仲裁程序的价值取向,但与当事人的约定冲突时,仍强制适用独任仲裁庭相悖于当事人意志自治的仲裁原则。司法机关对来宝公司诉信泰公司请求撤销仲裁裁决案的裁决结果显示,当事人在仲裁协议中所作的约定与独任仲裁庭的强制适用冲突时,可能导致仲裁裁决不被承认和执行的后果。正是在对此种情形进行充分讨论的情况下,联合国《快速仲裁规则》作出了“除非当事人另有约定,否则应设一名仲裁员”的规定,在效率——独任仲裁庭与当事人意思自治——当事人另有约定之间作出了当事人意志自治优先的价值选择。同时规定了当事人可随时约定不再适用快速规则以及应一方当事人请求下的不再适用快速规则,再次宣示了侧重当事人意思自治的价值选择。粤港澳大湾区仲裁机构在构建快速程序仲裁庭组成的规则时,应当体现在成本、效率等与当事人意思自治之间的价值选择,规定以独任仲裁庭进行快速仲裁,同时允许当事人以约定排除独任仲裁庭的适用,并明确快速程序转换为普通程序的规则。

---

① VIAC Rules of Arbitration and Mediation 2021, Article 45 (1), “The supplementary rules on expedited proceedings apply if the parties have expressly included them in their arbitration agreement or if the parties subsequently agree on their application. Such party agreement on the conduct of expedited proceedings shall occur no later than the submission of the answer to the statement of claim”. https://www.viac.eu/en/arbitration/content/vienna – rules – 2021 – online#Rules_of_Arbitration_Article_45.

② 参见《中共中央　国务院印发〈粤港澳大湾区发展规划纲要〉》的规定,载中国政府网 2019 年 2 月 18 日,http://www.gov.cn/zhengce/2019 – 02/18/content_5366593. htm#1。

③ 如《广州仲裁委员会仲裁规则 》(2021 年版)第 93 条规定:“适用简易程序的案件,由独任仲裁庭审理……”参见《广州仲裁委员会仲裁规则(2021 年版)》,载广州仲裁委员网 2021 年 5 月 12 日,https://www.gzac.org/zcgz/526。

（二）快速程序规则透明度与可操作性之保证

AQZ 诉 ARA 案与来宝公司诉信泰公司请求撤销 SIAC 仲裁裁决案不同的裁决结果显示了仲裁规则透明度与可操作性的重要性。SIAC 仲裁规则 2016 年版第 5.3 条款的补充规定弥补了 2010 年与 2013 年版未尽规定的缺陷，通过第 5.3 条款的补充规定，当事人一旦选择 SIAC 裁决国际商事纠纷，快速程序的启动即意味着独任仲裁庭的当然适用，即使与仲裁协议的约定冲突，独任仲裁庭仍将被适用，以明确的快速程序规则排除了因独任仲裁庭的强制适用导致仲裁裁决不被承认和执行的可能性，宣示了 SIAC 快速程序规则在当事人意思自治与效率之间的价值选择。粤港澳大湾区仲裁机构在进一步建构快速程序规则时应考虑以下两方面内容。

一是要克服快速仲裁程序规则相关规定模糊性和可操作性不足的缺陷，以透明度高、可操作性强的程序规则供当事人选择。在仲裁期限延长的问题上，参考联合国《快速仲裁规则》的规定，各仲裁机构可结合实际情况对延长的期限进行合理设定，明确可延长的最长期限和可延长的合理情形以及需要履行的法定程序，避免快速程序因仲裁期限的过度延长折损效率，以明确的程序规定为当事人提供合理预期。在快速程序转换为普通程序的问题上，对当事人何时可申请转换、如何申请转换以及仲裁机构决定转换的标准等问题在规则中予以明确规定，以使当事人能够通过仲裁机构预设的程序规则得以知晓，从而作出相关的判断。

二是在具体设置快速仲裁程序规则时，应当根据国际商事仲裁应当有的基本原则和价值取向予以合理的设置。仲裁规则透明度高和可操作性强体现仲裁规则的明确性和强制性，以 SIAC 仲裁规则 2016 年版第 5.3 条款的补充规定为例，该规定完全排除了独任仲裁庭以外的仲裁庭在快速仲裁程序中适用的可能性，赋予了仲裁机构在快速仲裁程序中仲裁庭组成上的绝对决定权，直接限制了当事人的意思自治。粤港澳大湾区仲裁机构在设定快速仲裁程序规则时，应当对当事人意思自治原则予以必要的考量，保证透明度高、可操作性强的快速仲裁程序规则不损害这些基本的原则和价值要求，在仲裁庭的组成等问题上，明确当事人可以约定排除独任仲裁庭的适用，体现粤港澳大湾区仲裁机构的价值选择，明确粤港澳大湾区仲裁机构的价值导向，使当事人在选择粤港澳大湾区仲裁机构时明确知悉所选择的仲裁机构的规则要求。

六、结语

国际商事仲裁快速程序为当事人提供了一种低成本、高效率的纠纷解决模式，有助于国际商事纠纷的快速解决。与此同时，快速程序在运行过程中出现的效率与当事人意思自治之间的矛盾和冲突对仲裁机构快速程序规则的设定提出了更高要求。粤港澳大湾区主要仲裁机构既顺应了国际商事仲裁对快速程序的需求，在仲裁规则中设定了快速程序规则，也面临快速程序规则尚需进一步优化的现实。优化粤港澳大湾区仲裁机构快速仲裁程序规则，应当充分尊重当事人意思自治这一被视为国际商事仲裁基石的基本原则，在快速程序规则建设中实现效率与当事人意思自治的平衡，以透明度高、可操作性强的快速程序规则对国际商事仲裁快速程序的适用、仲裁庭的组成、仲裁期限及其延长、快速程序与普通程序的转换等进行规定，为当事人提供国际商事纠纷解决的最优选择，形成粤港澳大湾区国际商事仲裁快速程序兼具高效、低成本及当事人意思自治优先的优势，打造粤港澳大湾区仲裁机构的国际名片，将粤港澳大湾区建成国际商事仲裁的全球优选地。

Expedited Arbitration Procedure Rules for International Commercial Arbitration in Guangdong – Hong Kong – Macao Greater Bay Area —Situation, Problems and Countermeasures

Tan Xiwen

Abstract: *Outline Development Plan for the Guangdong – Hong Kong – Macao Greater Bay Area* sets out the development requirements of "refining the mechanism for international commercial dispute resolution, developing an international arbitration centre". Expedited arbitration procedure, as a more efficient procedural mechanism to overcome the deficiencies of traditional arbitration, is already provided for in the arbitration rules of the major arbitration institutions in the Guangdong, Hong Kong and Macau region. While carrying the function of rapid resolution of international commercial disputes, it also faces problems such as conflicts between the expedited procedural rules and the principle of party autonomy, which is regarded as the cornerstone of international commercial arbitration, and the lack of transparency and operability of the expedited procedural rules, which affects the choice of arbitration institutions in the Guangdong, Hong Kong and Macao Greater Bay Area by parties to international commercial disputes. It is necessary to achieve a balance between efficiency and autonomy of parties in the expedited procedural rules, to provide highly transparent and operable expedited procedural rules for international commercial arbitration, establishing the Guangdong – Hong Kong – Macao Greater Bay Area as a preferred global venue for international commercial arbitration linking Guangdong, Hong Kong and Macao.

Key Words: international commercial arbitration; expedited arbitration procedure; efficiency; party autonomy

《仲裁研究》征稿启事

《仲裁研究》是由广州仲裁委员会主办的专业性出版物。其针对国际和国内仲裁前沿议题，希望通过有见地的观点争鸣和理论研究，探讨当前国内外仲裁理论和实践中的问题及困惑。《仲裁研究》下设"仲裁实务""理论研究""比较研究""聚焦大湾区"等栏目，热诚欢迎各专家、学者及业内人士投稿。

一、征稿范围

国内外仲裁、民商事领域相关的理论和实务问题研究，包括但不限于仲裁业界动态、前沿热点、理论探讨、实务焦点、境外译文等。

二、征稿要求

1. 来稿要求观点明确、论据充分、论证严密、材料翔实、行文流畅，字数在 8000 ~ 15000 字为宜。

2. 来稿须附有 300 字以内的摘要及 3 ~ 6 个关键词，并将标题、摘要、关键词的英文翻译附于文末。

3. 来稿应严格遵守学术规范，如出现抄袭、剽窃等侵犯知识产权的情况造成的不良后果，由作者自负责任。

4. 来稿请注明是否第一次投稿以及作者姓名、单位、学位、职务、研究方向、联系方式、通信地址、邮箱等。

三、投稿方式及采用流程

请作者将 Word 格式的电子版文稿发送至本书电子邮箱 zcyj@ gzac. org。如在两个月内未收到用稿通知，请作者自行处理稿件。

稿件一经采用，稿酬从优。